부드러운 리더십과 소통의 중요성이 요구되는 시대

어떻게

진정한 목소리로
정성을 다해 말하라

어떻게
말해야 할까

조성은 지음

말해야
할까

트러스트북스

## Q1 왜 스피치 관련 책을 내게 되셨나요?

A　이 책을 펼친 여러분께 실질적인 도움이 되는 지식을 전달하고 싶
었습니다. 평범한 직장인이었던 제가 지금은 스피치 아카데미를
운영하고 있습니다. 이 분야에만 벌써 20여 년이 넘는 세월이 흘
렀네요. 회사에 취직하면서 사회생활을 시작했습니다. 직장을 다
니다 보니 스피치가 필요한 순간이 많았어요. 개인적인 대화는 무
리 없이 잘했는데 직장에서 말하기란 쉽지 않더라고요. 고민 끝에
주변에 있는 스피치 학원을 찾게 되었습니다. 훈련을 통해 나만의
목소리를 찾고, 말하기 연습을 통해 스피치에 대한 자신감을 얻
었습니다. 당연히 직장생활에 많은 도움도 되었고요. 때마침 좋은
기회가 생겨 강사로 활동을 시작했습니다. 그 후로 지금까지 20여
년 동안 약 3만 명이 넘는 분들을 만났어요. 정말 많은 일이 있었
고 많은 사람들의 인생이 달라지는 것을 함께 기뻐했습니다. 오랫

동안 활동하면서 책을 쓰는 것이 조금 늦었어요. 책을 쓴다는 게 쉽지도 않았지만 사람들을 만나는 것이 더욱 좋았다는 핑계를 대고 싶습니다. 이제 제가 가진 20여 년의 노하우를 담아 책을 낼 수 있어 기쁘고요. 항상 응원해 주시는 전국의 스피치 가족 여러분께도 좋은 선물이 되리라 생각합니다.

**Q2  우리 사회에 스피치에 어려움을 가진 사람들이 많나요?**

A.  다양한 분야에서 많은 사람들이 어려움을 겪고 있습니다. 스피치를 힘들어 하는 사람들은 종종 이를 회피하는 방식으로 문제를 해결하려 하지만 이는 근본적인 해결 방법이 아니에요. 결국 다음번에 다른 상황에서 스피치를 해야 하는 순간에 놓이게 됩니다. 도저히 피하기 어려운 순간에서 어쩔 수 없이 하는 스피치는 실패할 확률이 높습니다. 실패의 경험이 생긴다면 다음에는 다시 또 회피를 선택하게 되죠. 심지어 발표불안이나 트라우마가 생기기도 합니다. 악순환의 반복이죠. 이 악순환의 반복을 선순환의 반복으로 돌려놔야 합니다. 먼저 스피치가 필요한 한 가지 상황을 생각해 보고 이를 철저하게 준비하는 것입니다. 가령 자기소개를 해야 하는 상황이라면 무슨 말을 해야 할지 소재를 정해야 합니다. 말을 할 때 떨릴 수 있기 때문에 발성연습도 일어서서 해야 합니다. 제스처나 시선처리 같은 비언어적 요소도 점검해야 하고요. 실전과 같은 반복 연습을 통해 작은 성공 경험을 얻는 것이 가장 중요함

니다. 준비하는 과정에 대한 확신을 얻는 것이죠. 스피치는 이 작은 성공 경험과 확신에서부터 출발합니다.

**Q3  이 책은 어떤 문제를 겪고 있는 사람들이 읽어야 하나요?**

A   스피치에 문제를 겪고 있는 사람과 그렇지 않은 사람 모두 읽어봐야 할 책입니다. 스스로 부족하거나 불편을 느끼고 있는 분은 필요한 부분을 먼저 읽고, 스피치에 문제가 없다고 생각하거나 더 잘하고 싶은 분은 처음부터 읽어주세요. 소통하지 않고 세상을 살아갈 수 있는 사람은 없습니다. 이 책을 읽으면서 소통하는 데 중요한 스피치에 대해 체계적으로 정립해 보세요. 나의 스피치 수준을 체크해 볼 수 있고, 자신만의 목표를 설정할 수도 있습니다. 그러면 '무엇을 어떻게 말할 것인가?'라는 스피치의 핵심 질문에 스스로 답을 찾을 것입니다. 나아가 문제를 해결하고 더 높은 수준의 스피치를 할 수 있는 능력도 생깁니다. 사실 스피치가 필요한 순간은 매우 많아요. 대중연설, 일상 대화, 비즈니스 대화, 부부대화, 소개팅 대화, 인터뷰, 건배사, 자기소개, 사회 진행 등등 다 열거하기 어려울 정도입니다. 술을 마시면서 건배사를 정말 잘하지만 모임에서 자기소개는 어려운 분도 있어요. 이렇게 무수히 많은 경우를 봤을 때 스피치를 잘하면 삶의 질을 높일 수 있다고 생각합니다. 여러분 스스로 모든 날들이 행복하기를 바라면서 이 책을 읽어봐도 좋겠습니다.

**Q4** 대중 앞에서의 스피치 말고 일상의 대화에서 발생하는 문제도 해
결할 수 있을까요?

**A** 상대방과 대화를 마치고 나서 갑자기 후회될 때가 있습니다. '왜
그때 이렇게 말하지 못했을까?'라고요. 친한 친구들, 직장 상사,
거래처 직원, 부모님, 배우자, 연인 등과의 대화에서 말이죠. 일상
의 대화에서는 여러 가지 문제가 있겠지만 '왜 그렇게 말하지 못
했을까?'에 대해서만 살펴보겠습니다. 할 말을 제대로 못한 것이
가장 후회되지요. 상대가 너무 말을 잘하거나 상대의 기세에 주눅
이 들어서, 또 내 말은 다 끊고 자기 말만 해서일 수 있습니다. 이
런 상대를 대할 때는 어떻게 말해야 할까요? 결론적으로 대화를
설계해서 해야 합니다. 먼저 내가 하고 싶은 이야기는 말하기 방
법에 따라 논리적으로 얘기해야 합니다. 상대와 대화할 때는 사전
에 어떻게 이야기할지 생각해 봐야 합니다. 모든 순간에 대비하기
어려우니 처음에는 특정 순간을 지정하면 좋습니다. 평소 상대의
대화 패턴을 분석했기 때문에 상대의 이야기를 들으면 내가 해야
할 이야기가 떠오릅니다. 이렇게 대화의 패턴을 분석하고 이유를
찾으면서 상대와 대화를 하는 연습이 필요합니다. 어디에서나 자
신 있고 당당하게 이야기할 수 있는 여러분이 되기를 응원합니다.
더 구체적인 이야기는 책에서 살펴볼까요?

**Q5  말을 잘하면 정말 성공할 수 있나요?**

A  말을 잘하면 성공할 수 있습니다. 과거의 성공과 현재의 성공 의
미는 계속 바뀌고 있어요. 과거에는 성공했다고 하면 사회적으로
높은 지위에 오르거나 부와 명예를 갖는 것을 의미했습니다. 현재
에는 그 의미가 달라지고 있습니다. 이제 우리는 제한된 가치를
좇는 것이 아니라는 말입니다. 행복을 추구하는 세계의 많은 석학
들도 성공의 개념을 재정의하고 있습니다. 스피치에 있어서는 성
공의 개념을 이렇게 이야기하고 싶네요. '어제와 다른 오늘의 나'
라고 말입니다. 스피치를 잘하기 위해 노력하고 조금씩 발전해 나
가는 것입니다. 조금씩 꾸준히 발전하다 보면 스피치가 필요한 순
간에서 성공을 경험할 수 있습니다. 모임에서 자기소개를 하거나
회사에서 회의나 프레젠테이션을 할 때 만족할 수 있는 거죠. 작
은 성공의 경험이라고 말하고 싶습니다. 작은 성공 경험들은 다음
에 더 크고 중요한 자리에서 나를 지탱해 주는 힘이 되지요. 이런
스피치에서 성공의 경험들은 내 인생에서 내가 원하는 성공의 길
로 이끌어 줄 것입니다. "말을 잘하면 성공한다"는 말은 절대 거
만하거나 허황되지 않은, 당연한 것입니다.


**Q6  말을 못하면 성공이 힘들다는 의미인가요?**

A  말을 못해도 성공할 수 있습니다. 이미 성공한 사람들도 많이 있
고요. 하지만 성공한 사람에게 스피치는 더욱 필요하게 마련이죠.

말하기가 필요한 상황이 계속 생깁니다. 예를 들어 대입 면접을 보기 싫은 학생이 있다고 합시다. 면접 없이 대학에 입학하더라도 대학에서 발표는 필수입니다. 발표의 기회를 다른 이에게 넘기며 졸업을 했어도 입사 면접을 피할 순 없겠죠. 회사에서는 많은 보고와 회의, 프레젠테이션에서 말하기 능력이 개인의 역량 중 매우 중요하게 평가되는 요소이기도 합니다. 스스로 스피치를 설계하고 이를 실행할 수 있는 능력을 길러야 합니다. 위의 사례 같은 발생할 수 있는 변수를 최소화하는 것이죠. 앞으로는 내가 암기한 것이 아니라 말로 표현할 수 있는 것이 나의 지식으로 평가받을 것입니다. 말을 못하면 성공하기 힘들다는 것은 아니지만, 말을 잘하면 인생을 원하는 방향으로 리드할 수 있습니다.

**Q7  전달력을 높여주는 발성법이 있다는 게 정말인가요?**

A  전달력을 높여주는 발성법이 있습니다. 전달력을 높여주는 호흡법, 발음법, 강조법도 있습니다. 전달력을 높여주기 위해 필요한 논리를 얻는 방법도 있습니다. 그중에서 발성법에 대해서 이야기하겠습니다. 좋은 목소리는 호흡, 발성, 발음 이 세 가지로 이루어집니다. 발성이 되지 않으면 소리를 낼 수 없으니 매우 중요하지요. 성악가와 가수, 배우와 아나운서, 소리꾼의 경우 발성 방법이 조금씩 다릅니다. 결국 자기 분야에서 요구되는 좋은 소리를 내기 위한 방법이라는 점은 동일합니다. 스피치에 필요한 발성법은

무엇일까요? 먼저 가장 중요하고 기초가 되는 '아' 발성을 말하고 싶습니다. '아' 발성 연습을 통해 기본 성량을 늘리고 '스타카토', '레가토' 발성으로 자신의 발성을 완성할 수 있습니다. 그다음 시를 낭송하거나 자신감 넘치는 구호를 외치면서 전달력을 높이는 연습을 해보세요.

**Q8 저는 말실수가 많은 편이고 상대에게 오해를 자주 받는데요, 해결책이 있나요?**

A  자신의 의도와 다르게 상대방에게 오해를 받는 경우가 많습니다. 물론 이를 해결하는 방법이 있습니다. 말의 내용과 표현 방법으로 구분해서 설명하겠습니다. 스피치에서는 언어적 요소와 비언어적 요소라고 하기도 합니다. 내가 말을 하거나 상대의 말을 들을 때 내용을 오해하는 경우, 이럴 때는 상대의 말을 잘 듣고 내가 말을 잘해야 합니다. 말투 때문에 오해를 받는 경우 경청이 제일 중요합니다. 경청을 하고 공감을 하면 상대에게 호감을 줄 수 있습니다. 상대의 말 중에 핵심어를 반복해서 맞장구를 치거나, 먼저 수용하고 자신의 의견을 뒤에 말하는 방법입니다. 표현의 방법으로는 억양을 들 수 있습니다. 방언의 사용 여부를 떠나 특정 상황에서 내 억양과 말투가 상대에게 좋지 않게 들릴 수 있습니다. 이런 것을 제대로 이해하고 상대를 배려하며 말하는 것이 중요합니다.

**Q9** **스피치를 하기 전에 굳이 연습까지 해야 하나요? 시간 낭비 아닐까요?**

A  결코 시간 낭비가 아닙니다. 스피치는 소통의 수단입니다. 상대와 소통하고 내 목적을 달성하는 스피치를 위해 제대로 된 준비와 확실한 연습이 필요합니다. 여기에 주어진 스피치의 시간이 짧을수록 준비와 연습에 필요한 시간을 더 많이 투자해야 합니다. 준비를 하지 않으면 무엇을 말해야 할지 그때마다 달라집니다. 연습이 부족하면 어떻게 말해야 할지 알지 못합니다. 열심히 말은 하고 있는데 무슨 말을 했고 어떻게 마무리하면 좋을지 알 수가 없는 거죠. 바다 한가운데에서 나무판자 하나 붙들고 한 치 앞을 모르는 상황과 같습니다. 가끔 보면 '나는 언제 어디서든 긴장하지 않고 할 말을 다 할 수 있다'고 하는 사람들이 있습니다. 자신감을 가지고 스피치를 한다는 것은 실제로 성공할 확률이 높습니다. 듣는 사람도 말하는 사람의 자신 있는 목소리와 태도를 보고 어느 정도 신뢰를 하기 때문입니다. 하지만 스피치는 자신감과 담대함만으로는 부족해요. 나에게 정말 중요한 순간에는 최고의 스피치를 해야 하기 때문입니다. 중요한 보고나 프레젠테이션을 자신감만 가지고 할 수는 없으니까요. 철저한 계획을 수립하고 꾸준한 연습을 통해 스스로 예측이 가능한 스피치를 해야 합니다. 지금 당장 그런 상황이 아니더라도 이 책을 읽으면서 여러분이 최고로 빛날 순간을 대비해보세요.

**Q10** 발표 시 긴장감을 없애주는 특별한 비책 같은 건 없나요? 긴장 때문에 머리가 하얘지고 아무 생각이 나지 않아 발표를 망치기 일쑤입니다.

**A** 모두에게 적용되는 특별한 비책은 없습니다. 하지만 누구나 해볼 수 있는 방법은 있습니다. 발표 전 컨디션 관리입니다. 얼굴 근육을 풀어주고 혀를 상하좌우로 돌려주며 이로 천천히 씹어줍니다. 전날 잠을 푹 자고 음주를 자제합니다. 카페인이 많은 음료도 삼가고 물로 목을 충분히 적셔주며 긍정적인 생각을 떠올리세요. 기본적으로 발표를 앞두고 사용하는 방법입니다. 머리가 하얘지고 아무 생각이 나지 않는 경우를 위해 다른 방법도 추천합니다. 먼저 발표 시작 후 3분을 스스로 생각합니다. 사전에 발표 준비가 제대로 이루어진 경우라면 더욱 좋습니다. 발표 시작 후 3분을 계속 입으로 되뇌면서 어떻게 나아갈지 몸으로 숙달합니다. 실제 발표를 시작하고 처음 3분에 최대한 몰입하는 것이 방법입니다. 뒤의 것은 생각하지 않는다고 할 정도로 앞에 3분에 집중하는 거죠. 이 3분에 몰입해서 발표하다 보면 뒤의 내용은 자연스럽게 따라 나옵니다. 복싱 경기에서 챔피언의 '링 러스트'라는 것이 있습니다. 오랫동안 도전자를 기다리다 보면 챔피언이 1라운드부터 제대로 힘을 쓰지 못하는 것을 말합니다. 여러분의 갈고닦은 기량을 초반에 다른 생각 없이 보여줄 수 있도록 연습해야 합니다. 그다음에는 상대적으로 준비한 내용들을 쉽게 이야기할 수 있을 것입니다.

**Q11 작가님이 보시기에 말을 가장 잘하는 연예인이나 정치인 등 유명인은 누가 있으며, 그 이유는 무엇인가요?**

A   말을 잘하는 사람은 정말 많습니다. 모두 각자의 분야에서 필요한 스피치를 하기 때문에 누가 말을 잘한다고 언급하기는 어렵습니다. 분명한 것은 다양한 분야에서 최고의 스피치를 하는 분들이 있습니다. 그리고 여러분들이 아는 사람과 같습니다. 말을 잘하기 위해서는 자신이 종사하는 분야에 대해 확고한 신념이 필요합니다. 내가 일하는 분야에 대해 많은 생각이 필요해요. 코미디언들은 끊임없이 아이디어를 토의하고 상황에 맞게 대본을 수정합니다. 아나운서들은 사회문제를 객관적으로 전달하기 위해 노력하죠. 중요한 것은 모두 자신의 분야에 대해 많은 고민과 번뇌의 시간을 거쳤다는 점입니다. 여기에 말하는 방법을 제대로 알고 많은 연습이 뒷받침되어야 합니다. 말하는 방법을 알았을 수도 있고 말하면서 스스로 터득할 수도 있습니다. 어떻게 말해야 효율적으로 의미를 전달할 수 있을까를 끊임없이 연구하는 것이죠. 스피치가 필요한 상황에서 끊임없이 고민하고 노력한다면 여러분도 최고의 말하기를 할 수 있습니다.

**Q12 아이들을 웅변학원에 다니게 하는 게 효과가 있나요? 말을 잘하는 아이로 키우고 싶은데 비결을 알고 싶습니다.**

A   웅변학원도 좋고 스피치 학원을 다니는 것도 좋습니다. 스피치 능

력을 길러주기 위해 부모님이 함께 노력해 주세요. 시간과 노력을 투자한 만큼 그 어떤 학원 공부보다 미래의 우리 아이에게 도움이 된다고 확신합니다. 저는 많은 아이들을 지도했고 그들이 성장해서 성공한 모습을 곁에서 지켜봤습니다. 말을 잘하는 아이로 키우고 싶다면 길게 바라보고 차분하게 생각해야 합니다. 급하게 효과를 보겠다고 학원을 보내거나 아이를 다그친다면 역효과가 나거든요. 남들 앞에 서서 말할 때 잘할 수 있는 방법을 알려줘야 합니다. 말을 하는 방법은 인터넷 검색을 해보면 기본 공식으로도 많이 알려져 있어요. 조리 있게 말하기 위해 간단한 자기 생각을 말하기 방법에 맞게 표현하는 것부터 연습해야 합니다. 이 방법을 꾸준히 실행한다면 시기가 조금씩 다르겠지만 말을 잘하는 아이가 될 수 있습니다.

## Q13 말을 더듬는 버릇도 스피치 훈련으로 극복이 가능한가요?

A 말을 더듬는 것도 훈련을 통해 극복할 수 있습니다. 말을 더듬거나 방언을 사용하는 것은 스피치에서 호흡법으로 교정이 가능합니다. 어린아이는 발달 문제로 보고 병원에서 검사를 받을 수도 있습니다. 제대로 진단을 받는 것이 가장 중요합니다. 성인의 경우에는 말을 더듬는 증상이 오래된 사람도 있고 갑자기 발생한 사람도 있습니다. 이럴 때 어느 정도는 호흡법으로 극복할 수 있습니다. 복식호흡을 통해 호흡을 길게 마시고 내쉬면서 발성을 내는

연습을 해야 합니다. 말을 더듬는 경우 들이마실 때 말하기 때문에 내쉬면서 말하는 연습이 필요합니다. 지방색이 강한 방언도 이와 마찬가지로 표준말을 사용하는 것처럼 바꿀 수 있습니다.

**Q14 저희 남편은 집에 오면 거의 말을 하지 않습니다. 해결책이 있을까요? 이 책을 읽으면 도움이 될까요?**

A  남편과 아내가 집에 왔을 때 서로 즐거운 대화를 할 수 있는 방법이 있습니다. 먼저 집에 오면 아무 말도 하지 않는 원인을 찾아야 해요. 대화의 코드가 맞지 않을 수 있습니다. 내가 대화할 준비가 안 되어 있을 수 있고요. 이것 외에 집 안에서 발생하는 어떤 상황에서 의도하지 않은 말 때문일 수 있습니다. 이런 상황들이 누적되면 부부 간의 대화는 사라집니다. 앞서 언급한 8번의 내용에서 경청하고 공감하는 말하기가 지속되어야 합니다. 대화에서 문제가 있는 경우 문제를 해결하려고 노력해야 합니다. 주말처럼 하루 종일 같이 있는 내내 계속 노력한다면 효과가 떨어질 수도 있죠. 가장 대화를 많이 할 수 있고 함께 보낼 수 있는 적절한 시간을 찾는 것이 중요합니다. 내가 정한 시간에 남편이나 아내와 함께 서로 공감하고 편하게 이야기를 해봅시다. 그냥 하는 것이 아니고 대화의 주제를 설정하고 기왕에 먼저 노력하는 사람이 대화를 설계해 보세요. 상대방을 배려하는 마음이 전달될 것입니다.

**Q15** 스피치와 관련된 작가님의 개인적인 이야기를 듣고 싶습니다. 어
렸을 적이나 사회생활을 하면서 겪으신 에피소드가 있다면 들려
주세요.

A     저는 스피치를 하면서 늘 도전하는 삶을 살아왔습니다. 지금도 그
도전을 멈추지 않고 있습니다. 어린 시절 지방에서 농사로 고생하
시는 부모님을 보고 빨리 돈을 벌어야겠다고 생각했어요. 누구보
다 빠르게 성공적으로 직장에 취직한 저는 사회생활에서 말하기
의 중요성을 알게 되었습니다. 평범한 직장인에게 필요한 말하기
를 체계적으로 배우고 싶었죠. 주변의 스피치 학원을 찾아가서 배
우다가 좋은 기회에 강사의 길을 걷게 되었습니다. 직장과 스피치
강사의 생활을 병행한 거죠. 덕분에 능력 있고 센스 있는 직장인
으로 승승장구했습니다. 입사한 지 오래되지 않아 억대 연봉에 진
입했습니다. 하지만 마음 한편에는 앞으로 우리 사회에서 스피치
가 대세가 될 것이라는 확신이 커져갔어요. 저는 과감하게 직장을
포기하고 스피치 분야에 제 인생을 걸어보기로 결심했습니다. 많
은 사람을 만나고 그들의 인생을 바라보며 함께 변화를 만들어 내
기란 결코 쉽지 않았어요. 그래도 포기하지 않고 수많은 사람들과
울고 웃고 그들의 달라진 인생을 함께했습니다. 벌써 20여 년이
지나고 3만여 명의 사람들을 만났네요. 지방에 자리를 잡았는데
과감하게 서울에 올라와 오늘에 이르기까지 저는 늘 도전하는 삶
을 멈추지 않았습니다. 저는 지금도 제 목표를 향해 끊임없이 도

전하고 있습니다. 여러분도 항상 도전을 멈추지 마세요. 여러분이 생각하는 나만의 멋진 스피치에 도전해 보시기 바랍니다. 저는 언제나 여러분과 함께하겠습니다. 감사합니다.

차례

**PART 3**

## 스피치를 잘하기 위한 비언어적 요소

## PART 6
# 준비된 말하기를 잘하는 법

## PART 7
# 즉흥적 말하기를 잘하는 법

PART

1

# 말을 잘하면
# 인생이 달라진다

# 말을 잘하면 성공한다

01

"말을 잘하면 성공한다!" 이 말에 공감하지 않을 사람이 있을까. 누구나 말을 잘하고 싶어 한다. 그 어느 때보다 소통의 중요성이 강조되고 있는 요즘이다. 아무 말이나 할 수는 없다. 특정한 상황이나 상대에 따라 어떻게 말해야 할지 잘 모를 때도 있다. 과연 '말을 잘한다'와 '성공한다'에는 어떤 상관관계가 있을까?

유명한 언어학자이며 미국 매사추세츠 공대 언어학 교수인 로만 야콥슨은 이렇게 말했다. "말을 잘하는 것은 선천적인 능력이지만 말을 잘하려면 후천적인 연습이 필요하다."

## 말하기가 곧 경쟁력이다

스피치는 다른 사람들과 소통하는 통로다. 소통을 잘하는 여러 가지

방법이 있지만, 그중 가장 좋은 방법은 말을 잘하는 것이다. 말을 잘한다는 것은 스피치에 능통하다는 증거이다. 그렇다면 스피치를 잘하기 위해서는 어떻게 해야 할까? 무작정 많은 정보를 수집하면 될까? 모조리 달달 외우거나 무조건 연습만 많이 한다고 잘하는 것도 아니다. 상대에게 자신의 생각을 제대로 전달하려면 체계적인 논리와 발표의 기술이 필요하다. 말을 잘하기 위해서는 먼저 스피치에 대한 기본 준비를 해야 한다.

스피치를 하는 데 있어 가장 큰 걸림돌이 있다. '나는 말하는 능력을 타고나지 못했기 때문에 배워도 안 될 거야'라는 생각이다. 많은 사람들이 이렇게 스스로 한계를 만든다. 물론 말을 능숙하게 잘하는 능력을 선천적으로 타고나거나 스피치에 소질이 있는 사람이 있다. 어릴 적부터 자연스럽게 부모나 주변의 영향을 받아 발표를 잘하거나 청중 앞에서 자연스럽게 말하는 사람도 있다. 그런 사람들은 "그냥 편하게 하면 돼"라고 말한다. 그러나 대부분의 말을 잘하는 사람은 남모르게 연습을 많이 한 사람이다. 스피치는 연습이 필수다.

영국의 수상 윈스틴 처칠은 사실 노벨문학상을 수상한 유명한 저술가이다. 정치인에게는 꼭 필요한 웅변능력이 부족하고 말도 심하게 더듬었다. 그는 이러한 단점을 극복하고자 말 한마디, 동작 하나하나에 세심하게 신경을 썼다. 그래서 대중 연설을 할 때 보인 자신의 약점을 계속 고쳐나갔다. 유명한 일화로 옥스퍼드 대학의 졸업식에서 두 마디의 축사가 있다. "포기하지 마십시오! 결코 포기하지 마십시오!" 당시 2차 세계대전으로 인해 긴박한 상황임을 감안한다 해도, 훌륭한 스피치가 곧 수려한 말솜씨만 뜻하는 것은 아님을 알 수 있는 사례다.

현대 사회에서 말하기 능력은 매우 중요한 경쟁력이다. 과거에는 말보다 행동을 중요하게 생각해서 말을 줄이기를 권했지만, 오늘날 스피치는 자신의 능력을 보여주는 주요 수단이다. 유명 경영학자인 피터 드러커는 "인간에게 가장 중요한 능력은 자기 표현력이며, 현대의 경영이나 관리는 커뮤니케이션으로 좌우된다"라고 말했다. 이것은 직장인에게는 비즈니스의 핵심역량인 프레젠테이션 능력, 취업 준비생에겐 면접에서의 답변이다. 말하기 능력은 이제 돈이나 기회로 연결하는 효율성 높은 부가가치의 원천이다. 그래서 오늘날 말하기는 매우 중요한 능력으로 평가받고 있다.

## 어제와 달라진 나

모든 사람은 성공한 삶을 살고 싶어 한다. 그렇다면 성공(成功)이란 무엇일까? 사전적인 의미를 보면 "목적한 바를 이루다"라는 뜻이다. 당신은 무엇을 인생의 목적으로 삼고 있는가? 예전에는 높은 지위에 오르거나 많은 돈을 벌면 "성공했다"고 여겼다. '성공'의 개념은 특정 분야에서 해내기 어려운 큰 성취를 이룬 것을 의미했다. 하지만 이제는 한 분야에서 '성공했다'는 것이 무엇인지 모호해졌다.

〈허핑턴포스트〉의 창업자 아리아나 허핑턴(Arianna Huffington)은 《제3의 성공》이라는 저서에서 "원하는 인생을 만들기 위해서는 제3의 기준이 필요하다"며 건강과 지혜, 웰빙, 여행, 베풂 등의 5가지를 꼽았다. 또한 시인이자 소설가이며 미국에서 영향력 있는 흑인 여성인 마야 안젤루(Maya Angelou)는 성공이란 "자신이 하는 일을 즐기며 걸어온 길을 좋아하는 것"이라고 했다.

이처럼 성공에 대한 개념은 개인의 경험과 삶에 따라 그 기준이 매우 다양하다. 스피치에 대한 성공을 정의한다면 '성장'에 초점을 맞추고 싶다. 하버드대학 의학박사이며 '심신의학(Mind-body Medicine)'이라는 분야를 창안한 디펙 초프라(Deepak Chopra)는 성공을 '항상 성장하는 것'이라고 설명했다. 그는 저서에서 "성장을 지속하는 게 행복이 커지는 길"이라며 성장을 통해 목표를 달성해가는 것의 중요성을 강조했다. 스피치에서도 먼저 작은 성공의 경험이 필요하다. 이를 통해 어제와 달라진 자신을 발견하고 하루하루 성장해야 한다. 누구는지 스피치에 대한 체계적인 훈련을 통해 성공을 경험할 수 있다.

스피치 능력을 성장시키려면 스스로 작은 성공 경험을 쌓는 것부터 시작해야 한다. 미디어를 통해 자신의 목소리를 들어본 적이 있는가? 없다면 먼저 내 목소리를 녹음해서 들어보자. 내가 말할 때 듣는 내 목소리는 남이 듣는 내 목소리와 다르다. 목소리가 좋지 않더라도 상관없다. 그런 다음에는 작은 규모라도 남들 앞에서 발표할 수 있는 기회를 만들자. 스피치 학원을 통해 준비된 환경에서 피드백을 받으며 연습하는 것도 좋다. 그러기 어렵다면 소모임이나 직장의 발표 기회에서 용기를 내어보자. 나가서 말 한마디도 못하는 것이 기회를 포기하는 것보다 낫다. 중요한 것은 바뀔 수 있다는 나의 믿음이다.

## 말을 잘해야 성공할까?

한 대기업 직원이 임원으로 승진 발령을 받고 스피치 강의를 듣기 위해 찾아왔다. 매월 사장단 회의에서 발표가 두렵다는 이유였다. '회사를 그만둬야 하나'라는 극단적인 고민도 했다. 평소 스피치 기회만 생기면 무조건 아래 직원을 시킨 게 문제였다. 개인 코칭을 통해 발표에 관한 기술을 배우고 체계적인 훈련을 통해 스스로 자신감을 찾게 되었다. 이후 삶이 완전히 달라졌다. 직장에서도 승승장구하며 더 많은 기회를 잡았다고 한다. 이제는 말값이 자신의 가치를 증명한다고 해도 과언이 아니다.

직급이 높다고 해서 누구나 말을 잘하는 것은 아니다. 자기 분야의 전문가이지 말에 대한 전문가는 아니기 때문이다. 스피치가 중요하다고 인정하면서도 그냥 무시하고 산다. 말을 못해서 손해 본 적이 있어도 정작 배우라고 하면 회피한다. 대학에서 오랫동안 강연을 한 교수라고 해서 말을 잘하는 건 아니다. 오히려 듣기 지루한 경우가 더 많다. 사람들은 영어회화를 배운다고 당당하게 말하면서도, 스피치를 배운다고 말하기는 창피해한다. 하지만 스피치는 배우면 분명히 잘할 수 있다.

과거에는 글을 잘 쓰는 사람이 대우받았지만 지금은 말 잘하는 사람이 각광 받는 시대다. 모 디자인 회사에서 입찰 프레젠테이션 준비를 위해 강의를 의뢰해왔다. 부장급인 분이 프레젠테이션을 하게 되었는데 막상 발표를 해보니 처음부터 막혔다. 디자인 작업은 잘하지만 발표는 제대로 해본 적이 없었다는 것이다. 짧은 시간이지만 발표 연습을 통해 실력을 향상시켰고 결과는 성공적이었다. 최근 입찰 프레젠테이션은 비즈니스에서 중요한 부분을 차지하고 있다. 글을 잘 쓴다고 말을 잘하는 것도 아니다. 글은 누가 대신 써줄 수 있지만 말은 누가 대신해 줄 수 없다. 말도 배워야 잘할 수 있다.

취업포털 '잡코리아'는 남녀 직장인 1,005명을 대상으로 '성공한 직장인들이 지닌 능력'에 관한 설문조사를 실시했다. '대인관계 능력'이 46.3%로 1위, '스피치 능력'이 19.4%로 그 뒤를 이었다. 조직에서 소통능력이 중요하다는 사실을 알 수 있는 결과이다. 특히 직장생활에서 스피치 능력이 필요한 이유는 '업무협의와 커뮤니케이션에 도움이 되기 때문'이라는 응답이 높았다. 직장인에게도 스피치 능력은 필수 성공요소로 자리 잡았다.

사람들은 모두 각자의 언어로 소통한다. 말을 하지 않고 소통하기란 무척 어려운 일이다. 부드러운 리더십과 소통의 중요성이 어느 때보다 필요한 시대이다. 남들 앞에 서서 한마디 말할 때, 회사에서 발표를 해야 할 때, 자신감이 없고 불편할 수 있다. 이러한 불편함은 마치 감기에 걸린 몸 상태와 비슷하다. 평소 감기에 걸리지 않도록 건강을 관리하듯 말하기가 불편하지 않도록 꾸준히 연습해야 한다. 사람의 얼굴이 각기 다르듯 목소리도 그 색깔이 모두 다르다. 훈련된 나만의 좋은 목소리는 존중받아야 마땅한 가치가 있다. 진정한 목소리로 정성을 다해 말하라. 말을 잘하면 성공한다!

## 발표불안, 이대로 물러설 것인가 이겨낼 것인가

02

누구나 발표를 앞두고는 어느 정도 긴장하기 마련이다. 중요한 발표가 있는데 너무 떨린다며 우황청심환을 찾는 사람들도 적지 않다. 하지만 크게 효과를 봤다는 경험담은 듣지 못했다. 발표불안의 원인은 다양하다. 긴장해서 생기는 심리적인 원인도 있고 준비가 부족할 때 생기는 경우도 있다. 발표불안을 제대로 이해하면 해결할 수 있는 문제이다. 발표불안을 이겨내기 위해 가장 중요한 것은 준비와 연습이다. 발표불안이 왜 생기는지, 어떻게 해결할 수 있는지 구체적으로 알아보자.

## 발표불안이란 무엇인가

살면서 누구나 발표의 순간에 직면하게 되는데, 이때 불안과 공포를 느낀다. 이를 발표불안이라고 하며 발언공포증, 무대공포증이라고도 한다. 심리학 용어로는 '연단공포증(Glossophobia)'이 있으며 정식 병명으로는 '사회공포증'이다. 노래나 발표, 말하기, 보고, 회의 등을 제대로 해내지 못할까 봐 과도하게 긴장하며, 발표할 상황을 회피하고 싶어 하는 현상을 가리킨다.

'커리어넷' 설문조사 결과 직장인 97%가 발표 전 극심한 불안을 느낀 적이 있다고 답했다. 그럴 때 주로 나타나는 증상으로는 '가슴 두근거림'이 28%로 가장 많았고 '불안, 초조, 불면증'(18%), '말더듬 현상'(15%), '목소리가 작아지고 떨림'(11%)이 뒤를 이었다. 이처럼 대부분의 직장인들은 발표 전에 불안을 느꼈다. 두근거리거나 초조함 등 심리적인 증상이 주를 이루고 있다. 실제 아카데미 성인 수강생의 '3분의 1' 정도가 발표불안 때문에 찾아온다.

모 보험회사를 다니는 직장인이 대학에서 한 시간 특강을 의뢰받았다. 강의 경험이 한 번도 없다고 걱정을 많이 했다. 강연 날짜가 다가올수록 심적인 고통은 커져만 갔다. 밥맛이 없고 잠도 안 오고 일조차 손에 잡히지 않았다. 결국 강연 당일, 20분 정도 지났는데 이미 강연할 내용은 다 끝나버렸고 심한 복통이 발생해 급기야 응급실에 실려 갔다. 그날 강연은 망쳤고 망신만 당했다는 생각에 우울증까지 생긴 그는 결국 스피치 아카데미를 찾아왔다. 자신에게 발표불안이 있다는 것을 알았지만 그 이유와 해결방안을 찾지 못했던 것이다.

# 발표불안은 왜 일어날까?

발표불안이 발생하는 원인을 제대로 이해하고 대처한다면 충분히 극복할 수 있다. 오히려 발표 준비에 최선을 다할 수 있는 적절한 자극제가 되기도 한다. 그러나 그저 막연한 불안만 느낄 뿐이라면 발표불안을 극복할 수 없다. 미국 앨라배마 대학의 맥크로스키 박사(James C. McCroskey)는 발표불안에는 두 가지 요인이 있다고 했다. 주어진 발표에 대한 중요성과 성공 여부의 불확실성이다. 성공해야 한다는 강박감과, 성공 여부를 알 수 없는 상황이 불안감을 일으키는 것이다. 여기에 더불어 '발표 준비의 부족'까지 알아보자.

'성공해야 한다는 강박감'은 불안과 초조함을 가중한다. 고대 로마 제일의 웅변가 마르쿠스 키케로는 "연설을 시작할 때마다 얼굴이 창백해지고 사지와 영혼이 떨린다"라고 고백했다. 평소 긴장하지 않더라도 '결과에 미치는 영향'을 생각하는 순간 누구나 불안을 느낀다. 승진이나 회사의 입찰 여부, 면접의 당락 같은 인생의 중요한 결과가 '이 순간에 달려 있다'라고 생각하기 때문이다. 시작하기 30분 전에는 발표에 집중하라. 마음을 '턱' 하고 내려놓고 발표를 시작하는 그 순간에만 집중하면 발표의 중요성을 잠시 잊을 수 있다.

'성공 여부를 알 수 없는 상황'은 발표자를 무기력하게 만든다. 결과에 대한 강박감을 떨쳐냈더라도 과연 '발표가 성공할 수 있을까?'라고 생각하면 불안해진다. 잠시 멍해지고 무엇을 해야 할지 모르겠다는 생각도 든다. 동일한 청중을 대상으로 비슷한 성격의 발표를 자주 하는 경우는 많지 않다. 대부분 새로운 환경에서 처음 접하는 사람들을 대상으로 발표를 한다. 강연이나 인터뷰, 건배사, 면접, 입찰 등을 자주 경험하기는 어렵다. 먼저 청중과의 인사와 여담을 통해 주변을 환기해보자. 청중 또는 심사관은 발표자가 잘하면 좋겠다는 생각을 가지고 있다. 발표 시작의 순간에 그 느낌을 받으면서 자신감을 찾을 수 있다.

'발표 준비의 부족'은 발표자를 스스로 위축시킨다. 기본적인 준비가 부족하다고 생각해도 불안감이 일어난다. 발표 준비는 끝이 없지만 성공 확률을 높이기 위해 꼭 필요하다. 그러다 보면 막연하게 느꼈던 발표불안이 사라지기도 한다. 그렇다면 발표 준비는 얼마나 해야 할까? 1분을 말하기 위해서는 1시간 정도 준비가 필요하다. 생각을 글로 정리하고 말하기까지 구체적인 실행계획이 필요하다. 지나친 시간 투자로 보일 수 있지만 최고의 발표를 위해 충분히 투자할 가치가 있다. 물리적인 준비의 시간이 성공을 보장하지는 않는다. 개인마다 시간의 차이가 있다. 분명한 것은 점차 준비 시간이 짧아진다는 점이다.

# 발표불안의 해결 방법

## 복식 호흡법

발표 시작 30분 전부터 복식호흡을 해보자. 사람이 긴장하면 4.5배 이상의 산소가 필요하다. 말문이 막히거나 머릿속이 하얘지는 현상은 뇌에 산소가 제대로 공급되지 않아서 일어난다. 일본의 뇌신경외과 전문의 츠키야마 타카시는 이 현상을 '브레인 프리즈(Brain Freeze)'라고 했다. 머리가 얼어버린 것처럼 멈춘다는 뜻이다. 이럴 때 뇌에 산소 공급을 해주어야 한다. 코로 숨을 천천히 들이마시고 잠시 멈췄다가 입으로 천천히 내쉰다. 3초 숨을 들이마시고 2초 멈췄다가 5초 동안 천천히 내쉰다. 반복하다 보면 긴장감이 줄어들 것이다.

## 이미지 트레이닝

정신을 집중하는 연습법으로 실제 운동선수들이 많이 활용한다. 자신이 해야 할 동작이나 사세, 기술을 연마할 때 이미지를 그려보는 것이다. 이 방법은 시간이나 장소, 체력 등에 구애받지 않고 집중할 수 있다는 장점이 있다. 또 반복 학습이 무의식에 좋은 영향을 주어 실전에서도 성과를 낼 수 있게 해준다. 발표하는 장면을 처음부터 끝까지 구체적으로 떠올려보자. 무대에 처음 올라가서 어떻게 행동해야 하는지, 내려오는 순간까지를 생각하라. 발표가 끝났을 때 청중의 긍정적인 피드백을 받는 상황도 마음속으로 그려보는 것이다.

조금 더 구체적으로 이미지 트레이닝을 해보자. 발표가 시작되고 무엇을 말할 것인가. 중간에 청중의 집중력을 높이는 유머와 감동을 주는 마무리 멘트까지 세세히 생각한다. 빨리 넘어가지 말고 머릿속에서 천천히 실행하라. 이 부분에서는 이것을 이야기하고 저 질문에는 이렇게 답한다는 식이다. 그러면 두뇌 회로가 실제 발표할 때와 똑같이 활성화된다. 뇌 역시 발표에 익숙하게 훈련이 되어서 긴장도 많이 줄어든다. 긍정적인 생각으로 "잘될 거야", "난 할 수 있어"라고 자신에게 말하는 것도 필요하다. 긍정적인 단어나 표현을 직접 적어서 말로 표현해보는 것도 큰 도움이 된다.

## 실전경험

발표 준비는 부족한 것보다 넘치는 것이 훨씬 낫다. 준비했던 모든 것을 활용할 순 없지만, 분명 배우는 것이 있고 다음 발표에도 필요할 수 있기 때문이다. 실전 같은 리허설을 통해 막연할 수 있는 발표 불안에 직접 부딪혀보자. 먼저 발표 장소에 1시간 전에 도착해서 실제 현장에 익숙해져야 한다. 생각보다 넓은지 좁은지, 오전과 오후에 따라 공기의 느낌도 다르다. 방송장비나 전자기기를 점검하는 것도 중요하다. 주변 환경에 적응이 끝나면 본격적인 연습을 시작하자. 준비한 자료나 큐카드를 활용해서 직접 발표해본다. 순서대로 하되 조금씩 해보고 넘어가는 형태로 한다. 발표의 내용이 정리되고 자신감이 생길 것이다.

프레젠테이션이나 강연, 면접, 인터뷰 등 준비된 발표 외에도 다양한 순간에 발표의 기회가 생긴다. 준비된 발표보다 갑자기 찾아온 발표의 순간이 훨씬 더 긴장된다. 예고 없이 대중을 상대로 이야기해야 할 때 실패할 가능성이 매우 높다. 공식적인 자리에서도 내가 이야기를 한다고 생각하고 준비해야 한다. 현장의 상황, 참석자의 성향, 분위기 같은 청중이 공감하는 몇 가지 화제를 준비하면 된다. 어디에서든 '1분 말하기'가 더 어렵다. 하지만 익숙해지면 준비된 발표처럼 자신감 있고 수준 높은 스피치를 할 수 있다. 소모임이나 스피치 아카데미에서 꾸준히 연습하면 발표를 잘하는 데 큰 도움이 된다.

발표불안은 자연스러운 현상이다. 발표불안을 느끼고 있는 자신을 마주하고, 그 원인이 무엇인지 생각해 보자. 철저하게 준비하고 꾸준히 경험을 쌓는 것도 중요하다. 불안은 피할 게 아니라 정면으로 맞서야 한다. 실수를 두려워할 필요도 없다. 자신감의 최고 장점은 자라난다는 것이다. 처음의 성공 경험보다 두 번째 경험 때 훨씬 성장한다. 성공적인 발표는 자신감을 얻는 또 다른 기회다. 이제 청심환에 의지하지 말고 불안을 극복하자. 굿바이! 발표불안!

## 📣 이미지 트레이닝 훈련 Tip

① 눈을 감고 발표장에 도착한 모습을 그려본다.

② 현장의 분위기, 청중의 반응 등을 그려본다.

③ 무대에 올라가는 모습, 표정, 걸어가는 모습 등을 그려본다.

④ 나를 반기는 청중의 표정, 긍정적인 반응을 그려본다.

⑤ 발표가 끝나고 무대에서 내려올 때 환호와 격려의 박수를 그려본다.

⑥ 자신 있게 발표하는 긍정적인 모습을 그려본다.

## 📣 이미지 트레이닝 낭독 Tip

① "나는 자신 있다!"

② "발표도 자신 있다!"

③ "나는 자신감이 넘친다!"

④ "나는 무엇이든지 할 수 있다!"

⑤ "나는 자신감과 열정이 넘친다!"

⑥ ①~⑤까지 큰 소리로 5회 반복한다.

# 발표는 말로만 이루어지지 않는다

03

우리는 발표를 할 때 먼저 '무엇을 말할까?'라고 생각한다. 그러다 보면 다른 것은 생각이 나지 않는다. 생각에 대한 고민이 끝나면 '잘할 수 있을까?'라는 막연한 걱정이 든다. 결국 불안한 마음에 '잘해야 한다'는 부담에서 벗어나지 못한다. 정작 중요한 요소들을 놓치게 되고, 그 결과 아쉬운 평가를 받게 된다.

발표 전에 꼼꼼하게 점검하고 따져봐야 할 발표의 구성 요소가 있다. 발표자와 청중 그리고 주변 환경이다. 이를 미리 생각하고 준비한다면 발표를 시작하기도 전에 '발표를 잘했나(?)'는 만족감이 들 것이다.

# 발표자 분석

## 준비상태

발표 준비를 할 때 발표자는 자신을 제대로 분석해야 한다. 즉 자기 자신을 알아야 한다는 것이다. 청중에게 비치는 모습이 자신이 원하는 모습과 어떻게 다른지 알아야 한다. 발표자의 장단점과 발표 주제에 대한 지식수준, 발표자의 공신력이 바로 그 대상이다. 전문성을 인정받는 발표자는 이미 공신력을 보유하고 있다. 하지만 발표주제에 관한 지식이나 전문성이 적은 발표자는 설득력을 높이기 위해 객관적인 자료나 정보를 제공해야 한다. 또 자신이 원하는 발표자가 되기 위해 어떻게 해야 할지 알아야 한다. 무엇보다도 진실함과 열정을 갖는 게 가장 중요하다.

## 발표의 목적

좋은 발표를 하려면 목적이 분명해야 한다. 발표의 목적이 불분명하면 산만해지고 일관성을 잃어버린다. 발표는 목적에 따라 크게 정보제공 스피치와 설득 스피치로 나뉜다. 정보제공 스피치는 지식이나 정보의 전달이 목적으로 강연, 강의, 시범, 설명, 보고, 지시 등이 있다. 설득 스피치는 발표자가 청중을 설득하는 것이 목적이다. 자신의 비전과 신념을 청중에게 호소하고 내 편으로 이끄는 것이다. 회의, 토론, 세일즈, 입찰 프레젠테이션, 면접, 선거 연설 등이 대표적인 설득 스피치이다. 면접장에서는 정보의 전달이 아니라 자신의 강점을 설득해야 한다. 이처럼 목적을 분명하게 구분하고 발표 준비를 시작하자.

### 주제와 논리

발표를 이끌어 가는 힘은 바로 '논리'이다. 먼저 발표자가 말하고 싶은 핵심메시지를 기반으로 목적을 설정한다. 그리고 목적에 맞는 주제문과 세부내용을 정한다. 이것이 제대로 배열되면 논리가 완성된다. 논리는 발표를 단단하게 만들고 청중을 설득할 수 있는 무기가 된다. 또한 청중을 설득할 수 있게 논리가 바뀌기도 한다. 그래서 논리적인 스피치를 위해서는 주장을 위해 확실한 근거가 바탕이 되어야 한다. 근거는 가능한 최신의 사례를 구체적으로 제시해야 한다. 논리가 흔들리지 않도록 공신력 있는 연구결과나 이론을 뒷받침하는 것도 필요하다.

## 청중 분석

### 기본정보

청중을 제대로 파악하지 못하면 발표하는 데 문제가 생긴다. 스피치에만 집중하고 이를 제대로 전달했다고 해서 다 좋은 발표는 아니다. 발표 또한 커뮤니케이션의 수단이기 때문에 상대방이 누구인지 중요하다. 성별, 연령층, 직업, 지위 등의 기본 정보를 통해 발표의 방향성 같은 큰 틀을 결정해야 한다. 어르신을 대상으로 젊은이들이 사용하는 속어나 유머를 사용할 수는 없다. 무조건 청중에게 발표자가 맞추라는 말은 아니다. 발표의 목적을 달성해 주는 청중이 더 호응해 주는 방향으로 나아가야 한다는 뜻이다.

## 욕구

발표를 듣는 청중의 욕구는 다양하고 분명하다. 강연을 듣고 지식이나 비전을 얻으려는 경우도 있고, 물건을 구매하기도 한다. 발표자를 평가하기도 하고 그저 발표자가 좋아서 듣기도 한다. 청중이 무엇을 원하는지, 어떠한 동기를 가지고 발표를 듣고 있는지 알아야 한다. 그래서 이를 충족시킬 수 있는 방향으로 준비해야 그들을 움직일 수 있다. 청중의 욕구는 발표 도중에도 미세하게 변화하기 때문에 발표자는 이를 잘 관찰해야 성공적인 발표를 할 수 있다.

## 지식수준

청중의 지식수준이 꼭 학력을 말하는 것은 아니다. 발표할 주제와 내용에 대해 어느 정도 지식을 갖고 있느냐다. 발표자보다 훨씬 많은 정보를 갖고 있는 청중도 있을 것이다. 예를 들어 면접의 경우다. 청중의 수준이 높은 경우에는 구조화된 논리가 필수적이다. 반대로 청중의 이해도가 낮다면 기초부터 쉽게 설명해야 한다. 주로 강연이나 판매의 경우가 그러하다. 그래서 주제에 대한 청중의 지식수준을 생각해야 한다. 이와 유사한 교육을 받은 적이 있는지, 이 분야의 전문가는 몇 명이나 되는지 등을 파악하고 청중의 수준에 따라 단어 선택, 비유, 사례 등을 조절해야 한다.

## 태도

누구나 자신만의 가치관을 가지고 있다. 발표에 대한 청중의 태도도 이런 가치관의 영향을 받는다. 이는 크게 발표자와 주제, 목적에 대한 태도로 구분한다. 발표자에게 호감이 있고 공신력이 있다면 기본적으로 발표에 관심이 생긴다. 주제에 관심이 없거나 자신의 생각과 대비되는 경우 경청하지 않을 수 있다. 이런 경우 주제가 왜 중요한지 발표자가 설득해야 하고 흥미를 유발해야 한다. 발표의 목적에 대해서도 청중의 태도는 분명히 나타난다. 정보의 전달, 토론, 연설, 판매, 평가 등 그 목적에 따라 청중의 태도가 다르다. 청중의 태도가 좋고 나쁨에 따라 목적을 표현하는 방법과 시점을 달리해야 한다.

## 구성

집단으로서 청중이 어떻게 구성되어 있는지를 파악하는 것도 중요하다. 학교나 회사, 친목단체나 협회처럼 청중의 집단이나 단체가 동일한 경우에는 서로 소속감을 느낀다. 한 회사에 강연하러 가서

타 회사의 장점을 이야기할 수는 없다. 여러 대학교 학생들이 모여 있는 등 집단의 구성이 다른 경우 각 집단의 특성을 반영해서 발표를 준비해야 한다. 또 청중의 조직도에 따라서 준비도 달라진다. 강연과 다르게 시장이나 마트에서 물건을 판매하는 경우는 청중의 주의가 산만하고 관심의 집중이 안 된다. 이런 상황을 대비해서 발표의 목적을 달성하기 위한 방안을 마련해야 한다.

## 주변 환경에 대한 이해

### 장소

발표 장소를 확인하는 것도 중요하다. 넓은 회의실에서 발표한다고 생각하고 동선까지 고려한 발표를 준비했는데 소회의실에서 앉아서 진행한다면 어떻겠는가? 미리 가볼 수 있으면 좋겠지만 적어도 발표 1시간 전에는 도착해서 장소에 익숙해져야 한다. 먼저 공간의 크기와 모양, 청중의 규모, 좌석 배열, 연단의 위치 등을 파악해야 한다. 무대에서 청중에 시야에 들어오는지도 확인해야 한다. 공간의 크기와 배열에 따라 음향시설도 달라진다. 발표 장소가 눈에 익으면 실제 발표하는 자신의 모습도 상상할 수 있다. 이렇게 집중하면 자연스럽게 발표불안도 사라지는 효과도 생긴다.

## 시간

좋은 발표자가 되려면 발표 소요시간을 정확히 알고 시작 시간과 끝나는 시간을 지켜야 한다. 많은 발표자들이 발표 시간을 초과해서 청중을 힘들게 한다. 준비한 내용은 많고 중간에 말도 길어지다 보니 시간을 제대로 사용하지 못하는 것이다. 발표자가 잘 준비했고 내용도 좋았지만 결국 좋은 평가를 받지 못하고 만다. 너무 많이 준비하거나 시간 분배를 못 해서 뒷부분은 빨리 넘어가는 식은 안 된다. 주어진 시간에 맞게 발표내용을 사전에 정리해야 하고 핵심만 말해야 한다. 발표의 시작 시간이 집중력이 떨어지는 이른 아침, 점심 식사 직후, 늦은 저녁인지도 확인해야 한다. 이런 경우 5분 일찍 끝내는 것이 좋다.

## 도구

발표에 필요한 전자기기를 점검하는 것도 중요하다. 청중이 발표내용은 기억 못하고 기기 오작동만 내내 생각할 수 있기 때문이다. 빔 프로젝터는 제대로 연결되었는지, 프레젠테이션은 화면 깨짐이나 동영상 재생이 원활한지 확인한다. 마이크 점검도 필수이다. 발표장의 크기에 따라 마이크 볼륨이 적당한지, 도와줄 분이 계시면 맨 끝에서 들리는지 확인한다. 발표자의 동선에 따라 유무선 마이크가 제대로 작동하는지도 중요하다. 레이저 포인터기의 밝기나 기기들의 전원연결 상태도 점검해야 한다. 이런 준비들은 발표를 더욱 깔끔하고 세련되게 만드는 역할을 한다.

건축물을 지을 때 설계도가 있듯이 발표를 잘하기 위해서도 설계도가 필요하다. 발표의 설계도에는 발표를 구성하는 요소들이 담겨 있다. 좋은 발표를 위해서는 이 구성요소들을 이해하려는 노력이 필요하다. 막연하게 '잘해야겠다'라는 생각은 이제 버리자. 철저하게 분석하고 준비를 통해 발표를 구체화해야 한다. 매번 모든 발표의 순간에 이들을 다 따져볼 수는 없다. 하지만 이런 내용을 알고 있다면 발표를 좀더 짜임새 있게 준비할 수 있다. 발표를 시작하기도 전에 '발표 잘했다'는 생각이 드는 방법! 발표의 구성요소들을 사전에 점검하자.

☑ **발표 준비 체크리스트**

나의 이번 발표 준비상태는 몇 점인가? 발표 준비상태를 확인해보자.

# 스피치를 준비하는 2개의 축

04

스피치를 준비하는 큰 축은 '언어적(Verbal) 요소'와 '비언어적 (Nonverbal) 요소'다. 이 두 가지 관점에서 준비해야 한다. 언어적 요소는 스피치의 콘텐츠와 내용, 즉 말과 글이다. 비언어적 요소에는 목소리, 시선, 표정, 태도, 자세, 제스처 등이 있다. 이는 짜임새가 있는 논리적인 구조를 더욱 돋보이게 만든다.

## 언어적 요소

언어적 요소의 핵심은 논리(論理)이다. 주제에 맞는 내용을 선정하고 이를 조직하는 것이 바로 논리적 구조화다. 논리의 사전적 의미는 '말이나 글에서 사고나 추리 등을 이치에 맞게 이끌어 가는 과정'이다. 우리는 흔히 말의 앞뒤가 맞지 않을 때 "논리가 없다. 이치에 맞지 않는다"라고 말한다. 스피치에서 논리는 생명이다. 그만큼 중요하며 체계적이고 정교해야 한다. 말할 내용을 구상하고 정리해서 말하는 것도 학습이 필요하다. 말 잘하는 사람은 말을 많이 하지 않고도 논리적으로 핵심 내용을 전달한다.

만약 당신이 '내가 무슨 말을 하고 있는지 모르겠다. 왜 생각대로 말이 안 나오지?'라고 생각한다면 논리적인 구조화를 배워야 한다. 논리적으로 생각하고 말하는 방법을 알면 스피치의 절반은 성공한 셈이다. 준비 시간도 단축되고 공신력도 얻을 수 있다. 심지어 잘짜인 논리는 청중에게 감동도 준다. 나의 말하기 실력을 향상시키기위해 '논리적 구조화'를 학습하자. 어릴 적에 자전거 타는 법을 배우면 오랫동안 타지 않아도 다시 자전거를 탈 수 있다. 스피치도 마찬가지다. 한번 제대로 학습한 논리는 나의 말하기를 평생 책임지는무기가 될 것이다.

## 논리적인 구조

스피치를 구조화하는 구성 요소는 다양하다. 고대 시대에 논리학을 연구한 아리스토텔레스는 스피치의 아이디어를 '토우피(topoi)'라고했다. 주제를 정하고 이를 구체적으로 설명하려면 적합한 토우피가필요하다는 주장이었다. 이를 구체적으로 보면 다음과 같다. 서론에서는 임시적인 잠정(暫定) 주장이 있다. 발표할 내용의 전체적인 아웃트라인을 말해주는 것이다. 본론에서는 근거, 사례, 이론, 실험, 설명, 소(小) 주장 등이 있다. 보통 2~3개의 근거를 제시하고 이를 뒷받침하는 사례나 소 주장 등으로 힘을 실어준다. 결론에서는 서론과 본론을 요약 정리하고 확정(確定) 된 주장으로 마무리한다.

이것은 우리도 이미 알고 있는 서론, 본론, 결론의 3단 구조이다. 여기까지는 누구나 머릿속에 있지만 사실 본론을 구상하기가 어렵다. 그렇다면 종이 한 장에 직접 글로 써보자. 서론과 결론을 먼저 작성한다. 그다음 본론에서는 하고 싶은 말을 일단 적어본다. 완벽하게 작성하지 않아도 좋다. 글의 구조를 완성해보기 위해 개조식으로 작성한다. 이렇게 머릿속에 흩어져 있는 생각들을 적어보며 배열해야 한다. 시각적으로 보이게 글로 정리하면 구체적이고 명확해진다. 중복 혹은 누락된 내용도 한눈에 들어온다.

| 서 론 | 잠정 주장 |
|---|---|
| 본 론 | 근거1 + 사례 ···<br>근거2 + 설명 ···<br>소 주장 + 설명 ···<br>(실험 + 설명) (이론 + 설명) ··· |
| 결 론 | 요약1 요약2 확정 주장 |

예를 들어 서론에서 [걷기는 좋은 운동이다]라고 잠정적으로 주장을 한다. 본론에서는 근거 1 [전신운동 효과가 있다] 근거 2 [누구나 쉽게 접근할 수 있다] 이렇게 근거를 제시한다. 근거에 대한 연구 1

[환경부 산하 국립공원관리공단에 따르면 12주간 걷기 프로그램을 운영한 결과, 체질량지수(BMI)는 평균 0.23kg/$m^2$, 복부비만도를 나타내는 허리둘레는 평균 1.5cm 이상 감소했다고 밝혔다]과 설명 1 [남녀노소 모두 운동화 하나로 간편하게 실천할 수 있다]로 근거를 뒷받침한다. 결론에서는 [전신운동 효과가 있고 누구나 쉽게 시작할 수 있는 걷기 운동은 건강한 삶을 만들어 준다]라는 확정 주장으로 마무리한다.

논리적 구조화는 1분 스피치나 1시간짜리 강연 모두 필요하다. 스피치의 목적이 설득을 위한 것이라면 무엇보다 주장을 뒷받침해주는 근거와 사례가 정확해야 한다. 근거는 사실에 입각한 증거나 통계, 구체적인 예시 등이 필요하다. 통계자료는 출처를 밝혀야 공신력이 있고, 증거와 예시는 최신의 것일수록 좋다. 자신의 경험이나 가치관을 증거로 제시할 경우, 청중 전체가 공감할 수 있어야 하며 지나치게 개인적이거나 편향적이어서는 안 된다.

## 비언어적 요소

비언어적 요소란 상대방에게 메시지를 전달할 때 언어적 요소를 제외한 청각적, 시각적인 요소를 말한다. 목소리, 시선, 표정, 태도, 자세, 제스처 등이 비언어적 요소에 속한다. 1950년대부터 학자들은 효과적인 의사소통을 위한 연구를 시작했다. 미국의 인류학자이자 심리학자인 레이 버드위스텔(Ray Birdwhistell)은 동작학(Kinesics)인 비언어적 표현을 연구했는데, 타인에게 영향을 주는 요소가 음성언어는 35%, 비언어적 몸짓언어가 65%라고 했다. 심리학자인 마이클 폭스(Michael Fox)는 의사소통 중 80%가 비언어적인 요소가 영향을 준다고 했다.

이처럼 커뮤니케이션에서 비언어가 차지하는 비중은 상당히 크다. 말이나 글이 완벽하게 준비가 되었다면 비언어 요소는 스피치의 맛을 더해주는 효과가 있다. 좋은 선물도 포장을 어떻게 하느냐에 따라 가치가 달라지듯 스피치도 마찬가지다. 요즘 TV를 장악한 수많은 오디션 프로그램의 참가자들은 등장부터 자신의 매력을 보여주기 위해 당당한 자세와 표정을 보여준다. 오디션에서는 비언어 요소가 결과에 많은 영향을 끼친다. 확신에 찬 모습이 신뢰감을 주고 자신을 분명하게 드러내는 역할을 하기 때문이다.

## 비언어적 요소의 구성

비언어적 요소는 크게 청각적 요소와 시각적 요소로 나뉜다. 청각적 요소는 글 또는 메시지를 전달하는 데 가장 중요한 목소리에 해당된다. 목소리의 크기와 톤, 높낮이, 말투, 말의 속도, 발음 등이다. 말은 목소리를 통해서 표현된다. 아무리 좋은 내용이라도 목소리가 작거나 너무 크거나 거슬리면 청중은 불편함을 느낀다. 또한 톤을 높이거나, 속도나 강약을 조절하면서 감정을 더 자세히 전달할 수 있다. 맛있는 음식을 좋은 그릇에 담아야 시각적으로 돋보이듯, 목소리는 음식을 담는 그릇이다.

시각적 요소는 소리가 아닌 자세, 표정, 시선, 제스처, 용모, 태도 등이다. 즉, 눈에 보이는 것이다. 우리는 말이 아닌 몸짓, 손짓, 표정으로도 자기 주장이나 의사소통이 가능하다. 자세는 청중에게 보이는 첫 이미지이기 때문에 매우 중요하다. 표정과 시선처리도 청중과의 소통을 위한 필수 요소이다. 발표자의 표정과 눈빛으로도 청중이 발표에 집중하게 만들 수 있다. 제스처는 스피치의 내용을 더욱 생동감 있고 역동적으로 만들어 준다. 어떤 내용을 강조하거나 부정할 때는 손짓으로 표현하기도 한다.

발표자의 용모는 공신력에도 영향을 미친다. 깔끔하고 단정한 용모가 첫인상을 좌우하기 때문이다. 효과적인 발표를 위해 발표자는 비언어적인 요소까지 꼼꼼하게 점검해야 한다. 고려대 학제간 정서 신경과학 연구실 강준 연구원은 이렇게 말했다. "비언어적 정서 표현에 뛰어난 영업사원이 더 높은 성과를 올렸고, 비언어적 정서 표현을 더 정확히 지각하는 관리자가 상사와 부하직원 모두에게 좋은 평가를 받았다. 의료현장에서도 비언어적 소통 능력이 뛰어난 의료진이 환자들에게 높은 평가를 받는 것으로 조사되었다." 이처럼 비언어적 요소는 우리의 업무영역에도 많은 영향을 끼친다.

처음 만나는 사람과는 "반갑습니다"라고 먼저 인사를 한다. 그리고 눈을 마주치고 손으로 악수를 할 때 친근함을 전달한다. 이것이 비언어 요소에 해당하며, 낯선 분위기를 부드럽게 만들고 친밀감을 형성한다. 반대로 "죄송합니다"라고 말할 때는 진정성이 느껴지는 목소리와 공손한 태도로 미안함을 표현한다. 비언어적 요소는 언어적 요소에 구체적이고 확실한 힘을 실어준다. 이처럼 비언어 요소를 점검하는 습관이 생기면 발표할 때도 스스로 준비가 가능하다. 더 구체적인 방법은 2장과 3장에서 살펴보자.

언어는 스피치의 핵심요소가 분명하지만, 언어만으로 발표자의 메시지를 완벽하게 전달하기 어렵다. 언어도 물론 중요하지만 비언어적 요소에서도 청중은 많은 정보를 얻을 수 있다. 그래서 언어적 요소인 논리적 구조, 시각과 청각의 비언어적 요소 모두 중요하다. 돌도 갈고닦으면 옥석이 된다고 한다. 말과 글, 자세, 시선, 표정, 제스처, 용모를 꾸준하게 준비하고 연습하자. 발표를 준비하기 위해 꼭 필요한 두 가지의 축. 이제 당신도 준비된 발표의 달인이다!

## 스피치는 발성과 낭독으로 탄탄해진다

**05**

우리는 청중의 박수와 환호를 기대하며 성공적인 스피치를 위해 열심히 준비한다. 그러나 제대로 준비하는 방법을 몰라서 실패하는 경우가 많다. 발표 내용 자체에만 집중하다 보니 연습이 부족한 것이다. '몇 발자국을 움직일지'까지 철저하게 고민했지만 정작 목에선 쉰 소리가 계속 난다. 준비한 원고를 제대로 소화하지 못해 발표 분위기가 어색해진다. 준비한다고 했지만 그것은 착각이었다!

당신은 발표를 어떻게 준비하는가? 당신의 발표를 탄탄하게 만들어 줄 진짜 준비! 발성과 낭독에 대해 알아보자.

## 발성과 발음

모 은행에 근무하는 15년 차 김 과장은 동료와 상사에게 인정받는 유능한 직원이다. 은행장 비서까지 초고속으로 승진한 그는 어느 날 전 직원이 참석하는 주요 행사의 사회를 맡게 되었다. 사람들은 늘 탁월한 업무 능력을 보여주는 김 과장에 대한 기대가 컸다. 그러나 행사 당일, 예상은 완전히 빗나가고 말았다. 김 과장의 목소리는 너무 작아서 직원들에게 잘 들리지 않았을뿐더러 염소 소리처럼 떨리는 바람에 다들 걱정할 정도였다. 대본을 읽다가 자주 틀리고 행사 진행도 매끄럽지 않았다. 그날 이후로 큰 충격에 빠진 김 과장은 직원들의 시선이 두려워 소심해졌다.

큰 절의 주지스님이 근심이 가득한 표정으로 아카데미를 찾았다. 스님은 매주 법회에서 신도들에게 설법을 강연하는데, 어느 날 신도들이 찾아와 무슨 말씀을 하시는지 알아듣기 어렵다고 했다는 것이다. 자초지종을 들어보니 스님은 누구와도 대화 없이 꽤 오랜 시간 묵언 수행을 해왔다. 평소 말하기를 어려워하지는 않았지만 오랜 묵언 수행으로 인해 발음도 부정확해지고 목소리도 높낮이가 사라져버렸다. 누구보다 불법(佛法)을 많이 알고 있는 스님이지만 이를 제대로 전달할 수 없었다.

업무능력과 스피치 능력은 엄연히 다른 영역이다. 김 과장은 맡은 업무에서는 최고의 능력을 발휘했지만 전 직원이 모인 큰 행사에서 마이크를 잡는 경험은 처음이었다. 경험이 없다 보니 곤경에 빠지고 말았다. 주지 스님은 수행에만 전념하다 보니 설법을 제대로 준비하지 못했다. 업무에 관한 능력과 지식은 충분했지만 이를 타인에게 전달하기는 결코 쉽지 않은 일이었다.

훌륭한 스피치를 하고 싶다면 발표를 위한 발성과 발음 연습을 통해 전달력을 높여야 한다. 2012년 미국 노스이스턴 주립대학교 연구팀은 목소리의 신뢰감에 대한 실험을 했다. 신문을 소리 내어 읽는 사람들을 보여주고 '누가 똑똑하고 믿을 만한 사람'인지 맞히는 것이다. 참가자의 90% 이상이 한 사람을 지목했는데 그 이유는 '목소리가 좋아서'였다. 그들은 "좋은 목소리를 골랐어요", "더듬거리거나 오독이 없는 사람을 골랐어요"라고 했다. 능력과는 별개로 좋은 목소리에 영향을 받은 것이다. 들을 때마다 귀에 거슬리는 목소리가 있는 반면 어떤 말을 해도 계속 듣고 싶은 목소리가 있다. 당신의 목소리는 준비되어 있는가?

좋은 목소리는 우선 발성훈련을 통해 가능하다. 특히 목소리가 작거나 웅얼거리는 사람들은 꼭 발성훈련을 해야 한다. 발성을 기초로 고유한 자신의 목소리를 계속 갈고닦아야 한다. 물론 좋은 목소리를 타고난 사람도 있지만 소수에 불과하다. 오히려 좋은 목소리를 가진 사람은 보이지 않게 꾸준히 연습한 사람이다. 분명하고 정확한 발음에도 신경을 써야 한다. 좋은 목소리를 가졌어도 발음이 부정확하면 전달력이 떨어지고 신뢰감을 줄 수 없다. 한번 들으면 잊히지 않는 깨끗한 목소리가 있다. 이는 탄탄한 발성과 정확한 발음이 기본이다.

# 낭독의 위력

사회에 첫발을 내딛기 위한 가장 큰 관문은 취업 면접이다. 20대의 취업 준비생은 원하는 기업에 들어가기 위해 예상 질문과 답변을 열심히 정리했다. 면접 전날까지도 수정에 수정을 거듭하면서 좋은 답변을 준비하느라 애썼다. 완성된 답변을 보니 스스로 뿌듯했다. 작성하면서 충분히 답변도 매끄럽게 할 수 있겠다고 생각했다. 드디어 면접 당일이 되었다. 그런데 면접관을 보는 순간 머릿속이 새하얘졌다. 열심히 준비했던 답변은 하나도 생각나지 않았고, 꿀 먹은 벙어리처럼 "음, 어, 그게…"만 연발하다가 횡설수설하고 면접이 끝났다. 그렇게 많은 시간을 준비했는데 도대체 무엇이 문제였을까?

식품 프랜차이즈를 성공적으로 운영하는 대표가 TV프로그램의 인터뷰 제안을 받았다. 그는 인터뷰 전날 직원에게 제작진의 질문을 확인하라고 지시했다. 당일이 되자 자료를 눈으로 한번 훑어보고 인터뷰에 임했다. 어렵지 않을 거라고 생각했는데 막상 카메라가 돌아가고 제작진들이 지켜보자 말문이 '탁' 막혀버렸다. 한 마디도 못한 것이다. 당황한 제작진이 대본을 앞에 붙여주면서 읽으라고 했지만 그조차도 서툴렀다. 책 읽듯이 딱딱하고 자연스러움도 전혀 없었다. 이렇게 말문이 막힐 거라고는 전혀 생각하지 못한 걸까?

20대 취업 준비생은 면접 준비를 '글'로 작성만 하다가 끝났다. 이는 준비를 아예 하지 않은 것과 같다. 글을 작성하고 말을 하는 것은 완전히 다른 영역이다. 글로 쓴 내용을 소리 내어 읽어보면서 실제로 답변하듯이 연습해야 한다. 하지만 '답변을 정리하면서 이해하면 면접장에서 말하는 데 문제없겠지'라고 착각한 것이다. 프랜차이즈 대표도 질문을 받았으면 한 번이라도 소리 내서 답변을 연습해야 했다. 자신의 이야기이기 때문에 충분히 감동을 주는 인터뷰를 할 수 있었을 것이다. 눈으로 보는 연습은 말하기 능력을 절대 향상시키지 않는다.

일본 토호구대학의 카와시마 류타(川島隆太) 교수는 '뇌의 활성화에 영향을 주는 행동'을 연구하다가 낭독의 중요성을 발견했다. 연구결과에 따르면 생각하기, 글쓰기, 읽기는 뇌 안에서 반응하는 장소가 다른데, 반응하고 있는 곳은 혈액순환이 좋아진다고 한다. MRI로 촬영해보니 낭독을 할 때 혈액량이 많아지고 뇌 신경세포의 70% 이상이 반응했다. 낭독할 때 뇌가 가장 활발하게 활동한 것이다. 이렇게 시작된 낭독의 효과에 대해 지금도 많은 학자들이 활발하게 연구를 진행하고 있다.

이처럼 낭독은 말하기 능력과도 매우 밀접한 관련이 있다. 생각하고 글을 쓰는 것의 효과보다 읽기처럼 소리 내서 낭독하면 자연스럽게 내용이 정리되며 암기까지도 가능해진다. 그렇게 외운 내용들은 자연스럽게 필요한 상황이 되면 저절로 입 밖으로 나온다. 면접을 준비하는 학생도, 회사원도 글로 쓴 내용을 소리 내서 말하듯이 읽어보라. 웅얼거리는 것은 소리 내서 말하는 것이 아니다. 실제 발표처럼 말을 해야 한다. 준비는 입을 통해 말로 하는 것이다. 이제부터 모든 발표는 소리 내서 낭독하자.

누구나 성공적인 스피치를 위해 많은 노력을 기울인다. 나의 노력이 청중이나 환경을 바꿀 수는 없지만, 그렇게 노력하다 보면 점차 발전할 수밖에 없다. 노력이 헛되지 않으려면 제대로 된 발표 준비가 필요하다. 이때 할 수 있는 최고의 방법이 발성훈련과 낭독이다. 스피치는 발성훈련과 낭독을 통해 더욱 단단해진다. 발성이 뒷받침되고 낭독으로 발표를 준비해야 한다. 눈으로 보고 머리로 생각하는 것만으로는 부족하다. 이제 발성훈련과 낭독을 통해 성공적인 스피치를 준비하자.

# 준비된 말과 즉흥적인 말을
# 잘하는 방법

06

스피치는 준비가 필수다. 제대로 준비하지 않으면 그 어떤 사람이라도 쉽게 말하기 어렵다. 그런데 우리 주변에는 분명 스피치를 편하게 잘하는 사람이 있다. 어떻게 그럴 수 있는 것일까? 바로 스피치를 준비하는 자신만의 방법을 가지고 있는 사람이다. 거기에 충분한 준비를 통해 스피치를 성공했던 경험도 있을 것이다. 충분한 준비와 성공 경험이 쌓이면 자신감이 생기고, 자신감이 생기면 준비 시간도 줄어든다. 당신은 어떤가? 1분, 한 시간, 하루, 한 달 후 발표 기회가 주어진다면 어떻게 하겠는가? 준비된 말과 즉흥적인 말을 성공하기 위한 방법을 알아보자.

# 준비된 말하기

이름만 들으면 알 만한 봉사 단체의 회장님이 아카데미를 찾아왔다. 두 달 후 KBS 홀에서 환영사를 해야 한다는 이유였다. 3천여 명의 관객에 외부 귀빈들도 많이 오는 중요한 자리였다. 그렇게 큰 무대에 서는 것은 처음이라 미리 준비하기 위해 온 것이다. 원고 작성부터 발표 연습까지 두 달 동안 거의 매일 수업을 받았다. 5분 정도 분량의 환영사였지만 원고를 이해하고 시선 처리, 제스처, 표정 등을 꼼꼼하게 연습했다. 회장님의 열정은 남달랐고 대단했다. 행사 당일 오전까지 아카데미에서 최종 리허설을 했다. 그날 환영사는 모두의 찬사를 받는 대성공을 거두었다.

두 달 후에 처음으로 큰 무대에서 스피치를 한다고 생각해 보자. 누군가는 한 달 남았을 때 준비하려고 할 수 있다. 하지만 회장님은 일찍 아카데미를 찾았다. 그래서 본인이 원하는 모습은 물론, 더 높은 수준까지 다다를 수 있었다. 준비에는 끝이 없다. 어떻게 준비하느냐에 따라 성패는 달라진다. 회장님은 시간이 꽤 지난 지금까지 필자를 만나면 그날의 감동을 이야기한다. 그 순간을 평생 잊지 못할 거라고 말이다. 이처럼 준비된 말은 전문가와 함께 준비하면 성공 확률이 훨씬 높다. 내가 원하는 모습 그 이상을 준비하고 충분히 표현할 수 있기 때문이다.

미국의 소설가이자 '연설의 귀재'라고 불리는 마크 트웨인(Mark

Twain)은 화이트프라이어즈 클럽 연설에서 이렇게 말했다. "내가 아주 자연스럽게 즉흥적인 연설을 하기 위해서는 최소 3주 이상의 준비 시간이 필요하다." 자주 연설하는 사람들은 준비 없이 잘하는 듯 보이지만 그 뒤엔 얼마나 많은 노력이 있었는지 알 수 있는 대목이다. 말 잘한다는 우리 주변의 사람들도 마찬가지다. 감각이 좋기도 하지만 평상시에 꾸준히 관심을 가지고 준비한 것이다. 그래서 제대로 준비하는 방법을 알아야 한다. 준비 시간도 처음에는 많이 걸리지만 숙달되면 빨라진다.

한 시간이든, 하루든, 한 달이든 시간이 날 때 무조건 준비해야 한다. 일 년 후에 있을 발표를 준비하는 수강생도 있다. 어찌 보면 시간 낭비라고 생각할지 몰라도 준비하는 사람의 입장에서는 그만큼 중요해서다. 자신이 스피치에 약하고 긴장한다는 사실을 외면하지 않은 것이다. 시간이 있다면 차분하게 스피치의 모든 영역을 완성할 수 있다. 자신의 약점을 보완해서 멋진 발표자가 될 수 있다. 준비된 말하기의 성과는 시간에 비례한다. 제대로 준비하면 누구나 잘할 수 있다.

준비된 말하기는 무엇보다도 한 번의 성공 경험이 중요하다. 주제 구상, 원고 작성, 원고 배열, 개요서 완성, 발표 연습 등을 직접 한 번은 제대로 준비해 봐야 한다. 복장과 용모, 시선, 제스처 등 비언어 요소까지도 챙겨야 다음 발표를 스스로 준비할 수 있다. 무엇이든지 처음이 어렵지만 방법을 알면 쉽다. 그러면 자신감이 생기고 말하기에 탄력이 붙는다. 지금부터 작은 소모임에라도 참석 전에 '오늘 한 마디 한다'라고 생각하고 미리 준비하자.

준비된 말하기는 발표까지 남은 기한을 고려해야 한다. 만약 일주일이란 시간이 있다면 기한을 나눠서 준비해야 한다. 7일을 기준으로 주제 선정, 자료수집, 자료 배치, 원고 작성, 발표 연습, 비언어 등을 꼼꼼히 점검해야 한다. 원고 작성은 최대한 2~3일 안에 끝내고 나머지 시간은 발표 연습을 해야 한다. 발표 전날까지 PPT 원고만 수정하고 연습을 게을리해서는 안 된다. 실전처럼 말로 소리 내서 연습하라. 구체적인 준비는 6장에서 자세히 알아보자.

## 즉흥적으로 말하기

한 건축업 대표가 협회 임원들과 함께 지자체장인 시장이 주관하는 간담회에 참석했다. 나이도 비교적 젊고 선배들이 많아서 밥이나 먹자는 생각으로 갔다. '설마 내가 말할 기회나 있겠어?'라고 생각하고 아무 준비 없이 참석한 것이다. 그런데 시장 바로 앞자리에 앉게 되었다. 시장과 줄곧 눈을 마주치니 갑자기 불안한 마음에 어쩔 줄 몰랐다. 그때 갑자기 시장이 그에게 질문을 던졌다. "대표님은 이 안건에 대해 어떻게 생각하십니까?" 당황해 얼굴이 빨개진 그는 아무 대답도 못했다. 당장 그 자리를 피하고 싶을 정도로 끙끙 앓았다. 이후

모임에 참석하면 잘 보이지 않은 구석에서 조용히 자리만 지킨다고
했다.

사실 누구나 즉흥 스피치를 부담스럽게 여긴다. 특히 편한 자리
인 줄 알고 아무 준비없이 갔는데 무언가를 시키는 분위기라면 더욱
그렇다. 밥만 먹는 모임인 줄 알았는데 갑자기 자기소개나 건배사를
시키는 경우다. '설마 내 차례는 안 오겠지'라고 생각했는데 말이다.
그럴 땐 내 차례까지 시간이 남았더라도 긴장되어 할 말이 잘 생각
나지도 않는다. 즉흥 스피치는 그 사람의 감각과 재치를 한 번에 보
여줄 수 있는 좋은 기회다. 제대로 연습만 하면 짧은 시간에도 충분
히 순발력 있게 답변할 수 있다.

스피치 준비의 중요성을 잘 보여주는 일화가 있다. 미국의 윌슨
대통령은 연설 준비에 얼마나 시간을 투자하는지에 대한 질문에 이
렇게 답했다. "연설 시간이 10분이라면, 2주가 꼬박 걸립니다. 30분
짜리 연설을 준비하려면 1주가 걸리죠. 원하는 만큼 오래 말해도 된
다면 전혀 준비할 필요가 없습니다. 언제나 준비된 상태니까요." 그
렇다. 시간 제약이 없으면 상관없다. 하지만 주어진 발표의 시간이
짧거나 정해져 있다면 상황은 다르다. 이런 스피치의 특성상 많은
준비가 필요하다. 특히 공적인 자리라면 더욱 그렇다.

어떤 형태의 모임이라도 가기 전 반드시 머릿속에 그림을 그려보
라. 참석이 잦은 모임이거나 처음 참석하는 자리도 마찬가지다. '나
는 안 시키겠지?'라는 생각은 금물이다. 만약 누가 인사말을 한다면

나는 어떻게 말을 할까 고민해야 한다. 앞사람이 건배사를 한다면 나도 건배사를 생각해야 한다. 어떤 상황과 장소에서도 대처하는 능력이 필요하다. 드디어 내 순서가 되었다면 준비 없이 말을 잘하는 것처럼 보이는 효과도 있다.

가끔 다급한 목소리로 전화하는 사람들이 있다. 모임에서 갑자기 인사말을 해야 하는데 빨리 문자로 보내달라며 "원장님, 최대한 쉽고 간단하게 써서 보내주세요. 빨리요!" 재촉한다. 평소에 잘 아는 수강생이고 어떤 모임인지도 미리 들었기 때문에 어느 정도 대처는 가능했다. 그러나 스피치 전문가인 나도 갑작스럽게 인사말을 작성하기란 쉽지 않다. 현장의 분위기나 상황, 청중이 누군지도 정확히 모르는 상황에서 말이다. 순간의 위기는 넘길 수 있겠지만 항상 그럴 수는 없기에 스스로 체계적으로 준비해야 한다.

즉흥적 말하기는 대부분 준비 시간이 짧다. 골프 모임에 참석하거나 직장 내 회식이 있다고 가정해보자. 그럼 무슨 말을 할지 미리 준비해야 한다. 먼저 키워드를 메모하라. 급하면 휴대폰 메모장에 몇 글자만 적어보자. '자기소개, 참석한 소감, 앞으로의 다짐' 등을 적고 순서대로 풀어서 말해본다. 키워드는 암기도 필요하다. 마치 즉흥적으로 말하는 듯 보이는 효과도 있다. 내가 준비한 내용과 현장의 분위기가 다를 수도 있지만, 기본 틀을 준비했다면 현장의 상황에 맞게 바꾸기란 그리 어렵지 않다. 복잡하게 생각하지 말고 간단하게 키워드를 적어보자.

준비 없이는 누구도 스피치를 쉽게 하기 어렵다. 그래서 준비된 말하기를 통해 성공 경험을 쌓고 자신감을 얻어야 한다. 매일 매 순간 누구에게 코치를 받을 수는 없다. 스피치를 앞둔 시간에 맞게 스스로 준비할 수 있어야 한다. 시간의 여유가 있을 때는 차분하게 준비할 수 있다. 갑자기 불려 나와 한마디 해야 하는 긴박한 순간도 있다. 하지만 평소에 준비한다면 남은 시간에 관계없이 현재 상황과 분위기를 알고 멋지게 스피치를 해낼 수 있다. 준비하면 충분히 가능하다. 당신도 준비된 말과 즉흥적 말을 잘할 수 있다!

# 스피치를 잘하기 위한
# 논리와 흐름

# 논리 없는 말은
# 사람들을 졸게 만든다

누구나 말을 잘하고 싶어 하지만 그 방법을 아는 사람은 많지 않다. 말을 잘한다는 것을 '대화의 기술' 정도로 생각하기도 한다. 말을 잘하려면 그 속에 논리적인 흐름이 있어야 한다. 그렇지 않으면 설득력도 없고 무슨 말인지 알 수가 없다. 발표나 대화를 할 때도 마찬가지다. 그 속에 논리가 분명해야 한다. 논리를 얻기 위해서는 먼저 생각을 글로 써봐야 한다. 글로 정리해야 논리적으로 말할 수 있다.

## 논리적인 생각과 글쓰기

인문학 강의를 듣기 위해 조찬 세미나에 참석했다. 200여 명 정도 모이는 단체라서 명강사가 오리라 내심 기대했다. 그런데 강의가 시작한 지 5분이 지나고 주위를 둘러보니 휴대폰을 보는 사람, 조는 사람이 대부분이었다. 50분 강의 동안 무슨 내용인지 말이 앞뒤가 맞지 않고 중구난방이었다. 심지어 강의가 끝날 무렵 "중요한 것 3가지만 더 말씀드리겠습니다"라고 하고선 앞에서 했던 말을 반복하는 게 아닌가. 지겨움을 더는 참지 못한 사람들은 짐을 정리해서 자리를 뜨기 시작했다. 나중에 같이 들은 분과 대화해보니 바쁜 아침 시간을 허비했다는 생각이 들었단다.

마법사는 소설 속에만 있는 존재가 아니다. 청중을 잠들게 만들면 당신도 마법사다. 말에 논리가 없으면 듣는 사람들은 졸린다. 했던 말을 또 하고, 반복해서 듣다 보니 지루할 수밖에 없다. 논리적인 구조 없이 나열식으로 하는 스피치는 청중을 힘들게 만든다. 특히 끝나는 시간을 예측할 수 없으면 더욱 지치게 된다. 이때 보이지도 잡히지도 않는 생각을 밖으로 꺼내 보자. 글로 쓰는 것이 효과적이다. 긴 내용이든 짧은 내용이든 무조건 글로 써서 눈으로 확인해 봐야 한다. 그러면 중복되거나 두서없는 내용이 보일 것이다.

하버드대학교 로빈 워드 박사가 하버드를 졸업해 40대가 된 1,600명을 대상으로 한 "현재 당신의 일에서 가장 중요한 것은?"이라는 질문에 90% 이상이 '글을 잘 쓰는 기술'이라고 응답했다. 1872년 미국에서 가장 오래된 글쓰기 프로그램이 하버드에 만들어졌다. '익스포스(Expos)'라는 논증적 글쓰기 프로그램(Expository Writing Program)인데 2007년부터 하버드 대학 졸업장을 받으려면 글쓰기 과목을 수강해야 된다. 글쓰기 수업을 통해 사고력을 기르고 설득력을 얻을 수 있다. 그래서 졸업할 때가 되면 어떤 주제든지 정확하게 전달하고 말로 표현할 수 있다.

우리나라 대학의 경우 많은 전공과목을 공부하면서 이해가 되지 않아도 무조건 암기한다. 그리고 시험 기간이 되면 교수가 말한 내용까지 빠짐없이 암기한 내용을 무작정 적어내고는 좋은 점수를 받는다. 이러한 교육 방식이 논리적 글쓰기를 가로막는다고 생각한다. 전국경제인연합회에서 206개 기업을 대상으로 '대학에 개설되길 희망하는 교과과정'에 대한 설문조사를 한 결과 '기획문서 작성', '글쓰기 스킬'이란 응답이 거의 절반에 가까운 42%를 차지했다. 이제 기업들도 글쓰기가 생산성 향상에 기여한다고 여기는 것이다.

글쓰기는 말하기의 가장 기초단계의 작업이다. 잘 작성된 구조적인 글은 말하기도 쉽다. 논리가 없는 말은 길을 잃은 상태이다. 지루한 강연을 듣다가 한숨 푹 자고 개운하게 일어난 경험이 있을 것이다. 자신의 소중한 발표를 청중의 숙면 시간으로 사용하게 할 것인가? 강연 내용이 어렵고 복잡해서 그럴 수도 있지만 대부분은 핵심을 관통하는 논리를 전달하지 못한 결과다. 내용을 잘 연결하여 흐름에 맞도록 정리해야 한다. 말하는 동안 청중의 마음속에 그림이 그려지지 않으면 졸릴 수밖에 없다.

## 논리적으로 말하기

한국여성경제인협회에서 성공한 CEO 성공사례 강연을 들은 적이 있다. 20대 초반에 사업을 시작해서 온갖 어려움을 겪고 지금은 매출 1천 억대 중견기업의 대표인 여성이 강연자였다. 강의 초반은 사업 초기의 이야기였다. 중간 틈새마다 재밌고 슬픈 에피소드로 강연의 집중도를 높였다. 전하고자 하는 메시지와 예화들에 공감하며 듣다 보니 한 시간이 훌쩍 지나갔다. 웃다가 울다가 고개를 끄덕이길 반복했던 유익한 시간이었다. 자신의 삶을 쉽고 감동적으로 풀어낸 강연이 끝나자 청중들은 모두 기립박수를 보냈다.

논리적인 말은 특별한 것이 아니다. 내용이 고차원적이거나 꼭 전문적이지 않아도 된다. 간단명료하게 전하고자 하는 내용을 청중의 머릿속에 남기면 된다. 운전자와 쉽게 소통하는 내비게이션처럼 말이다. 길 안내를 하듯이 다음 순서를 미리 알려주면 청중은 훨씬 듣기가 쉬워진다. 발표자의 말을 이해하고 궁금증이 생기면서 스스로 내용을 완성해 나가고, 이렇게 논리를 정립하는 과정에서 재미를 얻게 된다. 그러면 '참 좋은 강연을 들었다'고 생각한다.

기업 인사담당자들이 면접 전형에서 가장 선호하는 스타일은 '논리적으로 말하는 지원자'이다. 취업 포털사이트 인크루트는 인사담당자 352명을 대상으로 '면접에서 가장 선호하는 스타일'에 대한 설문조사 결과, '전체적으로 조곤조곤 논리적으로 말하는 지원자

(33%)'가 1위였다. 맹목적인 말하기보다 논리적인 답변이 당락을 좌우하는 면접에서는 더욱 중요하다. 기업에서도 논리적으로 말하는 지원자를 선호한다. '논리적 말하기'가 대인관계와 업무능력도 알 수 있는 척도로 사용되는 것이다.

이처럼 논리적인 말하기는 직장인의 성공과도 좌우한다. 논리적인 답변은 듣는 내내 명쾌하다. 때론 머리를 한 대 세게 맞은 것 같은 충격과 전율까지 느껴진다. 뒤통수를 강타하는 새롭고 신기한 것만 이야기한다고 좋은 답변은 아니다. 어느 정도 예측이 가능하지만 논리정연하고 면접관도 알고 있는 것을 되짚어주면서 재정리하는 답변이 좋은 답변이다. 무조건 면접관에게 잘 말해야 한다는 압박감 때문에 심리적 위험에 노출될 수 있다. 자칫 발표불안 증상이 나타날 수도 있다.

## 말의 논리를 얻는 방법

말의 논리를 얻으려면 논리적인 글이 필요하다. 논리적인 글의 구조는 좋은 주제와 키워드에서 시작된다. 키워드끼리는 연관성과 독립성이 보장되어야 한다. 선정한 키워드에 맞는 본론의 내용을 정리하고 키워드를 중심으로 작성된 내용을 흐름에 맞게 재배열한다. 마지막으로 서론과 결론을 작성한다. 각각의 글이 주제를 뒷받침하는지도 확인한다. 이렇게 완성된 글은 일목요연하고 간결해지며, 체계적인 구조와 논리적인 흐름도 얻을 수 있다.

청중의 생각 속으로 파고드는 다양한 논리도 필요하다. 청중은 자신의 관념을 지키기 위해 마음속에 갑옷을 입은 채 내용에 대해서는 의심이라는 장벽을 치고 있다. 이런 그들을 변화시킬 논리가 필요하다. 논리는 아이디어와 근거로도 생긴다. 좋은 아이디어와 정확한 근거가 있을 때 청중은 생각을 바꾼다. 아이디어는 새로울수록 좋다. 청중이 이미 알고 있다면 관심을 받기 어렵기 때문이다. 새로운 아이디어라도 청중은 의문을 갖기 때문에 정확한 근거가 있어야 한다. 근거는 공신력이 있고 체계적이어야 한다.

논리적으로 발표하기 위해서는 글의 구조를 확인해야 한다. 청중의 생각을 변화시키기 위해 다양한 아이디어와 근거도 필요하다. 이렇게 얻은 논리에 대한 자신감이 있다면 발표를 성공적으로 마무리할 수 있다. 발표에서 가장 중요한 무기는 바로 논리다. 인기 있는 영화 장르로 액션과 스릴러가 있다. 액션 영화에 나오는 화려한 볼거리는 다양한 아이디어와 근거들이다. 스릴러물에는 단단하고 치밀한 전개 속에 반전 매력이 있다. 이것은 글의 구조라고 생각하면 된다. 짜임새 있는 스토리와 다양한 볼거리. 더 이상 영화 속 이야기가 아닌 당신의 발표다.

자신의 생각으로 상대방을 설득하는 능력은 이 시대의 리더가 갖춰야 할 필수요소다. 설득할 때도 논리가 필요하다. 일상의 대화를 할 때는 문장의 구조가 다소 맞지 않아도 괜찮지만 발표를 할 때는 청중을 설득하기 위해 논리가 필요하다. 먼저 글쓰기를 이해하고 말하기를 시작하면 더욱 효과적이다. 글을 쓰면서 내 생각에 문제가 없었는지 확인해보자. 내가 생각한 좋은 아이디어도 그때마다 메모해둔다. 다양한 논리와 구조는 말하기의 처음이자 마지막이다.

# 스피치를 잘하기 위한 내용의 구성요소

08

"구슬이 서 말이라도 꿰어야 보배"라는 속담이 있다. 아무리 좋고 훌륭한 것이라도 서로 조화를 이뤄야 한다는 의미다. 스피치도 마찬가지다. 아무리 좋은 내용이더라도 짜임새가 없으면 스피치로서 역할을 할 수 없다. 우리가 좋은 내용을 만들기 위해 흔히 사용하는 기본구성이 있다. 바로 '서론-본론-결론'이다. 이 기본구성 속에는 세부 구성요소도 있다. 각각의 구성요소들이 제 역할을 하고 제대로 배열되어야 좋은 내용이 나온다.

## 준비하지 않은 것 같은 서론

스피치에서 시작은 정말 중요하다. '시작이 반'이라는 말처럼, 스피치의 시작도 마찬가지다. 서론에서는 발표에 대한 기대감을 주고 본론을 예고하며 흥미를 유발해야 한다. 청중의 관심을 집중시키고 확실한 동기를 부여해야 한다. 청중은 서두에 '이 발표가 내게 도움이 되는지, 들을 만한 가치가 있는지' 판단한다. 그래서 분위기를 환기시키기 위해 칭찬, 날씨, 유머를 언급한다. 단, 청중을 집중시키기 위해 예고 없이 발표를 시키는 것은 청중에게 부담을 주는 행위이므로 삼가야 한다. 지목을 받는 청중도, 나머지 청중들도 발표에 대한 마음의 벽을 쌓을 수 있으니 조심하자.

서론은 서두와 주제문으로 구성되어 있다. 서두에는 간단한 자기 소개나 인사말이 포함된다. "이렇게 많은 분들이 와주셔서 감사합니다." "발표의 기회가 주어져서 영광입니다" 정도가 적당하다. 발표자의 공신력을 어필하면 청중을 집중시킬 수 있다. 발표자의 이력과 주제에 대한 공신력을 주는 이야기로 풀어가면 좋다. "저는 이 분야에서 10년을 연구해 왔습니다." "아직도 이 분야를 고민하고 더 좋은 해법을 찾고 있습니다" 등으로 과정을 이야기하면 좋다. 청중에게 필요한 발표임을 자연스럽게 강조해야 한다.

주제문은 말하고자 하는 핵심 메시지를 간결한 문장으로 표현한다. 주제와는 다르다. 주제는 제목이다. 일례로 "직장인의 성공에 미치는 영향 중 가장 중요한 것이 바로 스피치입니다"라는 것은 주제문이다. 발표 내용을 요약해서 안내하고 본론에서 어떤 내용을 말할지 예고하는 문장이다. 서론에서 너무 길게 이야기하면 본론의 기대감이 떨어질 수 있으니, 주제문은 짧고 서론이 끝나고 본론으로 들어가기 직전에 말하는 것이 좋다. 청중은 '아, 오늘 이런 내용을 이야기하는구나! 잘 들어봐야지" 하고 마음의 준비를 한다.

서론은 짧고 간결하게 준비하는 것이 핵심이다. 전체 발표의 10~20% 정도면 적당하다. 본론을 완전히 정리하기 전에 서론을 완성할 필요는 없다. 그만큼 간단하게 준비하면 된다. 치열하게 본론을 준비하다 보면 서론이 수정될 수도 있기 때문이다. 그래서 본론의 핵심 메시지를 중심으로 내용을 완성한 다음 서론을 결정하는 편이 좋다. 서론을 준비하는 방법은 매우 다양하다. 청중의 관심과 호기심을 끄는 이야기를 하거나 시청각 자료를 활용한다. 고사성어나 유명한 사람의 명언, 유머를 인용하는 것도 좋은 방법이다. 청중을 참여시키기 위해 개인이 아닌 청중의 통일된 반응을 요구하는 질문도 방법 중 하나다.


## 치열한 고민의 흔적, 본론

본론은 스피치의 처음과 끝을 제외한 전부를 의미한다. 주제에 대한 발표자의 내공과 전달력을 보여줄 좋은 기회다. 본론에는 주장과 세부내용이 포함된다. 이들의 관계를 정확하게 설정해주는 예고, 중간 요약, 문간 이동 같은 기법도 있다. 본론을 먼저 완성하고 서론과 결론을 결정해야 한다. 본론에서 주제에 대한 치열한 고민과 탐구 끝에 서론과 결론이 변할 수도 있기 때문이다. 그렇다고 발표 주제까지 바뀌진 않는다. 논리적인 흐름을 완성하려면 주장이 일관되게 작성된 본론이 중요하다.

본론은 크게 주장과 근거로 이루어져 있다. 주장(claim)은 자신의 의견이나 주의(主義)를 청중이 받아들이길 바라는 표현이다. 청중이 이 주장을 받아들이게 하는 것이 중요하다. 주장은 사실적 주장(factual claims), 가치적 주장(value claims), 정책적 주장(policy claims)으로 나뉜다. 사실적 주장은 사실에 대한 존재 여부, 가치적 주장은 옳고 그름에 대한 문제, 정책적 주장은 실천 당위성에 관한 내용으로 결론을 낸다. 발표자가 말하고자 하는 핵심적인 메시지라고 생각하면 된다.

근거(ground)란 주장의 타당성을 입증하는 데 필요한 조건이다. 증거에는 구체적으로 사실, 사례, 자료, 연구, 증언 경험 등이 있다. 근거가 없는 주장은 발표자의 생각일 뿐이다. 객관성이 입증된 사실과 연구 또는 자료가 필요하다. 경험이나 사례, 증언의 경우 공신력 있는 내용을 인용해야 한다. 객관성을 입증하기 위해서는 어느 한쪽에 편향되지 않는 신뢰가 필요하다. 또 출처가 분명하고 최신 내용이어야 한다. 사실에 입각한 증언이나 학자의 의견을 인용해 공신력을 보일 수 있다.

본론을 준비하기 위해서는 많은 생각과 고민이 필요하다. 전체 발표의 70~80%에 해당, 가장 많은 분량을 차지하기 때문에 이론적으로 치열한 연구가 필요하다. 방대한 자료조사를 바탕으로 많은 토의와 토론을 해야 한다. 브레인스토밍을 통해 새로운 아이디어를 찾아내는 것도 중요하다. 본론에서는 통상 3개의 주장을 사용하며 주장과 근거가 결합된 내용을 조직한다. 3개의 주장이 포함된 각 내용들은 서로 자연스럽게 연결되어야 한다. 그래야 어색하지 않고 의미가 분명해진다.

## 감동과 여운을 전하는 결론

스피치는 시작만큼 중요한 것이 결론이다. 미국의 심리학자 로버트 라나(Robert Lana)는 최신효과(Recency Effect)를 제시했다. 가장 나중에 제시된 정보가 가장 잘 기억에 남는 현상을 말한다. 신근성 효과 또는 막바지 효과라고도 불린다. 결론은 본론에서 보여준 발표자의 내공과 깊이를 더욱 인상적으로 표현할 수 있다. 발표가 막바지에 다다른 것을 인지한 청중은 자연스레 주요 내용을 정리해주기를 원한다. 이런 부분들을 만족시켜주면 청중은 발표에서 감동과 여운을 느낄 수 있고 심리적으로도 안정을 얻는다.

결론에서는 종료 신호 후 요점을 재정리하고 결언을 한다. 예를 들어 흥미진진한 영화를 보는데 갑자기 끝났다고 가정해보자. '찜찜하다'는 느낌과 함께 '영화가 왜 이렇게 끝났지?'라는 의문을 갖게 된다. 본론까지 열정적으로 전개했다면 결론에서는 강연의 끝남을 자연스럽게 알려줘야 한다. "지금까지 준비한 내용을 모두 살펴보았습니다"처럼 간단하게 언급해주면 좋다. 결론은 발표의 클라이맥스에 해당된다. 발표자의 목소리의 어조나 억양으로도 충분히 마무리를 예고할 수 있다. 그래야 청중도 마음의 준비를 한다. 강연이 끝났음을 알리는 종료 신호는 필수이다.

결론의 가장 큰 역할 중 하나는 핵심 메시지를 다시 한번 강조하는 것이다. 청중은 서론부터 본론까지 많은 정보를 얻었다. 발표자는 마지막으로 요점을 재정리하고 '오늘 이것만은 꼭' 기억하게 해줘야 한다. 결언은 스피치의 가장 마지막 단계이므로 여기서 새로운 아이디어가 나와서는 안 된다. 최종 결언하는 방법은 여러 가지가 있다. 좋은 말 인용, 주제문 언급, 변화된 미래 언급, 동기부여 등 주제와 맞게 발표자가 선택해서 사용하면 된다.

결론도 서론처럼 짧고 간결해야 한다. 전체 발표의 10~20% 정도가 적당하다. 미국의 시인 헨리 워즈워스 롱펠로우(Henry Wadsworth Longfellow)는 "시작의 기술은 위대하지만 끝냄의 기술은 더욱 위대하다"라고 말했다. 결론은 청중이 꼭 기억해야 할 것을 재강조해야 한다. "오늘 제가 드린 말씀 중에 이것만은 꼭 기억하세요"라고 말해준다. 청중은 긴 시간의 강연을 자연스레 정리한다. 그리고 발표자의 마지막 메시지를 가슴에 새기고 돌아갈 것이다. 끝냄의 기술이 더욱 위대하다. 결론임을 청중이 알고 있는데 "마지막으로 3가지!"

를 외치는 실수는 하지 말자.

발표자가 어느 한 부분만 강조한다고 좋은 발표가 되는 것은 아니다. 서론과 본론, 결론에서 구성요소들이 모두 제 역할에 충실해야 발표의 짜임새가 생긴다. 복잡하고 어렵지 않다. 일단 발표내용을 작성하자. 그다음 작성된 내용을 가지고 한 부분씩 점검하며 확인해보자. 이해가 되면 발표 준비에 많은 도움이 된다. 매번 점검하고 대입할 필요도 없어진다. 머릿속에 스피치 내용의 구성요소가 확실하게 자리 잡힐 것이다.

# 핵심 키워드를 잘 선정하라

09

스피치를 잘하려면 논리적인 흐름이 중요하다. 긴 발표나 짧은 발표 모두 마찬가지다. 발표의 논리적인 흐름 속에서 축이 되는 것이 바로 키워드다. 그래서 말을 할 때에는 키워드를 제대로 선정해야 한다. 키워드를 제대로 선정하지 않고 말하면 처음 생각했던 것과 다른 말을 하게 된다. 그렇기 때문에 키워드를 잘 선정해야 발표의 내용이 일관성 있고 전달력도 좋다. 발표를 위한 키워드를 선정하고, 그중에서 핵심 키워드를 어떻게 고르는지 방법을 알아보자.

## 키워드란 무엇인가

키워드(keyword)란 기록의 내용을 표현하기 위해 제목이나 내용에서 추출한 단어나 구절로서 기록을 검색할 때 접근점으로 쓰인다. 스피치를 잘하려면 대본이 필요하다. 대본은 발표의 방향성을 지키기 위해 없어서는 안 되는 요소이다. 하지만 처음부터 전체 원고를 쭉 작성하다 보면 글의 일관성이 없어질 수 있다. 그렇기 때문에 스피치에서 키워드는 핵심 메시지를 표현하는 데 사용된다. 본론에서 주장을 할 때는 주제문이 있다. 이때 주장하고자 하는 내용의 키워드를 먼저 선정해야 한다. 발표자가 전하는 핵심 메시지들을 키워드 형태로 작성하면 된다.

키워드를 나열해 보면 발표의 전체적인 흐름을 한눈에 볼 수 있다. 중복된 단어를 확인할 수 있고, 누락된 내용을 점검할 수도 있다. 키워드를 제대로 전달하면 주제에서 크게 벗어나지 않기 때문에 짜임새가 생긴다. 짧은 스피치는 비교적 부담이 적지만, 긴 시간 스피치를 해야 할 경우 키워드를 통해 논리적인 흐름을 준비해야 한다. 뷔페 음식을 생각해 보자. 종류는 많은데 먹을 것이 없다고 느낀 적이 있을 것이다. 차라리 한 가지 메뉴가 더 나을 때가 있다. 아무리 많은 내용을 이야기해도 청중은 한 번에 하나만 기억한다. 그래서 청중의 머릿속에도 키워드가 남도록 해줘야 한다.

스티브 잡스가 광고를 기획하던 시절, 광고대행사 관계자들과 신제품에 대한 TV 광고 시안에 대해 이야기하고 있었다. 시안을 본 잡스는 광고에 신제품의 특징이 네 가지는 들어가야 한다고 고집했다. 그러자 광고대행사 사장이 탁자 위에 있던 공책에서 종이를 찢어 구겨서 다섯 개의 종이 공을 만들었다. 그중 하나를 탁자 건너편에 있는 잡스에게 던졌다. 잡스가 잡았다. 광고대행사 사장이 말했다. "좋은 광고네요." 사장은 남아 있는 종이 공 네 개를 한꺼번에 잡스에게 던졌다. 잡스는 하나도 못 잡았다. 다시 사장이 말했다. "나쁜 광고네요." 잡스는 자기의 고집을 꺾었다. 준비가 부족할수록 말이 길어지고 불필요한 연결어도 사용한다. 핵심 메시지는 간결해야 한다. 키워드로 발표를 압축해보자. 이 발표에서 전하고 싶은 핵심 메시지는 무엇인지 한 단어 혹은 한 구절로 요약할 수 있어야 한다. 3분 스피치를 준비한다고 가정해보자. 주제가 주어지면 원고부터 쓰지 말고, 주제를 설명할 키워드를 3개로 정리하자. 키워드가 5개면 많다고 느껴지고 2개는 적게 느껴진다. 키워드를 중심으로 내용을 차근차근 구성하면 된다. 이제부터 키워드에 집중하라.

예시문

Q. 공무원으로서 꼭 필요한 역량이 무엇이라고 생각합니까?

A. 저는 공무원에게 필요한 역량을 세 가지로 말씀드리겠습니다.

먼저, 국가와 국민에 봉사하겠다는 마음가짐입니다.

두 번째는 직무에 대한 전문성이라고 생각합니다.

마지막으로 업무를 수행하는 청렴한 자세입니다.

저는 공무원에게 필요한 역량을 가지고 있다고 확신합니다.

전문성을 가지고 청렴한 자세를 바탕으로 국가와 국민에 봉사하겠습니다.

면접에서 위와 같은 질문을 받았다면 어떻게 준비할까? 먼저 공무원에게 필요한 핵심 키워드를 생각한다. '봉사, 전문성, 청렴' 세 가지로 설정했다. 그리고 나서 내용을 정리한다. 키워드는 말 그대로 짧고 명확한 한 단어다. 처음부터 문장을 구성하기보다 키워드를 먼저 설정하고 글을 작성해보라. 그리고 말로 연습한다. 예상 질문과 약간 다르더라도 준비한 키워드를 생각하면서 침착하게 답변할 수 있다.

## 핵심 키워드 선정방법

### 청중의 요구와 중요도

키워드를 선정할 때 청중의 요구와 발표자가 중요하다고 생각하는 것을 선정할 수 있다. 발표하려는 핵심 메시지에 대한 키워드를 생각해보라. 발표를 준비하며 브레인스토밍((brainstorming)을 통해 다양한 아이디어를 생각해도 좋다. 준비한 여러 가지 키워드를 발표자가 중요하다고 생각하는 순서로 나열한다. 비슷하다고 생각하는 것들은 묶어본다. 청중을 분석했다면 청중의 요구도 고를 수 있다. 발표는 어디까지나 발표자와 청중의 호흡이 중요하다. 발표자의 주장과 청중의 요구가 조화를 이뤄야 한다. 청중을 설득하기 위해 좋은 키워드를 선정해보자.

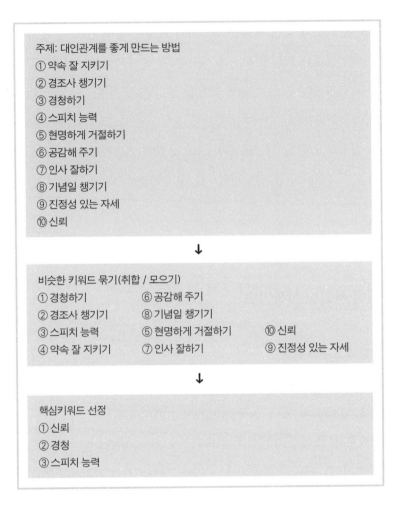

주제: 대인관계를 좋게 만드는 방법
① 약속 잘 지키기
② 경조사 챙기기
③ 경청하기
④ 스피치 능력
⑤ 현명하게 거절하기
⑥ 공감해 주기
⑦ 인사 잘하기
⑧ 기념일 챙기기
⑨ 진정성 있는 자세
⑩ 신뢰

↓

비슷한 키워드 묶기(취합 / 모으기)
① 경청하기          ⑥ 공감해 주기
② 경조사 챙기기      ⑧ 기념일 챙기기
③ 스피치 능력        ⑤ 현명하게 거절하기    ⑩ 신뢰
④ 약속 잘 지키기      ⑦ 인사 잘하기         ⑨ 진정성 있는 자세

↓

핵심키워드 선정
① 신뢰
② 경청
③ 스피치 능력

아이디어에 정답은 없으니 자기 생각을 충분히 나열해본다. 이제 비슷한 키워드끼리 모아서 중요한 순서대로 정리하자. 그리고 본론에서 말할 주제문과 연계해서 3개 메시지를 선정해 보자. 이 과정을 거치다 보면 핵심 키워드로 새로운 단어가 생길 수도 있다. 키워드

선정은 스피치 내용의 설계도와 같다. 집을 지을 때 큰 도면을 펼쳐 놓은 듯한 효과가 있다. 3개의 핵심 키워드로 중심축을 세워 거기에 내용을 작성해나가면 된다. 핵심 키워드가 선정되면 복잡한 생각이 정리되고 메시지도 정확해진다.

## 키워드의 독립성과 연계성

스피치 내용의 본론은 3개 메시지가 적당하다. 키워드 간에 상호 연계성도 중요하다. 독립적인 역할을 하는 메시지이면서 서로 연결이 되어야 한다. 상호 연계성이 있는 독립된 키워드는 다시 주제문과 연결된다. 이탈리아 천재적 미술가이자 사상가 레오나르도 다빈치(Leonardo da Vinci)는 "단순함은 궁극의 정교함"이라고 말했다. 더 이상 덜어낼 것이 없는 마지막의 심플한 문장이 바로 키워드다. 스피치에서 핵심가치만 꺼낼 수 있다면 누구나 말을 잘할 수 있다. 키워드의 핵심 키워드는 더하는 것이 아니라 빼는 것이다.

## 발표자의 가치관

핵심 키워드는 발표자의 가치관이 잘 드러나야 한다. 똑같은 상황에서도 발표자가 바라보는 관점에 따라 키워드가 달라진다. 긍정적인 시각을 가진 사람도 있고 부정적인 시각을 가진 사람도 있다. 발표 내용이나 본론의 성격에도 키워드가 달라진다. 발표자의 지식수준과 역량도 키워드에 영향을 미친다. 일례로 긍정적인 키워드로는

'인력 확보, 예산 확보, 매출 확대'가 있다. 부정적인 키워드로는 '인력 부족, 예산 부족, 판매 부진'이 있다. 이처럼 키워드로 인해 발표의 분위기와 전달하는 느낌이 달라진다. 이런 부분도 염두에 두어야 한다.

## 공신력 있는 자료

"세계 최초의 금속활자는 무엇인가?"라는 주제문이 있다. 키워드는 '직지심체요절', '프랑스 국립도서관', '구텐베르크', '금속활자' 등을 선정할 수 있다. 이보다 더 앞선 우리나라의 '상정고금예문'이 발견된다면 키워드가 바뀔 수 있다. 이처럼 키워드를 선정할 때 공신력도 중요하다. 키워드를 선정하다 보면 전문가의 말을 인용하거나 기관의 조사결과를 활용한다. 논문이나 연구결과도 있다. 이런 경우 키워드로 선정한 해당 자료에 대한 공신력이 뒷받침되어야 한다. 또한 가장 최신 내용이어야 한다.

스피치를 준비할 때 키워드를 선정하고 그중에서 핵심 키워드를 선정해야 한다. 하지만 매번 핵심 키워드를 선정하기란 쉽지 않다. 발표자의 직관이나 경험이 우선하기 때문이다. 그래서 더욱 핵심 키워드를 제대로 선정해야 한다. 발표자가 그 분야의 전문가라면 큰 문제가 없다. 반대로 미숙하거나 경험이 부족하면 청중에 대한 부담감으로 인해 키워드 선정이 어렵다. 이런 경우를 대비해서 핵심 키워드를 선정하는 방법을 연습하자. 발표자가 조금 부족하더라도 발표 준비를 제대로 할 수 있다.

　다양한 스피치 주제를 가지고 키워드를 선정해 아래 칸을 채워
보라.

---

주제: 건강한 삶을 살기 위한 방법
키워드
① 
② 
③ 
④ 
⑤ 
⑥ 
⑦ 
⑧ 
⑨ 
⑩ 

↓

비슷한 키워드 묶기(취합 / 모으기)
① 
② 
③ 
④ 
⑤ 

↓

핵심 키워드 선정
① 
② 
③ 

---

# 핵심 키워드에 맞는 내용을 고르라

10

지루하게 말하는 사람들을 보면 내용 정리를 제대로 하지 않고 생각나는 대로 이야기한다. 논리적인 구조를 이해하고 핵심 키워드를 선정해야 한다. 핵심 키워드를 선정했다면 그에 맞는 내용을 제대로 골라야 한다. 청중에게 공감을 얻기 위해서는 내용의 완급조절이 필수다. 핵심 키워드를 잘 선정했더라도 불필요한 내용이 많거나, 정작 중요한 내용은 빠지거나 중복되기도 한다. 이런 문제를 극복하려면 본론의 내용을 더하고 빼는 방법을 알아야 한다.

## 내용 더하기

명연설가로 유명한 윈스턴 처칠은 초등학교 때 읽기 수업을 따로 받을 정도로 말이 서툴렀다고 한다. 하지만 꾸준한 연습과 훈련을 통해 청중의 마음을 움직이는 연설가가 되었다. 그의 연설에는 '처칠식 말하기 기법'이라고 불리는 'PREP(프렙) 법칙'이 있다. 하버드에는 'OREO 법칙'이라는 비슷한 내용구성법이 있다. 세계적인 컨설팅 회사 맥킨지에서도 스피치 능력 향상을 위해 PREP 법칙을 권한다. ① Point 주장 ② Reason 근거 ③ Example 사례 ④ Point 재강조. 결론부터 말하고 그 이유와 객관적 사례를 설명하고 결론을 재강조하는 형식이다.

Point는 주제 전달이다. 청중에게 전하려는 메시지를 미리 알려주고 이야기의 흐름을 예측할 수 있게 한다. 너무 길지 않게 한두 문장으로 스피치의 핵심을 간략하게 말하면 된다. Reason 근거는 앞에서 말한 주장에 근거를 제시한다. 주제와 관련된 객관적인 이유를 제시하면서 청중에게 설득력을 높인다. Example 사례는 주장에 대한 예시를 제시하는 것이다. 객관적인 연구결과나 전문가의 의견으로 신뢰도를 높일 수 있다. 구체적인 경험과 사례를 드는 것도 좋다. Point 재강조는 스피치의 주제를 다시 한번 강조한다. 근거나 사례를 받아수면서 수상을 재자 상소하면 좋다.

P(Point): 말하고 싶은 주장을 밝힌다.

R(Reason): 앞에서 말한 주장의 이유를 말한다.

E(Example): 주장을 뒷받침할 객관적인 사례를 제시한다.

P(Point): 주장을 다시 한번 반복하고 강조하며 결론을 말한다.

**P**(주장): 내년부터 우리 은행의 창구 인원을 10% 축소해야 합니다.

**R**(근거): 비대면 업무가 증가하고 대면 업무가 많이 감소했기 때문입니다.

**E**(사례): 올 한 해 온라인 거래가 30% 향상되면서 대면 거래가 많이 줄었습니다.

**P**(재강조): 이러한 추세로 볼 때 비용 효율화를 위해 은행 창구 인원을 축소해야 합니다.

'PREP 법칙'은 비즈니스 현장에서도 많이 쓰인다. 보고를 받는 입장에서는 결론이 가장 궁금하다. 장황하게 이유를 먼저 설명하다 보면 "그래서 말하려는 게 뭐야?"라는 불평이 날아오기 쉽다. 그래서 결론부터 말한 다음 근거와 사례를 들어 상사를 설득해야 한다. 근거는 앞에 주장을 뒷받침해주는 내용을 말하면 된다. 사례는 정확하게 데이터나 수치로 표현해야 설득력이 있다. 막연하게 '많다, 적다'로 표현하면 안 된다. "상반기 매출 실적이 30% 향상되었다", "영업점 10군데 중 4곳이 흑자로 전환되었다"처럼 구체적으로 표현해야 한다.

예시 2: 면접

P (주장): 저는 고객에게 물건을 판매하는 영업직에 가장 적합한 인재라고 생각합니다.

**R**(근거): 왜냐하면 영업직에 필요한 다양한 판매 경험을 가지고 있기 때문입니다.

**E**(사례): 백화점에서 1년 넘게 근무하며 고객의 요구에 빠르게 대응하기 위해 노력했습니다.

그 결과 높은 판매 실적을 기록했고 연간 최고 매출 사원으로 선정되었습니다.

**P**(재강조): 이처럼 저는 고객의 다양한 요구에 대응하고 판매하는 일에 자신 있습니다.

면접 상황에서도 'PREP 법칙'의 말하기는 필수다. 면접에서는 차별화된 답변이 무엇보다 중요하다. 누구나 말할 수 있는 내용으로는 면접관을 사로잡을 수 없다. 먼저 질문에 대한 답변은 한 문장으로 말한다. "저의 장점은 의사소통 능력이 뛰어나다는 것입니다"처럼 결론부터 말한다. 그리고 자신의 경험을 근거와 사례로 들면 가장 설득력이 있다. "대학교 때 직업체험 프로그램의 팀장으로 성과를 낸 경험이 있습니다"처럼 구체적인 경험을 언급한다. 짧은 시간이 아닌 긴 시간의 발표에서도 이런 식으로 한 문단의 내용을 먼저 구성한다. 그다음 문단을 여러 개 만든다고 생각하면 된다.

## 내용 빼기

"저는 새로운 환경에 잘 적응했던 경험이 있습니다. 대학교 때 미국으로 어학연수를 갔을 때입니다. 연수를 가기 전부터 계획을 세우고 준비했습니다. 틈틈이 영어공부도 하고 미국 문화와 역사도 공부했습니다. 미리 어학연수를 다녀온 선배들의 조언도 빠짐없이 체크했습니다. 하지만 막상 미국에 도착하니 낯설고 두려움이 앞섰습니다. 말도 걸기 어렵고 한국인과 어울리고만 싶었습니다. 그래서 외국인 친구들과 친해지기 위해 노력했습니다. 먼저 말을 걸어보려고 노력했더니 친구가 생겼습니다. 그 결과 새로운 문화에 무사히 적응할 수 있었습니다."

한 수강생이 면접 예상 질문에 대한 답변을 정리한 내용이다. 아카데미에 방문하기 전에 면접에서 몇 번 떨어진 적이 있다고 했다. 이 답변의 문제점을 눈치챘는가? 핵심 키워드와 자신의 경험 사례는 제대로 선정했다. 하지만 어학연수에 가기 전 내용이 불필요하게 많고, 극복하기 위해 어떻게 노력했고 무엇을 얻을 수 있었는지에 대한 내용은 부족하다. 생각보다 많은 수강생들이 이런 실수를 한다. 처음 본 지원자가 자신의 경험담을 이야기할 때는 정말 신중해야 한다. 말하는 사람은 머릿속에 그려지지만 듣는 사람은 전혀 그렇지 않다.

예시를 분석해보자. "① Point 저는 새로운 환경에 잘 적응했던 경험이 있습니다. ② Reason 대학교 때 미국으로 어학연수를 갔을 때입니다. ③ Example 연수를 가기 전부터 계획을 세우고 준비했습니다. 틈틈이 영어공부도 하고 미국 문화와 역사도 공부했습니다. 미리 어학연수를 다녀온 선배들의 조언도 빠짐없이 체크했습니다. 하지만 막상 미국에 도착하니 낯설고 두려움이 앞섰습니다. 말도 걸기 어렵고 한국인과 어울리고만 싶었습니다. 그래서 외국인 친구들과 친해지기 위해 노력했습니다. 먼저 말을 걸어보려고 노력했더니 친구가 생겼습니다. ④ Point 그 결과 새로운 문화에 무사히 적응할 수 있었습니다."

① Point 1문장, ② Reason 1문장, ③ Example 7문장, ④ Point 1문장이다. 좋은 핵심 키워드에 맞게 내용을 구성하더라도 이런 문제가 생길 수 있다. 내용의 흐름이 자연스럽고 짜임새가 있는지 확인하라. 장황하거나 불필요한 부분이 많으면 지루하고 전달력이 떨어진다. 갑자기 하고 싶은 말이 생겼다며 내용을 바꾸거나, 자신의 경험 사례에 지나치게 감정이입하면 안 된다. 말을 할 때는 불필요한 군더더기를 제거해야 한다. 내용을 순비하기 위해 글을 작성하는 것도 이처럼 정리하기는 더욱 어렵다. 문장 내에서 순서를 바꿔가며 간결하게 정리하는 연습을 하면 도움이 된다. 이에 대한 설명은 간단히 다음 예시로 대체한다.

| | |
|---|---|
| 정리 전 | 2,000년대에 들어 인터넷이 발달하게 되면서부터 엄마와 아이 간에 대화를 나눌 수 있는 기회가 줄어들었다. (X) |
| 정리 중 | 2,000년대에 들어 인터넷이 발달하게 ~~되면서부터~~ 엄마와 아이 ~~간에~~ ~~대화를 나눌 수 있는~~ 기회가 줄어들었다. |
| 정리 후 | 2,000년대 들어 인터넷이 발달하고 엄마와 아이의 대화가 줄었다. (O) |
| | 엄마와 아이가 대화가 줄어든 것은 인터넷 문화가 발달했기 때문이다. (O) |

"① Point 저는 업무에 대한 전문성과 뛰어난 의사소통 능력이 강점입니다. ② Reason 중국에 어학연수를 다녀오면서 중국어를 배우고 중국 문화를 충분히 이해했습니다. 한국에서는 이를 바탕으로 인턴생활을 하면서 실제 업무에 대한 경험도 쌓을 수 있었습니다. ③ Example 이때 생긴 의문점을 직접 해결해보려 노력한 결과 회사 업무 프로세스의 문제점을 개선하는 영광도 얻었습니다. 덕분에 열심히 노력하는 막내로 인식되어 선배들이 잘 챙겨주었고 그들에게 한 발 더 다가갈 수 있는 계기가 되었습니다. ④ Point 이처럼 제가 가지고 있는 강점인 전문성과 의사소통 능력을 살려 우리 회사에 꼭 필요한 인재가 되겠습니다."

① Point 1문장, ② Reason 2문장, ③ Example 2문장, ④ Point 1문장이다. 한 문단의 문장의 수가 치우치지 않고 내용도 흐름이 좋은 답변이다. 똑같이 본인의 사례를 이야기하지만 핵심 내용을 쉽게

말했고, 마무리에서는 자신의 포부를 언급하며 주장을 재강조했다.

이렇게 자신이 가지고 있는 생각과 능력을 글로 작성하고 말로 표현하기는 쉽지 않다. 아카데미에 방문하면 작성부터 표현까지 전문적으로 코칭을 받을 수 있다. 그게 어려운 경우는 스스로 꾸준히 연습하고 감을 익혀야 한다.

당일 아침에 어떻게 말할지 한 번 생각하고 슥 간단하게 써보고도 훌륭하게 발표를 마치는 사람이 있다. 반면 한 달 내내 준비하고 연습했는데도 만족스럽지 못한 발표를 하는 사람도 있다. 말하는 것이 머릿속에서 자연스럽게 구조화되고 쉽게 생각나서 말을 한다면 얼마나 좋을까. 선천적으로 어렵더라도 연습을 하면 충분히 가능하다. 핵심 키워드에 맞는 내용을 제대로 선정해보자. 포기하지 않고 이대로 연습하면 할 수 있다!

# 말의 배열을 잘 정해야 한다

11

본론 작성만큼 중요한 것이 바로 콘텐츠를 구성하는 것이다. 같은 글이더라도 본문의 내용을 어떻게 배열하는가에 따라 느낌이 달라지기 때문이다. 구성의 사전적 의미는 '문학 작품에서 형상화를 위한 여러 요소들을 유기적으로 배열하거나 서술하는 일'이다. 아무리 좋은 내용이 있더라도 그 자체로는 완성된 글이 되지 않는다. 좋은 글은 핵심 키워드에 맞게 작성된 내용들의 배열을 통해 완성된다. 준비된 내용을 주제와 목적에 맞게 제대로 배열해야 한다. 핵심 키워드와 내용으로 이루어진 콘텐츠를 어떻게 배열해야 할지 알아보자.

## 시간적 순서

글의 내용을 시간적 순서에 맞게 배열하는 방법이다. 말 그대로 어떤 상황을 시간적 순서에 따라 콘텐츠를 배열하는 구성법이다. 이 방법은 시간이 지나가는 대로 내용이 진행되기 때문에 비교적 쉽고, 오랜 시간을 걸쳐 쌓은 경험이나 특정 사건을 정리할 때 편리하다. 성공한 CEO 에세이, 합격 수기, 사업 수행 프로젝트, 기행문, 회고록, 면접 등이 있다. 단, 시간적 순서에 맞게 나열하게 되면 자칫 지루할 수 있다. 그래서 결론부터 작성하는 논리적인 구조를 지켜주는 것이 좋다.

한 김치 명인이 6개월 후에 있을 12주짜리 강연을 위해 아카데미를 찾았다. 그가 가져온 자료에는 김치의 역사부터 영양과 효능, 김치 담그는 법 등 다양한 소재가 있었다. 준비된 발표를 들어보니 김치를 연구하게 된 계기를 이야기하다가 갑자기 김치 효능을 말하는 등 다소 어수선했다. 각각의 소재는 좋았지만 내용의 배열이 뒤죽박죽이라는 느낌을 받았다. 좋은 내용이라도 어떤 순서로 말하는가에 따라 청중이 받는 느낌도 달라진다. 청중이 이야기에 집중하고 자연스럽게 다음 내용을 궁금해할 수 있는 순서를 만들어야 한다.

12주에 걸친 긴 시간의 강연은 더욱 체계적인 준비가 필요하다. 우선 큰 테마별로 핵심 키워드와 이에 맞는 내용이 있을 것이다. 예를 들어 김치의 역사라는 핵심 키워드가 있다. 여기에는 삼국시대부터 현재에 이르기까지 김치의 역사에 대한 내용이 있을 것이다. 김치의 영양이라는 핵심 키워드에서는 재료에 따른 김치의 영양분을 구분하는 것도 방법이다. 김치의 재료도 시대마다 달라서 시간순으로 배열할 수 있다. 이처럼 어떤 내용이더라도 시간 순서를 기준으로 배열이 가능하다. 시간적 순서의 배열은 청중에게 가장 기본적인 안정감과 편안함을 준다.

## 공간적 순서

공간에 따라 움직이는 관점으로 전개하는 방법이다. 핵심 키워드에 관한 내용의 덩어리인 콘텐츠를 국가, 도시, 지역, 공간의 특징 등으로 배열한다. 장소를 기준으로 정해놓는 스피치에 적합하다. 관광지 소개, 지리적 여건, 지역별 현황, 장소의 특징 등을 설명하는 데 사용되는 방법이다. 공간적 순서에 따른 구성에서는 일정한 방향으로 배열하는 것이 좋다. '동쪽에서 서쪽, 남쪽에서 북쪽 또는 안에서 밖으로, 밖에서 안으로'처럼 표현한다. 상황에 맞게 정할 수 있고, 한 번 방향이 정해지면 일관성 있게 배열하는 것이 중요하다.

공간적 순서의 배열은 먼저 콘텐츠가 무엇인지 밝히고 세부내용으로 들어가는 전개 방식이다. 이 방법을 효과적으로 사용하기 위해 먼저 공간을 기준점으로 잡는다. 그다음 전체의 윤곽과 세부 내용의 연관성을 유기적으로 잘 설명해야 한다. 이 구성법도 비교적 쉽다. 예를 들어 '지역별 아파트 매매가'라는 콘텐츠가 있다. 먼저 도시와 농촌으로 구별하거나 시도 지역별로 윤곽을 잡는다. 세부 내용은 도

시부터 농촌, 임의로 정한 시·도 순으로 배열하면 된다. 내용의 단조로움을 피하고자 시간적 순서 구성법을 병행하는 것도 방법이다. '서울과 부산의 아파트 매매가'에 '지난 10년간의 변화'를 더하는 것이다.

다시 김치 명인의 예로 돌아가자. 김치의 특징을 말할 때 '지역별 김치의 특징'을 콘텐츠로 잡는다. 이것을 '전라도 김치의 변화'와 '경상도 김치의 변화'로 시간의 순서를 병행하여 내용을 배열할 수도 있다. 김치 명인도 시공간적 배열을 적절히 병행하여 강연의 내용을 재구성했다. 다양한 관점도 생겼고 기준점을 바탕으로 정리도 쉬웠다. 6개월간 강의에 대한 평가는 매우 성공적이었다. 이후로 명인은 어떤 강연이나 인터뷰 제안에도 여유롭게 대처한다고 한다. 이처럼 주제의 내용과 특징에 맞게 콘텐츠를 구성하는 것이 중요하다.


## 논리적 순서

본론의 내용을 효율적으로 전달하기 위해 콘텐츠를 논리적으로 전개하는 방식이다. 시간과 공간의 순서로 전개가 어려울 때 이 방법을 사용한다. 논리적 순서에 따른 배열이라고 거창한 것은 아니다. 인과에 의한 배열, 문제와 해결에 대한 배열, 점층 배열 방법이 있다. 이마저도 해당하지 않는다면 발표자의 기준에 의한 배열도 논리적인 순서라고 볼 수 있다. 결국 스피치는 청중과의 커뮤니케이션이기 때문이다. 청중이 원하는 것에 착안해서 콘텐츠를 배열하면 된다.

인과에 의한 배열 방법은 내용을 원인과 결과에 따라 배열하는 것이다. 원인을 먼저 말하고 결과를 언급하는 방법이다. 주로 장래의 일을 추정하는 데 사용된다. 문제와 해결에 대한 배열은 문제점과 해결방안을 동시에 제시한다. 문제의 심각성을 부각하며 효과적인 해결책을 제시할 때 사용한다. 둘 다 설득을 목적으로 하는 스피치에 효과적이다. 점층적 배열법은 중요성의 순서로 배열한다. 중요도에 따라 강한 것에서 약한 것으로 약한 것에서 강한 것으로 배열한다. 내용의 난도나 중요성에 따라 점층적으로 배열하면 청중의 관심을 지속시키는 데 효과적이다.

이렇게 콘텐츠를 논리적으로 배열했다고 해도 약간 부족한 느낌이 든다. 그래서 좀 더 다양한 주제에 대처하는 방법을 소개한다. 바로 '넛지(Nudge) 효과'이다. '넛지'는 '팔꿈치로 슬쩍 찌르다', '주의를 환기하다'라는 의미가 있다. 시카고대학교 부스경영대학원 리처드 탈러(Richard H. Thaler) 교수는 저서 《넛지(Nudge)》에서 행동경제학의 '넛지'라는 용어를 개념화했다. 요약하자면 선택 설계자(choice architect)가 자유주의적 개입주의(libertarian paternalism)로, 타인의 선택을 유도하는 부드러운 개입을 의미한다.

네덜란드 암스테르담에 있는 스키폴 국제공항의 남자 화장실에서 처음 시도한 방법이다. 화장실을 청결하게 사용하기 위해 소변기마다 중앙 부분에 파리 한 마리를 그려놓았다. 그 결과 밖으로 튀는 소변의 양을 80% 줄일 수 있었다. 남성들이 그곳을 조준해서 용변을 보는 바람에(?) 밖으로 튀지 않은 것이다. 이렇게 화장실의 청결을 유지할 수 있었다. 강요하지 않고 원하는 결과를 유도한 것이다. 지금은 우리나라에서도 소변기에 다양한 그림(?)을 쉽게 볼 수 있다. '넛지 효과'를 분명히 알 수 있는 사례이다.

스피치에서도 '넛지 효과'가 필요하다. 파리 한 마리를 그려줄 수 있어야 한다. 여기서는 청중의 선택을 유도하고 부드러운 개입을 하는 사람을 스피치 설계자(speech architect)라고 하겠다. 발표자가 바로 스피치 설계자다. 스피치 설계자는 스스로 논리를 구성하여 발표의 목적을 달성해야 한다. 모든 상황의 스피치를 공식에 맞춰 내용을 배열하기는 어렵다. 발표자는 청중이 원하는 것을 알아야 한다. 청중을 설득하고 원하는 행동을 이끌어내기 위해 논리적으로 콘텐츠를 배열해야 한다. 그래서 발표자의 선택도 논리적인 순서가 된다. 당신은 어떻게 표현할 것인가?

"이 수술을 받은 100명 중 90명이 5년 후에도 살아 있다."
"이 수술을 받은 100명 중 10명이 5년 내로 죽었다."

스피치의 논리를 극대화하는 데 꼭 필요한 내용을 구성하는 방법을 기억하자. 핵심 키워드에 맞는 내용으로 이루어진 콘텐츠를 어떻게 구성할지 고민해야 한다. 좋은 내용을 가지고 발표의 목적을 달성하지 못한다면 아무 의미가 없기 때문이다. 복잡한 것 같지만 그렇지 않다. 위에 소개한 방법이 어렵다면 몇 개의 문단을 가지고 순서를 변경해보자. 앞뒤를 바꿔보면 글이 주는 느낌이 달라질 것이다. 그중에서 가장 좋다고 생각하는 것으로 순서를 정하면 된다. 이렇게 꾸준히 연습하면 당신도 스피치 설계자(speech architect)가 될 수 있다.

# 논리와 흐름이 있으면
# 자연스레 좋은 말이 나온다

12

말 잘하는 사람은 자신이 해야 할 말을 사전에 철저히 준비하고, 그 말을 머릿속에서 차분하게 꺼낼 수 있다. 이런 과정이 반복되면 준비되지 않은 상황에서도 순발력을 발휘해서 말을 할 수 있다. 결국 말을 잘하려면 꾸준한 노력이 필요하다. 준비된 말도, 즉흥적인 말도 모두 말이다. 발표자가 말하고자 하는 주제에 대한 확고한 신념이 있다면 먼저 논리를 얻어야 한다. 갖춰진 논리 속에는 핵심 키워드가 연결되어 있다. 좋은 논리를 가지면 편안하고 쉽게 말할 방법이 있다.

## 키워드로 말하기

세계적인 생각도구의 창시자인 영국의 토니 부잔(Tony Buzan)의

'마인드맵', 일본의 마츠무라 야스오(松村寧雄)가 개발한 '만다라트 (Mandal-Art)', 또는 키워드로 말하기의 공통점이 있다. 의식의 흐름에서 흩어져 있는 생각과 정보를 연결하는 방법이라는 사실이다. 방법마다 차이점은 있지만 연결된 생각이나 정보가 뇌에서 하나의 구조를 이루고, 이를 통해 생각이 정리되는 것이다. 이렇게 머릿속에서 구조화된 생각과 정보는 언제든지 자신이 꺼내어 쓸 수 있다. 위의 방법들을 하나씩 살펴보는 것보다 간단하게 '키워드로 말하기'를 설명해보겠다.

'키워드로 말하기'는 필자가 만들어 낸 것이 아니다. 이미 누구나 알고 사용하는 것이다. 발표를 위한 자기 생각과 글, 그 속에 논리가 있다. 앞에서 논리는 핵심 키워드와 내용이 결합한 콘텐츠로 얻을 수 있다고 했다. 이 콘텐츠들은 제대로 배열되어야 한다. 자기 생각을 정리한 글 속에서 핵심 키워드를 나열해보자. 그리고 핵심 키워드만 가지고 말을 해보자. 처음에는 말이 제대로 이어지지 않을 것이다. 핵심 키워드를 잘못 선정했을 수도 있지만, 대부분 익숙하지 않아서다.

먼저 복잡하게 흩어져 있는 머릿속의 생각을 정리해야 한다. 그리고 논리적으로 완성된 글 속에서 핵심적인 내용을 골라내어 나열한다. 하버드대학 심리학과 교수 대니얼 샥터(Daniel L. Schacter)는 "좋은 기억은 좋은 이해력 뒤에 온다"라고 했다. 자신의 글에 대한 정확한 이해를 바탕으로 연결이 될 만한 것들을 나열한다. 이것만 가지고 말을 하는 연습을 계속해보자. 나도 모르게 준비했던 글보다 훨씬 자연스럽고 완성도가 높은 표현이 나올 수 있다. 핵심 키워드는 단어 단위로 선정해도 되고 어절이나 문장끼리 연결해도 상관없다.

난독증을 극복하고 '윈윈' 경영원칙으로 시스코를 세계 최고의 IT기업으로 만들어낸 존 챔버스(John T. Chambers)는 "계획한 내용을 70%만 말해도 성공적인 연설"이라고 했다. 완벽하게 발표하려고 하면 자칫 필요 이상으로 긴장하고 그러다가 발표를 망칠 수도 있다. 편안하고 쉽게 말하려면 완벽하게 말하려는 욕심을 버려야 한다. 처음 키워드 중심으로 말하면 누구나 어색하고 스스로 마음에 들지 않는다. 괜찮다. 이제부터 수백 번 연습을 통해 말에 살을 붙여 나갈 테니 말이다. 마음에 들지 않는 게 당연하다. 대신 욕심을 버리고 한 번 더 연습하면 된다.

## 비즈니스 스피치

### ◑ 완성된 대본

"현재 (JSE 캐피탈의 시스템은 노후화된 기술구조)로 상품별 시스템을 분산관리하고 있으며, 인프라 활용 및 확장의 한계로 인하여 IT 자원관리 비효율성이 증가하고 있는 실정입니다. 따라서 본 프로젝트는 차세대 시스템의 발전방향 세 가지를 준비했습니다. 첫째, 최신 IT 기술을 적용하고, 상품별 데이터 모델 및 업무 프로세스 표준화를 통한 시스템 통합으로 (프로세스를 효율화) 하겠습니다. 둘째, 표준 및 모듈화를 통하여 환경 변화에 신속한 대응이 가능한 (고객 맞춤형 시스템을 구축)하겠습니다. 마지막으로, HCI 기반의 가상화 환경 구축으로 IT 자원을 효율적으로 사용할 수 있는 (확장성 높은 인프라 환경을 구축)하도록 하겠습니다."

위 예시는 ICT 차세대 시스템 구축에 대한 제안 발표이다. 괄호로 표시된 것이 핵심 키워드이다. 해당 분야와 연관이 없을수록 말하기의 방법을 터득하기 쉽다. 천천히 따라 해보자. "JSE 캐피탈의 시스템은 노후화 된 기술구조로 인해 비효율적인 실정입니다. 이를 개선하기 위해 프로세스를 효율화하고, 고객 맞춤형 시스템을 구축하며, 확장성 높은 인프라 환경을 구축하겠습니다." 이렇게 연결된 핵심 키워드를 가지고 말해보자. 이것이 머릿속에 들어오면 점차 살을 붙여서 말하는 연습을 한다. 일부 조사나 어절이 다른 것은 전혀 문제되지 않는다. 달라지는 것이 당연하다.

### ◑ 말하기 연습 예시

"현재 JSE 캐피탈의 시스템은 노후화 된 기술구조로 IT 자원관리 비효율성이 증가하고 있는 실정입니다. 따라서 본 프로젝트는 차세대 시스템의 발전방향 세 가지를 준비했습니다. 첫째, 최신 IT 기술을 적용하여 시스템 통합을 통해 프로세스를 효율화하겠습니다. 둘째, 표준 및 모듈화를 통해 신속한 대응이 가능한 고객 맞춤형 시스템을 구축하겠습니다. 마지막으로, 가상화 환경 구축을 통해 IT 자원을 효율적으로 사용할 수 있는 인프라 환경을 구축하겠습니다."

연결된 핵심 키워드를 살펴보면 "노후화된 시스템을 세 가지 발전방향으로 새롭게 구축한다"는 내용이다. 먼저 노후화된 시스템에 관해 이야기하고, 세 가지 발전 방향에 대해 말하면 된다. 위의 예시는 연결된 핵심 키워드에 살을 조금 붙여 표현한 것이다. 완벽하게 준비된 처음 대본에 비하면 좀 부족하지만, 의미 전달에는 부족함이 없다. 연습을 계속한다면 점차 처음 준비한 대본에 가까워진다. 오히려 준비한 대본보다 더욱 자연스럽고 새로운 아이디어가 나올 확률도 커진다.


## 면접 스피치

### ◑ 완성된 대본

"(미스코리아 대회를 단적으로 보면 폐지를 주장할 수 있습니다.) 하지만 미스코리아 대회는 한국을 대표하는 미의 사절단으로 적합한 사람을 뽑는 대회입니다. 외적인 아름다움뿐만 아니라 지성과 인성 그리고 다양한 끼와 재능 등 여러 가지 요소들을 평가합니다. 또한 (미스코리아 대회는 그 시대의 아름다움에 대한 기준을 보여주는 대회)라고 생각합니다. 자기만의 경쟁력과 품성을 갖추고, 스스로 가치 있는 사람이 되기 위해 깊이 노력해야 합니다. 그래서 미스코리아 대회를 단순히 외적인 부분만 평가하는 미인대회라고 폄하하지 말고, (한국의 아름다움을 세계에 보여줄 수 있는 미인을 선발하는 대회로서 그 가치가 있다)고 생각합니다."

미스코리아 대회에 참가한 수강생이 준비한 답변이다. "미스코리아 대회를 폐지해야 하는가"라는 질문의 답변으로 정리했다. 내가 미스코리아 대회에 나가지 않더라도 말하기 방법을 터득하기 위해 살펴보자. "미스코리아 대회를 단적으로 보면 폐지를 주장할 수 있습니다. 하지만 미스코리아 대회는 그 시대의 아름다움에 대한 기준을 보여주는 대회입니다. 그래서 한국의 아름다움을 세계에 보여줄 수 있는 미인을 선발하는 대회로서 그 가치가 있습니다." 이처럼 괄호로 연결된 핵심 키워드만 가지고 여러 번 말해보자.

### ◑ 말하기 연습 예시

"미스코리아 대회를 단적으로 보면 폐지를 주장할 수 있습니다. 하지만 미스코리아 대회는 외적인 아름다움뿐만 아니라 지성과 인성, 그리고 끼와 재능 같은 여러 가지 요소들을 평가합니다. 또 미스코리아 대회는 그 시대의 아름다움에 대한 기준을 보여주는 대회입니다. 그래서 미스코리아 대회를 단순히 외적인 부분만 평가하는 미인대회라고 폄하하지 말고, 한국의 아름다움을 세계에 보여줄 수 있는 미인을 선발하는 대회로서 그 가치가 있다고 생각합니다."

연결된 핵심 키워드를 살펴보면 "미스코리아 대회를 단적으로 보면 폐지하자고 할 수 있지만 한국의 아름다움을 세계에 알리는 대회로서 그 가치가 있다"는 내용이다. 먼저 미스코리아 대회를 폐지해야 한다는 측면을 언급한다. 그다음 미스코리아 대회의 평가 기준과 가치에 대해 말한다. 비즈니스 스피치의 예시처럼 여기에 점차 살을 붙여서 말하는 연습을 하면 된다. 일부 조사나 어절은 달라져도 괜찮다. 더 좋은 예시가 많이 나올 것이다. 수강생은 이 방법을 터득해 합숙 기간의 엄청난 압박을 무사히 견뎌냈고, 결국 본선에서 당당하게 미스코리아로 당선되었다.

　말을 잘하기 위해 부담을 가질 필요는 없지만 꾸준히 연습해야 한다. 연습이 뒷받침되면 어느 순간에 실력이 훌쩍 늘어난다. 핵심 키워드만 연결해서 말하는 연습을 해보자. 처음에는 어색하고 말이 잘 나오지 않겠지만 괜찮다. 머릿속에 핵심 키워드가 연결된 논리의 뼈대가 자리 잡히기만 하면 된다. 연습을 통해 점차 말에 살이 붙고 점차 원하는 수준까지 도달할 수 있다. 이런 과정을 여러 번 반복하면 즉흥적으로 말할 때 언어구사력과 순발력도 좋아진다.

# 말을 잘하기 위한 준비 방법

13

자신의 생각과 의견을 주장해야 하는 중요한 순간이 오면 누구나 말을 잘하고 싶어 한다. 갑자기 잘할 수 없다는 것을 알고 있지만 평소에는 노력을 하지 않는다. 아니, 꼭 중요한 순간에만 간절해진다. 그 순간이 지나면 애써 지난 상황을 머릿속에서 지우려고 한다. 그리고 또다시 노력을 기울이지 않는다. 이런 악순환의 반복은 전혀 도움이 되지 않는다. 연습할 시간이 없다고 하는 사람도 있지만, 평소 자투리 시간만 활용해도 충분하다. 말을 잘하기 위해 꾸준히 실천할 수 있는 준비 방법을 알아보자.

## 자료수집

스피치를 잘하기 위한 준비 방법 중 하나는 충분한 자료수집이다.

내 생각과 일치하고 공감 가는 자료가 충분하다는 것은 엄청난 장점이다. 자료는 모든 분야를 대상으로 다양하고 흥미로워야 한다. 단순한 데이터가 아니라 하나 이상의 논리나 메시지가 들어 있는 자료를 말하는 것이다. 학문의 융합을 통해 새로운 가치나 플랫폼을 만들어 내는 것은 세계적인 흐름이자 대세이다. 자신의 분야에 대한 자료도 중요하지만 더 중요한 것은 내가 다른 분야를 바라봤을 때 공감되는 자료이다. 이런 자료를 수집하는 것도 중요하다.

평소 꾸준한 자료 수집은 말하기에 깊이를 더해준다. 자신의 분야에 해당하는 자료는 어느 정도 인터넷에서 충분히 찾아볼 수 있다. 정치, 경제, 사회, 문화, 예술, 산업 등 인터넷에서 관련된 기사는 많다. 대중교통으로 출퇴근하거나 쉬는 시간 또는 자투리 시간을 활용해도 좋다. 하루에 몇 개의 기사를 꾸준히 읽다 보면 내용의 깊이가 있는 기사가 있다. 논리적인 전개가 인상 깊은 것도 있다. 이럴 땐 휴대폰 메모장이나 내게 보내는 채팅창에 저장한다. 저장할 당시 생각이나 느낌, 아이디어를 같이 적으면 더욱 좋다.

인터넷에는 방대한 양의 자료가 있지만 신뢰할 수 없는 정보가 있다는 단점도 있다. 그래서 논문이나 책, 전문가의 말이나 작품을 찾아보기도 한다. 전문가가 오랜 시간 노력해서 만들어 낸 산물은 분명한 가치가 있다. 전문가의 입장에서 생각하고 호흡하며 깊이 있는 지식을 얻을 수 있다. 그들이 상대방을 설득하기 위해 설계한 논리적인 구조는 감탄을 자아낸다. 대신 이런 자료들은 수집하는 데 다소 시간이 걸린다. 하지만 평소 꾸준히 실천한다는 전제하에 빨리 시작할수록 좋다.

오래도록 이슈가 되는 유튜브(YouTube)나 다른 온라인 동영상 서비스(OTT)를 통해 자료를 수집할 수도 있다. 편집이 자극적이거나 신뢰도가 부족한 면도 있지만 비판적인 관점에서 자료를 수집하고 객관적인 자료만 수집하면 문제가 없다. 시청각 자료 중 가장 유익한 것이 바로 다큐멘터리다. 누구나 한 번쯤은 '동물의 왕국'을 봤을 것이다. 긴 시간 관찰이 필요한 3인칭 관찰자 시점에서 바라보는 여러 가지 다큐멘터리가 있다. 이런 시청각 자료에서는 발표를 할 때 필요한 시청각적 영감도 얻을 수 있다.

## 시뮬레이션 놀이

자료를 수집했으면 그것들을 온전한 내 것으로 만들어야 한다. 좋은 자료들을 읽거나 보고 공감을 하고 감명을 받을 수 있다. 간단하게 휴대폰이나 PC에 링크를 저장했다고 치자. 며칠만 지나도 이때 내가 무슨 생각으로 이 자료를 저장했는지 기억나지 않는다. 양질의 자료를 보고 그저 감탄만 한 것이다. 좋은 자료라고 해서 머리부터 꼬리까지 버릴 것이 없는 게 아니다. 공감 가지 않는다고 해서 아예 쓸모없는 것도 아니다. 한 개의 어절, 한 개의 문장, 한 개의 예시 등

일부가 필요한 때도 있다. 이런 것들도 내가 무기로 사용할 수 있도록 갈고닦아야 한다.

자료 일부나 전체, 아주 작은 부분까지 필요한 것들을 수집했다면 이것들을 어떻게 해야 할까? 자신이 필요해서 수집한 자료들은 잊지 않도록 가끔 보는 것이 좋다. 사실 이 정도만 해도 발표할 때 도움이 된다. 하지만 이런 자료들이 더욱 힘을 얻으려면 자료들끼리 서로 의미를 주고받아야 한다. 전혀 연관성 없는 자료들끼리도 나를 위해 힘을 합쳐야 한다는 뜻이다. 자신의 발표 안에서 준비한 자료들이 각자의 역할을 다해야 한다.

예를 들어보자. ① '4차 산업혁명에서 중요한 핵심적인 ICT R&D 혁신을 위해 정부가 주도하는 하향식 기술 개발 체계와 규제를 통한 개입 대신, 4차 산업혁명 시대에 맞게 개발자의 자율과 창의에 기반하는 혁신을 이루도록 정부와 민간의 역할을 재정립해야 한다'라는 자료를 수집했다. ② '차별은 빼고 평등은 더하겠습니다'라는 자료도 수집했다. 먼저 이 두 가지는 전혀 연관성 없는 분야의 자료다. 그렇지만 "규제는 줄이고 혁신을 더하겠습니다"라고 발표자가 화두를 던지는 표현으로 활용한다면 어떨까? 생각의 깊이와 자료를 바라보는 관점에 따라 무궁무진한 융합이 가능하다.

막연하고 어려울 수 있다. 그렇게까지 할 필요가 있냐고 하는 사람도 있다. 하지만 발표나 말하기까지 시간이 많이 남아 있는데 가만히만 있는 것도 문제다. 그래서 시도할 방법을 소개한다. 평소에 자료를 대할 때, 그것을 만든 사람의 마음을 생각해 보는 것이다. 내가 접하는 자료를 만든 사람도 '이것을 보는 사람이 ○○했으면' 하는 목적이 있을 것이다. 또 다른 방법은 끊임없이 생각하는 것이다. 길을 걸으면서 휴식을 취하면서 밥을 먹으면서도 말이다. 무언가 만들어내야 한다는 생각은 버리자. 연상기법을 활용해서 이것저것 연결해보자. 그리고 그 속에서 새로운 의미를 찾는 것, 그저 한 가지 재미있는 놀이다.

## 간결하게 말하기

말을 할 때 가장 중요한 것은 불필요한 말을 하지 않는 것이다. 우리는 이 간단한 원칙을 잊고 욕심 때문에 이 말 저 말을 하다가 발표를 망친다. 충분한 고민 없이 갑자기 생각나는 대로 말하기도 한다. 발표가 다 끝나고서야 할 말이 떠오르기도 한다. 그래서 준비한 개요서나 대본으로 간결하게 말하는 연습을 해야 한다. 간결하게 말하는 연습을 하면 준비한 글에서 불필요한 부분이 보인다. 불필요한 부분이 삭제된 자리에는 미처 생각하지 못했던 중요한 것이 추가될 수 있다. 줄이고 또 줄이는 연습을 하자.

## ◑ 대본 1

어르신들은 남은 삶에 대해 의미를 부여하지 않고 죽음과 연결하려는 경향이 있습니다. 그래서 그들이 살아온 인생의 경험을 자유롭게 이야기할 수 있도록 들어드렸더니 더욱 저에게 마음을 열어주었습니다. 어르신들은 상담에 열심히 참여해 주셨고 저에게 감사를 표했습니다. 가족들에게는 정서적으로 지지를 해주시고 지역사회와 자원 연계가 되는 부분에 대해서도 안내를 해드렸습니다. 또한 수발에 대한 부담으로 스트레스를 받아 동반자살을 하는 등 수발의 어려움을 호소하는 보호자에게는 치매지원센터 내 가족상담 지원 사업이 있다는 것을 알려주어 문제를 예방하는 활동을 적극적으로 실천했습니다.

## ◑ 대본 2

① 어르신들의 마음을 얻기 위해 학습한 상담기법으로 어려움을 이해하려고 노력했습니다. ② 부양 부담으로 동반자살을 하는 등 수발의 어려움을 호소하는 보호자는 관내 치매 지원센터의 가족 상담사와 연결하여 사회적인 문제를 예방하도록 적극적으로 실천했습니다.

대본 1에서 개인마다 중요하다고 느끼는 부분이 다를 것이다. 필자는 해당 분야의 전문가가 아니지만 나름의 기준을 가지고 불필요한 부분을 줄였다. 먼저 자신이 경험한 순간은 그때그때 표현이 가능하므로 삭제했다. 구어체가 아닌 문어체로 구구절절하게 표현한 부분도 삭제했다. 그래서 대본 2는 세부적인 묘사가 없어졌지만 이야기가 간결해졌다. 또, 대본을 외우지 않고 ①과 ②의 두 가지 흐름으로 편하게 말을 할 수 있다. 이것이 가장 중요한 핵심이다. 말을 많이 하는 것이 다 좋은 것은 아니다.

가만히 앉아 걱정만 해서는 말을 잘할 수 없다. 그렇다고 무작정 아무 말이나 해보는 것은 도움이 되지 않는다. 그래서 평소에 말하기를 꾸준히 준비해야 한다. 앞서 소개한 방법은 출퇴근 때나 쉴 때도 할 수 있다. 어차피 자기 분야와 거리가 있는 것을 말할 기회는 많지 않다. 비즈니스 스피치나 면접 같은 경우도 자신이 잘할 수 있는 분야다. 당장 일주일 내에 발표를 완성하라는 것이 아니다. 언제 있을지 모를 순간을 대비하는 것이다. 청중에게 기립박수를 받는 자신의 모습을 상상하며 꾸준히 연습하는 사람은 반드시 성공한다. 이 책에서부터 자료를 수집해보라.

PART
3

# 스피치를 잘하기 위한
# 비언어적 요소

## 세상에 하나뿐인
## 내 목소리는 소중하다

14

목소리는 '제2의 얼굴'이다. 사람마다 얼굴 생김새가 다르듯 목소리도 각자 가지고 있는 색이 다르다. 첫인상이 좋다고 평가받는 사람들은 대부분 목소리가 좋다. 누구나 좋은 목소리를 가지고 싶어 하지만 일상생활을 할 때 아나운서 같은 목소리일 필요는 없다. 더 중요한 것은 자신의 고유한 목소리를 개발하는 것이다. 그래야 대인관계에서 자신감을 갖게 되고, 나아가 인생까지도 바꿀 수 있다. 세상에서 하나뿐인 나의 목소리는 소중하다. 외모를 관리하듯이 목소리도 관리하자.

## 목소리의 중요성

발표할 내용이 정리되고 배열이 이루어지면 스피치를 실행할 수 있다. 스피치에서 가장 중요한 것은 목소리다. 내용을 전달하는 가장 기본 수단이기 때문이다. 좋은 목소리는 타고나기도 하지만 이는 일부분이고 대부분은 후천적으로 완성된다. 그래서 좋은 목소리를 스피치의 내용과 상황에 맞게 적절히 활용할 수 있어야 한다. 또, 목소리는 내용뿐만 아니라 발표자가 가지고 있는 여러 가지 정보를 제공하기도 한다. 발표자가 얼마나 확신을 가지고 있는지, 어떤 감정 상태인지 목소리에서 드러난다. 스피치의 목적을 달성하기 위해서는 무엇보다 목소리에 자신의 감정과 확신을 싣는 것이 중요하다.

신인 여배우가 목소리에 대한 고민을 해소하기 위해 아카데미에 찾아왔다. 무게감 있는 검사 배역을 맡게 되었는데 목소리가 너무 가볍다는 감독의 지적이 있었단다. 실제로 들어보니 가늘고 여린 목소리였다. 그래서인지 배역을 맡는 데도 늘 한계가 있었다고 했다. 그녀는 목소리의 음역을 다양하게 사용할 수 있도록 호흡법과 발성법을 꾸준히 연습했다. 그러자 목소리 톤이 점점 바뀌기 시작했다. 이후 TV를 통해 본 그 여배우는 목소리를 통해 연기력에 큰 변화를 가져왔다. 다양한 배역을 맡으며 승승장구하게 되었다.

배우들도 역할에 맞는 목소리가 필요하다. 다양한 배역을 소화하려면 목소리도 상황에 맞게 자유자재로 사용할 줄 알아야 한다. 상담하다 보면 "목소리가 진짜 바뀌나요?"라고 질문하는 수강생들이 많은데, 훈련을 통해 분명히 바뀐다. 직장인은 직급에 맞는 중저음의 목소리, 유치원 교사는 하이 톤의 목소리, 강사의 목소리에는 신뢰감이, 스포츠 아나운서에게는 생동감이 있어야 한다. 이처럼 목소리는 스피치를 돋보이게 만드는 가장 중요한 요소다. 내용이 목소리를 통해 상대방에게 전달되기 때문이다.

미국 듀크대와 캘리포니아주립대 샌디에이고 분교(UCSD) 경영대학원 공동 연구진은 최근 상장기업 남성 CEO 792명의 목소리를 조사했다. 연구 결과 중저음의 목소리를 내는 CEO의 보수는 중간 수준의 CEO 보수보다 18만 7,000달러가 더 많았다. 기업 자산 규모도 중간 수준 기업보다 4억 4,000만 달러가 더 크다는 점을 발표했다. 또한 듀크대의 연구에서는 유권자들이 고음보다 중저음의 목소리를 가진 후보자를 더욱 선호하는 것으로 나타났다. 이처럼 목소리는 대인관계를 넘어 사회활동과 기업 자산에도 영향을 미칠 수 있다.

우리 주변에는 목소리로 상대방에게 호감을 주는 사람도 있고 그렇지 못한 사람도 있다. 좋은 목소리는 갑옷을 입은 것처럼 단단하고 신뢰감을 준다. 좋은 목소리를 가지려면 평소에 꾸준한 발성훈련이 필요하다. 물론 한 시간 정도의 훈련을 통해서도 목소리의 변화를 체험할 수 있지만 그것은 일시적이다. 일시적으로 바뀐 만큼 금세 원래대로 돌아온다. 그래서 한 번이 아니라 평생 꾸준히 관리해야 한다. 마치 건강을 관리하듯 말이다.

## 나만의 목소리 개발하기

지구상에는 70억 명이 넘는 인구가 살고 있다. 즉 70억 개가 넘는 목소리가 있다는 말이다. 목소리는 신체구조와 경험, 환경에 따라 형상되는 각기 고유한 파장이다. 목소리 음파의 특성을 보여주는 것을 '성문(聲紋)'이라고 하는데 사람의 지문과 같다. 세상에는 똑같은 목소리를 내는 사람이 없으며 목소리는 고유한 것이다. 그런데 자신의 목소리를 녹음해서 들으면 불편함을 호소하는 사람이 많다. 그 이유는 녹음된 목소리가 자신이 듣는 목소리와 다르게 들리기 때문이다. 이것은 내 몸의 울림을 통해 듣는 것과 스피커를 통해 듣는 것이 다르기 때문이다. 익숙하지 않다고 해서 거부감을 갖지는 말자. 나의 목소리는 소중하다.

목소리를 바꾸고 싶어서 아카데미를 찾아오는 교육생들이 많다. 한 50대 여성이 연예인 '이영애'처럼 지적이고 세련된 목소리를 갖고 싶다고 찾아왔다. 부부 동반 모임에 참석하면 남편에게 늘 목소리 지적을 받는다고 했다. 지방색이 묻어나는 사투리에 저음의 목소리가 섞여 약간 거슬리는 느낌이 있었다. 목소리를 효과적으로 사용하기 위해 주로 음의 높이 훈련을 꾸준히 했다. 몇 주간의 보이스트레이닝 훈련을 통해 음색이 상냥하고 부드러운 목소리로 바뀌었고, 사투리를 사용하는 억양도 많이 줄었다.

하버드 대학의 연구결과에 따르면 청중의 80% 이상은 말하는 사람의 목소리만 듣고도 신체적, 성격적 특징을 알 수 있다고 한다. 목소리에서 성별, 성격, 나이, 건강 상태, 지적 수준 등 많은 정보를 얻을 수 있다. 인공지능, AI 기술 발달로 목소리만 듣고도 범인의 얼굴을 그려낸다고 한다. '오디오 몽타주'라고 하는데 이젠 직접 창작물을 만들 수도 있다. 폐에서 성대를 거쳐 나오는 목소리는 하관의 구조, 얼굴 골격에 따라 좌우되는데 80만 건에 달하는 데이터를 학습한 AI가 목소리와 비슷한 얼굴을 그려내는 원리다. 얼굴은 모자나 마스크를 써서 가릴 수 있지만, 목소리는 특별한 변조 장치를 쓰지 않는 한 그대로 남는다.

자신의 고유한 목소리를 개발하자. 일상에서 굳이 아나운서처럼 멋지게 말할 필요까지는 없지 않은가. 나의 고유한 목소리는 그 자체로 매력이 있다. 남의 목소리를 부러워할 필요가 없다. 내 목소리가 지금 매력적이지 않게 느껴지더라도 연습을 통해 충분히 바뀔 수 있다. 미국의 목소리 박사로 불리는 모튼 쿠퍼(Morton Cooper) 박사는 "좋은 목소리는 듣는 이에게 최면을 건 듯 강력한 지배력을 행사할 수 있다"라고 말했다. 좋은 목소리는 자신만이 낼 수 있는 고유한 소리다. 나만의 좋은 목소리로 누구도 할 수 없는 강력한 메시지를 청중에게 전달하자.

# 좋은 목소리를 위한 관리 방법

## 복식호흡법

호흡은 말의 힘을 실어주는 데 필수 요소이다. 가슴으로 하는 흉식 호흡법과 배로 하는 복식호흡법이 있다. 복식호흡은 코로 숨을 2초간 들이마시고 배가 불룩해짐을 느낀 후 5초간 입으로 천천히 내쉰다. 5회 정도 반복해 본다. 호흡훈련이 되었다면 입으로 내쉴 때 "아~~~"하고 소리까지 함께 내본다. 공기를 최대한 많이 들이마시고 내쉴 때 마신 공기를 최대한 힘 있게 내보내자. 복식호흡 훈련으로 안정감 있고 힘 있는 음성을 만들 수 있다.

## 발성법

울림이 있는 발성을 하려면 입안의 공간을 최대한 넓혀야 한다. 목욕탕에서 말하면 울리듯이 입안에서도 동굴처럼 깊은 울림이 필요하다. 밥을 먹을 때 벌리는 수준의 입 모양으로는 발성이 되지 않는다. 최대한 벌릴 수 있는 크기로 벌려보자. 부끄러워할 필요 없다. 준비되었다면 복식호흡을 통해 숨을 마시고 내쉴 때 "아~~~"하고 길게 발성한다. "아! 아! 아! 아!"라고 짧게 끊어서 소리를 내는 발성훈련도 해본다. 반복해서 연습하면 소리에 무게감과 힘이 생기게 된다.

## 멀리해야 할 음식

중요한 발표나 회의를 앞두면 긴장해서 마실 것을 찾고는 한다. 그때 당이 들어간 음료나 카페인이 들어간 커피를 마시면 오히려 목이 잠길 수 있다. 당과 카페인이 들어간 음료는 성대를 건조하게 만들기 때문이다. 그러면 좋은 소리를 낼 수 없다. 맵거나 찬 음식도 목소리를 내는 데 좋지 않다. 발표 전날은 최대한 숙면을 하고 과음하지 말아야 한다. 발표 전에는 성대를 촉촉하게 만들기 위해 미지근한 생수를 자주 마셔주면 좋다.

목소리가 큰 사람은 적극적이고 외향적인 성격이라고 생각한다. 반대로 목소리가 작으면 내성적이고 자신감이 없는 사람으로 보인다. 물론 그렇지 않은 경우가 많은데도 말이다. 이처럼 사람의 이미지에 보이지 않는 영향을 주는 것이 바로 '목소리'이다. 그래서 우리는 건강을 관리하듯 목소리도 꾸준히 관리해야 한다. 외모도 나이가 들수록 관리하듯이 목소리도 잘 관리하면 늙지 않는다. 세상에서 하나뿐인 나의 목소리를 외면하지 말자. 남의 목소리를 따라 하려고 할 필요도 없고 따라 할 수도 없다. 그것은 내 몸에 불편함을 주는 것이다. 오직 하나뿐인 소중한 내 목소리를 더욱 아름답게 가꿔보자.

## 전달력을 높이기 위한 발음법

15

이 세상에 하나뿐인 나의 목소리는 소중하다. 그리고 소중한 내 목소리를 빛낼 방법이 있다. 바로 정확한 발음이다. 전달력을 높이는 발음방법은 전문직에 종사하는 사람에게만 필요한 것이 아니다. 이 사회에 속한 우리 모두에게 필요한 장점이다. 맛있는 음식은 예쁜 접시에 담아내야 하듯, 좋은 목소리는 정확한 발음으로 완성된다. 우리는 매일 거울을 보며 남들이 바라보는 자신의 모습을 정리한다. 발음도 마찬가지다. 전달력을 높이기 위해 매일 자신의 발음을 점검하는 노력이 필요하다.

## 비즈니스에서 발음의 중요성

부동산 중개소를 운영하시는 분이 목소리 때문에 큰 손해를 봤다고 아카데미를 찾아왔다. 공동 중개매물을 먼저 고객에게 소개했는데 정작 다른 중개소에서 계약해버린 것이다. 조건이 다른 것도 아닌데 원인을 몰라 답답하다고 했다. 결국은 고객의 마음을 얻지 못한 것이다. 그런데 상담을 하다 보니 발음이 부정확한 것을 알게 되었다. 목소리 자체는 괜찮은 편이었는데 가끔씩 무슨 말인지 알아듣기 어려웠다. 그래서 기초 보이스트레이닝을 통해 발음의 원리를 이해하고 목소리를 단단하게 만들었다. 교육을 통해 스스로 의지를 다지고 자신감도 많이 얻게 되었다. 지금은 많은 거래를 성사시킨다고 늘 자랑한다.

발음이 부정확해서 손해를 보는 사례가 많다. 입찰을 수행하는 직장인도 있고 보험을 설계하는 사람도 있다. 특히 고객에게 신뢰를 주어야 하는 직업에서 나타난다. 내용도 중요하지만 어떻게 전달하느냐에 따라 결과가 달라지는 것이다. 좋은 목소리도 중요하지만 정확한 발음은 더욱 중요하다. 발음에 필요한 요소가 있다. 발음에 영향을 미치는 것은 혀, 입술, 턱, 장음과 단음, 말의 속도이다. 발음이 부정확한 이유는 크게 두 가지인데 자음은 혀가 입천장의 각 지점에 제대로 닿지 않는 경우, 모음은 입 모양이 잘못된 경우다. 혀는 정확한 위치에 닿아야 하고 바른 입 모양을 하여 충분한 입 안 공간을 확보해야 한다.

JTBC '뉴스룸'에서 배우 김남주가 출연해 진짜 앵커 같은 모습을 보여준 적이 있다. 한 드라마에서 앵커 역으로 완벽히 변신하여 시청자의 시선을 사로잡았던 그녀는 앵커 연기를 위해 발음에 세심한 노력을 기울였다고 한다. 김남주는 원래 발음이 정확하기로 유명했다는데 거기에 촬영 전 아나운서들의 도움으로 뉴스 보도에 맞는 발음 연습까지 철저히 했다. 그 결과 정확한 발음과 발성이 더해져 진짜 앵커 같은 연기였다는 호평을 받았다. 좋은 목소리와 정확한 발음은 이처럼 배우의 이미지에도 큰 영향을 미친다.

영화나 드라마 속 배우들은 항상 정확한 발음을 구사한다. 작품에 미치는 영향이 크기 때문이다. 맡은 배역이 어눌하게 말하지 않는 이상 졸린 연기를 해도 발음이 정확하다. 배우들은 대사 전달력이 생명인 만큼 엄청나게 노력한다. 사전에 대본을 받아 암기하고 혼자 연습도 한다. 그다음 모여서 서로 합을 맞추고 감정을 실어본다. 실제 촬영에서는 NG가 나기도 하지만 정확한 발음으로 완벽하게 감정을 연기해낸다. 아카데미에도 조연급 배우들이 발음 연습을 위해 찾아오는데 열정이 대단하다.


## 면접에서 발음의 중요성

공기업 면접 준비를 위해 20대 취업 준비생이 아카데미를 찾아왔다. 필기시험 성적도 커트라인이고 출신 대학도 지방대라며 걱정했다. 하지만 다양한 경험과 봉사활동 같은 돋보이는 내용이 많았다. 대학교 때는 목소리가 좋아서 학교행사 사회도 종종 진행한 경험이 있었다. 목소리에 힘이 있고 발음도 또렷해 누가 봐도 신뢰감이 느껴졌다. 면접 준비를 위해 답변 내용을 정리했고, 전달력을 더욱 극대화하기 위해 고급 보이스트레이닝을 받았다. 그 결과 면접관들의 질문에 여유롭게 답변하며 당당하게 면접에 합격했다. 듣기로는 입사해서 프레젠테이션이나 사회 진행으로도 큰 활약을 펼치고 있다고 한다.

면접을 준비하는 수강생들은 누구나 합격에 대한 불안감을 가지고 있다. 위의 취업 준비생도 걱정이 많았다. 하지만 자신의 매력을 보일 수 있는 다양한 활동과 경험을 갖고 있었다. 신뢰감이 드는 목소리와 정확한 발음도 단단히 한몫했다. 차근차근히 답변을 정리했고 수차례 모의 면접을 통해 걱정은 확신으로 바뀌었다. 결국 당당하게 합격한 그는 직장 생활에서도 자신감을 가지고 왕성하게 활동하고 있다. 이처럼 면접에서는 담담하고 자신 있는 자세로 자신의 능력을 충분히 보여줘야 한다. 좋은 능력을 갖추고도 이를 제대로 보여주지 못하면 아무 의미가 없다. 그저 불합격일 뿐이다.

취업포털 사람인이 기업 623곳을 대상으로 조사한 결과에 따르면 면접관들 가운데 구직자들이 면접 태도 측면에서 가장 신경 써야 할 것으로는 47.7%가 '또박또박한 발음과 자신감 있는 목소리'를 선택했다. 다음으로 '면접관과의 아이 콘택트'(14.9%), '맺고 끊음이 명확한 문장과 정확한 단어 사용'(9.8%), '미소를 머금은 밝은 표정 유지'(8.7%), '과한 제스처나 다리 떨기 등 불필요한 움직임 자제'(8.3%),

'바른 자세로 착석'(8.3%) 등을 들었다. 절반가량의 면접관이 '또박또박한 발음과 자신감 있는 목소리'를 선택했다. 단기적인 속성을 갖는 면접의 특성상 당연한 결과다.

　면접에서 중요한 것은 여러 가지가 있다. 위의 조사 결과처럼 발음과 목소리 외에도 신경 써야 할 것이 많다. 하지만 처음 보는 면접관에게 답변했을 때 그가 잘 알아듣지 못한다면 정말 큰 문제다. 그래서 발음과 목소리가 중요하다. 처음 만난 사람의 목소리와 말투가 익숙하지 않아 잘 알아듣지 못한 경험이 있을 것이다. 높은 성적과 다양한 경험 등 소위 '좋은 스펙'을 가지고도 불합격하는 사례도 있다. 이런 경우 면접장에서 전달력에 문제가 있는 사람들이 제법 많다.

## 정확한 발음을 위한 준비 방법

### 스트레칭

일상 속에서 쉽게 실천할 수 있는 방법이다. 모든 운동에 준비운동이 있듯이 발음에도 준비운동이 필요하다. 발음할 때 사용하는 입술, 혀, 턱, 치아, 볼 등을 풀어준다. 아침에 일어나면 밤사이에 신체는 굳어져 있다. 기지개를 켜면서 전신을 스트레칭을 할 때 얼굴 근육도 함께 풀어준다. 얼굴을 찡그렸다 폈다 하며 다양한 표정을 지어보자. 치아와 치아를 부딪치며 턱관절도 풀어준다. 입술을 오므리고 왼쪽에서 오른쪽으로, 또 반대로 돌린다. 혀를 튕겨 "똑딱똑딱" 소리를 내거나 혀를 치아로 구석구석 씹어주는 방법도 있다. 성대가 긴장하지 않게 목 근육도 풀어준다. 발음하는 데 필요한 모든 근육을 풀어주는 것이다.

### 입 모양 만들기

발음하는 데 필요한 근육을 풀어준 후 거울을 보면서 발음 연습을 해본다. 따라해 보자.

> "아, 에, 이, 오, 우"
> "안, 녕, 하, 세, 요"
> "반갑습니다. ○○○입니다"

이처럼 간단하게 소리 내어 말해본다. 입 모양을 크고 정확하게 만드는 게 핵심이다. 처음에는 글자 하나씩 천천히 발음한다. 그리고 조금 속도를 내서 발음해 본다. 억지로 입 모양을 크게 만드는 연습은 배우나 연예인들도 많이 하는 훈련이다. 의식적으로 입 모양을 크게 연습해야 실제로 발음할 때 제대로 할 수 있다.

### 셀프리딩(self-reading)

말 그대로 회의나 발표 전에 특정 텍스트를 읽어보는 연습이다. 연습용 텍스트는 자음과 모음, 장단음이 들어간 문장이 효과적이다. 스피치 전문가의 도움을 받아 발음 연습에 필요한 문장을 받는 것도 좋다. 자신의 약한 발음도 집중적으로 고려해 준다. 실제로 문장을 읽고 들어보는 것도 도움이 된다. 자신이 상대적으로 높은 지위에 있을 때는 남들이 잘 들어주기 때문에 그 문제점을 알기 어렵다. 그 래서 시간이 가능하다면 녹음을 해서 문제점을 직접 확인하는 것이 좋다. 그렇지 않을 경우를 대비해서 말이다.

살면서 오랫동안 습관적으로 굳어진 잘못된 발음을 하루아침에 교정하기는 어렵다. 하지만 적어도 스피치에서 노력하면 안 되는 것 은 없다. 정확한 발음방법을 알고 반복적으로 연습하면 정확하고 또 렷하게 말할 수 있다. 우리가 외모에 신경을 쓰는 것의 반만 노력해 도 된다. 자신의 이미지에 큰 영향을 미칠 수 있는 발음 연습은 결코 게을리해서는 안 된다. 내 몸의 울림은 구(口)와 설(舌)이라는 틀을 통해 비로소 목소리가 된다.

## 스피치의 감동을 극대화하는 강세와 억양

16

감동을 주는 스피치에는 특별한 것이 있다. 바로 강세와 억양이다. 청중을 몰입하게 만들고 내용을 전달하려면 이런 리듬(Rhythm)이 필요하다. 운율(韻律)이라고도 표현하는데, 음의 강약, 장단, 고저를 뜻한다. 중요한 내용에 적절한 강세와 억양을 사용하면 리듬감이 살아나 청중을 몰입시킨다. 즉, 말하는 내용이 머릿속에 그림처럼 그려지는 것이다. 반면 잘못된 강세와 억양의 사용은 청중을 불편하게 만들 수 있다. 또한 일정한 톤으로만 말하면 금세 지루해지기 쉽다. 스피치에 리듬감을 더하는 올바른 강세와 억양의 사용법을 알아보자.

## 강조를 위한 말의 강세

큰 규모의 교회에서 목회하는 40대 목사님이 아카데미를 찾아왔다.

설교를 더 잘하고 싶다며 자신의 문제점을 이야기했다. 가져온 동영상을 보니 발음도 부정확하고 목소리 톤의 높낮이가 없어 다소 지루했다. 성도들의 주 연령층이 50~60대인데 어려운 용어가 많고 알아듣기 힘들다는 지적도 받았다고 했다. 먼저 기초 발성과 발음 연습을 한 다음 목소리 톤과 억양, 강조법 훈련을 통해 변화를 주었다. 목사님도 같은 설교 내용인데 확실히 다르다고 자신감을 얻었다. 이후 성도들에게서 설교가 좋다는 이야기를 들었고 스스로 만족할 만한 성과를 얻을 수 있었다.

아카데미를 찾아온 교육생들은 한 가지 문제점 때문에 오지 않는다. 대부분 여러 가지 복합적인 문제를 가지고 있다. 그래서 비언어적 요소와 언어적 요소를 동시에 잡아줘야 한다. 내용이 두서없어서 무슨 말을 하는지 모르는 경우가 있다. 그럴 땐 기본적으로 내용의 구성과 배열을 정리하고, 발성과 발음을 교정한다. 목소리의 톤이 일정해서 강연이 재미없거나 졸음이 오는 경우도 많다. 내용의 감동을 극대화하려면 어느 정도의 강세와 억양은 필수이다.

미국 항공정보 제공업체 제트코스트(Jetcost)가 1년간 죄소 1번 이상 항공편을 이용한 4,207명을 대상으로 설문조사를 실시한 결과 54%가 억양에 따라 기장의 신뢰도가 달라진다고 응답했다. 특히 같은 말을 다양한 억양의 영어로 들려주었을 때 탑승객의 기장에 대한 신뢰도는 시카고를 포함한 중서부의 북부(Upper Midwest) 지역이 63%로 가장 높았다. 〈로스앤젤레스타임스〉도 최근, 항공편 이용객

들이 남부 억양을 가진 기장보다 중서부 억양의 기장을 더 신뢰한다고 보도한 바 있다. 기장의 강세나 억양이 승객의 안전을 보장하지는 않지만 그들이 느끼는 신뢰감은 분명 다르다는 것이다.

이처럼 같은 내용도 어떻게 말하느냐에 따라 신뢰도가 달라진다. 말의 내용도 중요하지만 표현하는 방법도 중요하다. 예를 들어 직장 상사가 "김 대리, 이번 주 금요일에 거래처 미팅 좀 다녀와요"라고 말했다. 김 대리는 "네"라고 대답했다. 그런데 상사가 갑자기 "김 대리, 기분 나빠요?"라고 물었고 김 대리는 "아니오"라고 답했다. 상사가 기분이 나쁘냐고 물어본 이유는 김 대리의 대답은 긍정이었지만 말에 부정적인 느낌이 들어서였다. 물론 반대의 경우도 있을 것이다. 부정적인 내용도 긍정적인 톤으로 표현한다면 상대방은 기분 상하지 않을 것이다.

## 의미를 변화시키는 말의 억양

지방에 사는 취업 준비생이 아카데미를 찾아왔다. 지방색이 강한 '사투리' 때문에 면접에서 여러 차례 떨어졌다는 것이다. 본인은 사투리를 안 쓴다고 생각했지만 듣는 사람은 금세 알 수 있었다. 3개월 정도 치열하게 연습했다. 한 호흡 안에서 말을 길게 늘어뜨리는 연습을 했다. 길을 가면서도, 집에 있으면서도 매일 연습했다. 결국 서울의 중견기업에 취업했다.

'사투리'는 표준어가 아닌 지역만의 특유한 단어나 언어 사용법을 말한다. 경상도나 전라도, 충청도, 제주도 등 지역마다 다르다.

사투리는 말의 높낮이 변화가 심하다. 그래서 표준어를 사용하기 위해서는 높낮이의 변화 없이 일정하게 원고를 읽는 연습이 필요하다. 한 번의 호흡으로 말을 길게 늘어뜨리는 것이다. 그다음 다시 강세와 억양을 주는 연습을 한다. TV나 라디오방송에 나오는 아나운서의 말을 그대로 따라 하는 것도 방법이다. 실제로 지방 출신의 아나운서는 많지만 방송에서 사투리를 쓰는 사람은 거의 없다. 말의 억양을 완전히 빼고 평조 중심의 뉴스 원고를 연습하는 것도 도움이 된다.

취업이나 직장 생활에서도 사투리 때문에 고민인 사람들이 많다. 취업포털 커리어에 따르면 취업 준비생의 절반 이상(58.9%)이 사투리 교정이 필요하다고 했다. 사투리 교정이 필요한 이유의 80%가 '표준어가 사회생활에 도움이 되기 때문'이라고 답했다. 그다음으로 '면접에서 자신감을 읽을 수 있어서'(15.7%), '사투리 때문에 느끼는 소외감이나 이질감을 없앨 수 있어서' 순이었다. 응답자 본인이 기업 인사담당자라면 '구직자의 사투리가 채용 여부에 영향을 줄 것 같다'라는 응답도 56.5%에 이르렀다.

이처럼 취업 준비생들도 사투리 교정이 필요하다고 생각하지만 사투리는 교정의 대상이 아니다. 지역 특유의 단어나 언어 표현법으로서 그 지역의 색을 담고 있는 '문화'이기 때문이다. 우리는 필요에 의해서 표준어를 배우는 것이다. 사투리를 교정해야 한다고 생각하기 때문에 어려운 것이다. 대신 새로 표준어를 배운다고 발상을 전환하자. 아카데미에서 체계적인 훈련을 받거나 호흡법, 낭독법을 활용해서 학습도 가능하다. 말을 잘하는 사람은 비즈니스나 공식적인 자리에서 주로 표준어를 사용한다. 대신 동창회나 지인 모임 같은 사적인 자리에서는 사투리를 사용한다. 때와 장소에 따라 적합한 언어를 사용하면 된다.

## 적절한 강세와 억양 찾기

### 내 억양 체크

자신의 목소리를 녹음한 후 음절 하나하나가 표준어 발음인지 체크한다. 전문가의 도움을 받으면 가장 좋지만 그게 아니라도 괜찮다. 뉴스처럼 표준어를 사용하는 원고를 녹음해서 들어보고 똑같이 읽는 훈련을 하라. 한 음절 한 음절씩 높낮이와 말의 길이를 비교해 보라. 한 글자씩 또박또박 입을 크게 벌려 발음한다. 모음을 정확하게 발음하는 것이 중요하다. 특히 이중모음 '와, 웨, 외, 위, 워'의 입술 모양을 정확하게 발음한다. 발음표를 만들어서 모든 자음과 단모음, 이중모음을 결합시켜 연습하면 가장 효과적이다.

## 말의 힘 빼기

높낮이 없이 같은 음을 반복해서 소리 내어 말한다. 한 음절씩 또박또박 같은 음으로 소리 내어 읽는다. 한 음절씩 읽은 다음은 단어를 묶어서 읽는다. 그다음에는 한 문장을 소리 내어 읽는다. 모두 같은 음으로 읽어야 한다. 이렇게 한 페이지의 글을 읽은 후에는 녹음해서 들어본다. 음의 높이가 일정한지 파악하고, 일정하지 않으면 다시 반복 연습한다. 이렇게 계속 훈련한다. 말의 높낮이, 즉 억양을 먼저 완전히 빼는 훈련을 하는 것이다. 그러면 사투리가 느껴지는 억양에서 탈피할 수 있다.

## 말에 강세 넣기

이번에는 낭독할 글에 강조할 부분을 체크한다. 강조란 어떤 부분을 강하게 발음하는 것이다. 먼저 한 문장이 시작하는 첫음절이나, 나열하는 단어의 첫음절에 강세를 주는 연습부터 하자. 한 음절씩 또박또박 같은 음으로 천천히 읽어본다. 한 음절씩 읽은 후 강조할 부분에 음의 변화를 주면서 읽는다. 한 페이지를 읽은 후 녹음해서 들어본다. 올바른 강세를 주지 않으면 말에 리듬감이 없어 지루할 수 있다. 이렇게 계속 훈련하고, 자연스럽게 대화나 발표에 적용하자.

음악에 악상기호가 있듯이 말에도 높낮이가 있어야 한다. 악상기호를 지켜서 연주하면 청중에게 감동을 준다. 악상기호를 지키지 않은 연주는 밋밋할 것이다. 우리가 하는 말도 마찬가지다. 중요한 내용은 강하게, 기쁠 때는 음을 높여서, 슬플 때는 음을 낮춰서 말해야 한다. 무조건 크게 말한다고 전달력이 좋은 것이 아니다. 주제와 내용에 맞게 적절한 음의 변화를 주어 말해야 한다. 꾸준한 훈련을 통해 말의 강세와 억양을 사용해서 말하자. 누구나 스피치의 달인이 될 수 있다!

# 스피치에 빠져들게 만드는 말의 속도

17

스피치에서 속도는 중요한 역할을 한다. 말의 속도가 빠르면 성격이 급해 보이고, 상대방이 잘 알아듣지 못하는 경우가 많다. 반면 말이 느리면 쉽게 지루해지고 내용의 흥미를 잃는다. 적절한 말의 속도는 청중이 발표에 집중하게 만들고 설득력도 높인다. 비즈니스에서 협상이나 프레젠테이션에서 말의 속도에 따라 결과가 달라지는 이유다.

## 아픔을 잊게 만드는 말의 속도

한 건물 안에 정형외과가 두 곳이 있는데 유독 한 곳에만 환자가 몰렸다. 시설도 비슷하고 의사의 경력도 비슷한데 말이다. 어느 날 발목 치료를 받기 위해 잘되는 병원을 방문해보니 그 이유를 알 수 있었다. 주 환자층은 어르신들이었는데 의사는 환자의 눈높이에 맞게 천천히 여러 번 설명해주었다. 환자의 말을 끝까지 들어주고 추임새까지 넣어서 대답해주니 신뢰가 느껴졌다. 대기하면서 들어보니 어르신들 사이에서 명의로 불릴 정도로 인기가 많았다. 친절한 의사의 말 한마디에 아픈 곳도 금세 낫는 기분이란다.

할 말이 많고 할 일도 많은데 시간이 부족하면 말의 속도가 점점 빨라진다. 병원에서 대기 환자가 많다면 의사는 최대한 빨리 진료를 끝내고 싶을 수 있다. 하지만 누가 내게 급하고 빠르게 말한다면 왠지 나를 소홀하게 여긴다는 생각이 들 것이다. 위의 사례처럼 말할 때는 천천히 정확하게 포즈(pause)를 지키는 것이 좋다. 포즈는 말을 하다가 잠시 쉬는 것이다. 같은 내용이라도 천천히 또박또박 이야기하면 듣는 사람도 여유가 생긴다. 머릿속에서 뇌가 정리하고 이해할 수 있는 시간이 생기는 것이다. 그래서 중요한 부분이나 강조하고 싶은 부분에 포즈를 줘야 한다.

그렇다면 말의 속도는 설득력과 어떤 연관이 있을까? 미국 미시간대학교 사회연구소 조세 벤키 교수팀은 성인남녀 100명이 1,380명에게 전화를 걸어 설문조사에 참여하도록 설득한 테이프를 가지고 말하는 속도, 목소리의 높낮이, 유창함 등과 설득 성공률의 관계를 분석했다. 설득력 있게 말하기 위해서는 1초에 3.5개의 단어를 사용하고 4~5번은 잠깐씩 쉬면서(pause) 말하는 것이 가장 좋다는 연구결과가 나왔다. (한국어는 1초에 2단어에 해당) 말의 속도가 너무 빠르면 뭔가 속이려는 듯한 느낌을, 너무 느리면 똑똑하지 못하거나 현학적인 느낌을 준다는 기존의 생각과 큰 차이가 없는 결과였다.

벤키 교수는 "말하는 도중 1분에 약 4~5차례씩 자연스럽게 잠깐 말을 중단하고, 활기차고 생생하게 목소리에 많은 변화를 주며 이야기를 하는 사람들이 비교적 설득 성공률이 높았다. 쉬지 않고 유창하게 말하는 사람은 설득 성공률이 가장 낮았다"라고 말했다. 연구진은 "흥미로운 점은 지나치게 자주 말을 중단하는 사람은 어눌하다는 느낌을 주었지만 그래도 가장 유창하게 중단 없이 말을 했던 사람보다 설득 성공률이 더 높았다는 점이다. 말이 너무 유창하면 미리 짜인 대본을 읽는 것 같은 느낌을 주기 때문"이라고 분석했다.

말하기에는 분명한 목적이 있다. 비즈니스에서는 계약 성사, 면접에서는 합격을 위해 말한다. 말하는 목적에 따라 속도 또한 달라져야 한다. 발표 장소의 규모나 청중의 수에 따라 속도가 달라지기도 한다. 시종일관 같은 크기와 속도의 목소리로 말한다면 금방 지겨워질 것이다. 강조하고 싶은 부분이나 어렵고 중요한 부분은 천천히 말해야 한다. 이미 알고 있는 내용은 조금 빨리 말해도 상관없다. 상황이 긴급한 경우에도 말의 속도를 빠르게 하는 것이 오히려 전달에 효과적이다.

## 긴장감을 줄이는 말의 속도

코로나19로 인해 AI(인공지능) 기술을 활용하거나 비대면 화상면접을 보는 기업들이 늘고 있는 추세다. 그래서 비대면 면접을 대비하기 위해 아카데미를 찾는 취업 준비생들도 늘었다. 한 20대 후반의 취업 준비생이 외국계 기업의 면접을 위해 찾아왔다. 집에서 혼자 비대면 화상으로 진행되는 면접이라 전혀 떨리지 않으리라 생각했다. 그런데 막상 면접을 시작하자 갑자기 긴장해서 얼굴도 빨개지고 말의 속도가 빨라져 발음도 부정확해졌다. 결국 무슨 말을 했는지 기억조차 안 난다고 했다. 어렵게 얻은 기회를 놓쳤다며 크게 실망했다.

긴장하면 누구나 말이 빨라지는 경향이 있다. 이 상황을 빨리 끝내고 싶다는 생각에 호흡이 빨라지기 때문이다. 특히 중요한 자리나 자신에게 시선이 집중될 때 더욱 그렇다. 위의 경우처럼 비대면 면접이나 화상회의같이 자주 경험하지 않은 형태의 스피치도 그렇다. 이럴 때는 의식적으로 말을 천천히 하는 연습이 필요하다. 호흡을 길게 하면 한 호흡에 말할 수 있는 말의 길이도 스스로 조절할 수 있다. 면접을 볼 때, 발표를 할 때, 연설을 할 때, 말이 빨라진다면 어떻게 해야 할까? 가장 중요한 것은 호흡이다. 숨을 천천히 쉬면 말의 속도가 한결 편안해지고 안정된다.

미국 시카고대학교 베일로(Sian beilock) 박사팀 연구에 따르면, 중요한 일을 하기 직전 긴장감에 휩싸일 때 그 불안감을 메모지에 적어보면 어느덧 불안이 사라진다고 한다. 이러한 방법이 불안감을 완화시키기 위한 '표현적 글쓰기(expressive writing)'라고 했다. 불안과 긴장되는 현재의 생각을 느낀 그대로 글로 쓰는 것이다. "나는 떨릴까 봐 걱정된다. 할 말이 생각나지 않을까 봐 불안하다" 등이다. 중요한 발표일수록, 날짜가 가까워질수록 잘하고 싶은 생각이 강할수록 더 불안해진다. 발표할 때 호흡을 제대로 조절하지 못하는 경우가 많다. 그래서 준비한 내용을 '후다닥'하고 속사포처럼 쏟아낸다.

누구나 중요한 발표의 순간에 잘하고 싶어 한다. 그 마음 때문에 불안하고 두려운 것이다. 발표에서 긴장감을 줄이기 위해서 베일로 박사의 연구처럼 표현적 글쓰기를 하는 것도 방법이다. '아, 또 긴장되면 어쩌지?' '또 실수할까 봐 걱정되네'라는 생각은 잠시 내려놓자. 불안한 마음이 들면 천천히 생각을 정리하고 메모하자. '아, 내가 잘하고 싶구나!' '잘될 거야' 하고 나 자신을 인정해 준다. 그리고 한 가지 더 중요한 빙법이 있다. 천천히 깊게 숨을 한 번 크게 마시고 내쉰다. 그러면서 떠오르거나 정리된 생각을 천천히 입으로 말해본다. 말의 속도를 줄이면 긴장감도 줄어든다.

## 전달력을 높이는 말의 속도

### 적절한 말하기 속도

1분에 90개 단어 정도가 청중에게 부담을 주지 않고 편안하게 들린다. 글자 수로는 1분에 360자 정도를 읽는 속도이다. 이 정도면 청중을 설득하고 이해시키는 데 가장 좋은 속도이다. 우선 한글 파일에 좋은 글이나 뉴스 기사를 복사해서 붙여넣자. 해당 내용을 1분의 시간을 재면서 읽어보자. 이때 주의할 점은 책 읽듯이 하지 말고 실제 말하듯 하는 것이다. 1분이 끝나면 내가 읽은 부분만 놔두고 나머지는 지운다. 한글 파일의 맨 윗줄 상단에 '파일' 메뉴를 클릭하고 '문서 정보'를 클릭하면 '문서 통계'가 나온다. 여기서 총 몇 개의 글자인지, 몇 개의 단어인지 확인할 수 있다. 그러면 내 말하기의 속도를 알 수 있다.

### 포즈(pause)와 침묵

전달력을 높이기 위해 말의 속도 조절, 즉 침묵해야 한다. 문장의 구와 절, 새로운 문장의 시작하기 전, 내용이 바뀌는 부분에서 포즈를 주면 좋다. 말을 하는 사이사이에 침묵을 주는 것이다. 흔히 말을 잘하는 사람으로 아나운서를 떠올린다. 그들도 처음 대본을 받으면 준비과정으로 예독을 한다. 소리 내지 않고 쭉 읽어보는 것이다. 그 후 소리 내어 읽으며 어려운 발음이나 강조할 부분을 점검한다. 말을 할 때 침묵은 중요한 내용을 강조할 때 여유로움을 줄 수 있다. 그러나 지나치게 침묵의 시간이 길어지면 듣는 사람은 불안해진다.

## 끊어 읽기

아래 문장을 한번 읽어보자. 한 문장을 쉬지 않고 한꺼번에 읽으면 전달력이 떨어진다.

> 청년실업이 장기화되면서 대학 선택 기준도 바뀌고 있습니다. 대학이나 학과 선택에 있어 '취업률'이 예전에는 참고사항이었다면 이제는 필수적으로 점검해야 할 항목이 되고 있습니다. 취업률이 곧 대학 선택의 중요한 지표가 되고 있는 셈입니다.

끊어 읽기의 방법은 1) 주어에서 한번 끊어 읽기, 2) 쉼표가 있는 곳에서 끊어 읽기, 3) 의미상 끊어 읽기 등이 있다. 쉼표(V), 한호흡(/), 두호흡(//)으로 표기한다. 처음에는 대본에 표기하는 것이 좋다. 끊어 읽기만 잘해도 듣는 사람에게 잘 전달할 수 있다.

> 청년실업이 장기화되면서V 대학 선택 기준도 바뀌고 있습니다. / 대학이나 학과 선택에 있어V '취업률'이 예전에는 참고사항이었다면 / 이제는 필수적으로 점검해야 할 항목이 되고 있습니다. / 취업률이 곧 V 대학 선택의 중요한 지표가 되고 있는 셈입니다. //

말하기의 중요성은 어린이부터 어른까지 모두가 공감하고 필요로 한다. 효과적인 말하기 훈련은 말의 핵심을 제대로 전달하고 상대의 공감을 얻는 것이다. 따라서 상대방이 듣기 좋은 속도로 말하는 것이 중요하다. 말의 속도는 원활한 소통의 도구가 되고 자신의 이미지도 업그레이드할 수 있다. 자동차도 안정감과 편안함을 주는 속도가 있듯이 말하는 데도 적절한 속도가 있다. 중요한 순간일수록 말의 속도를 신경 써보자. 훨씬 더 신뢰감이 생기고 전달력이 좋아질 것이다.

# 자신감 있는 스피치를 위한 분명한 시선 처리

18

코로나19로 인해 지금을 '마스크 시대'라고 말하는 사람도 있다. 마스크 착용이 일상화된 요즘은 눈 화장과 눈썹에 신경을 쓰는 사람들이 늘어났다. 마스크를 착용했을 때 유일하게 드러나는 부분이 눈이기 때문이다. 면접에 들어가는 취업 준비생, 이성과 처음 만나는 사람, 비즈니스의 협상가도 마찬가지다. 눈웃음, 눈빛, 눈 맞춤으로 상대방에게 호감을 주기 위해서는 입꼬리뿐만 아니라 눈이 웃어야 한다. 발표할 때도 시선 처리는 매우 중요하다. 시선은 청중을 집중시킬 수 있는 힘이다. 특히 마스크를 착용하는 지금, 시선 처리는 더욱 중요해지고 있다. 이렇게 중요한 '우리의 눈'을 어떻게 해야 하는지 알아보자.

## 상대의 마음을 사로잡는 눈 맞춤

30대 후반 남성이 이성에게 늘 거절당한다는 고민을 털어놓았다. 몇 분간 대화를 나눠보니 이유를 알 수 있었다. 말을 할 때 상대방의 눈을 거의 쳐다보지 못하는 사람이었다. 특히 마음에 드는 여성 앞에서는 더욱 그렇다고 했다. 여성은 남성이 마음에 들어도 '내게 호감이 없는 것 같다'라고 생각하는 것이다. 그러니 결혼을 하기 위해 소개팅을 수십 번 했는데도 좋은 결과를 얻지 못했다. 그래서 말을 할 때 미소를 지으며 눈을 맞추는 훈련에 집중했다. 상대방의 마음을 얻는 대화법도 실습했다. 그 후 얼마 되지 않아 결혼을 전제로 만남을 갖고 있다는 좋은 소식을 들었다.

이렇게 '눈 맞춤'의 힘은 대단하다. 서로를 존중하고 이해하며 관계의 형성에도 큰 영향을 준다. "자세히 보아야 예쁘다. 오래 보아야 사랑스럽다. 너도 그렇다"라는 나태주 시인의 '풀꽃'이란 시가 떠오른다. 일상에서 가만히 보면 많은 것이 보인다. 결혼 생각이 전혀 없는 듯했던 사람이 어느 날 갑자기 청첩장을 보낸다. 흔히 남녀 사이를 "눈 맞았다"라고 표현한다. 10시간 지속된 산모의 고통을 잊게 만드는 아이와의 '눈 맞춤', 서로 용서하고 이해하는 데 필요한 '눈 맞춤', 우리의 생활 속에 '눈 맞춤'은 서로를 이해하고 배려하는 소통의 창구이다.

미국의 심리학자 캘러먼과 루이스는 인간의 혈관에서 페닐에틸

아민을 솟구치게 할 실험을 했다. 서로 모르는 남녀 24쌍을 두 그룹으로 나누어 한 그룹에게는 어떠한 조건 없이, 나머지 한 그룹에게는 2분간 눈을 마주치게 했다. 그 결과 특별한 조건이 없었던 그룹에 비해 눈 맞춤을 한 그룹은 "가까이서 보니 그녀의 눈이 참 예쁘더군요", "눈을 마주치고 있으니 나도 모르게 설레었어요"라는 반응을 보였다. 눈 맞춤만으로 서로에 대한 호감도가 상승한 것이다. 이는 남녀 사이에만 해당하는 것이 아니다. 우리 사회 문제 중의 하나인 소통에 대한 것이다. 소통에 가장 효과적인 방법은 'eye contact' 즉 '눈 맞춤'이다.

프랑스 파리대학과 핀란드 탐페레대학 공동 연구진도 상대방에게 자신의 의견을 각인시키길 원한다면 사진이나 이메일이 아닌 얼굴을 직접 마주 보고 '눈 맞춤' 하는 것이 가장 효과적이라고 주장했다. 서로 마주 보며 이야기할 때 나누는 정보가 자신에게 매우 중요하다고 인식하는 경향이 강하다는 것이다. 아카데미의 한 수강생은 어떻게 청중과 시선을 맞추며 발표를 할 수 있느냐고 물었다. 우리나라 사람들은 발표 자체에 대한 부담 또는 불안으로 '눈 맞춤'이 어색하다. 그래서 이를 극복하기 위해 체계적인 훈련이 필요하다.

## 성과를 높이는 눈 맞춤

의류 매장을 운영하는 한 여성 CEO가 있다. 20대 초반에 작은 옷
가게로 시작해 지금은 연 매출 1,000억이 넘는 중견기업으로 성장시
켰다. 그녀가 말하는 성공 비결은 항상 고객의 정보를 기억해 주고
이야기를 잘 들어주는 것이다. 얼마 전 집안에 행사가 있었다면 "지
난번 가족 행사는 잘 치르셨어요?"라고 물어봐준다. 많은 정보를 다
기억하기는 힘들어 종이에 메모하는 습관을 가졌다고 했다. 늘 미
소 짓고 눈을 바라보며 따뜻한 대화를 하는 모습이 인상적이었다.
오랜 시간 거래한 사람들은 절대적으로 신뢰할 수밖에 없겠다고 생
각했다.

제품을 잘 판매하려면 상대방이 원하는 것을 줄 수 있어야 한다.
거기에 따뜻한 대화와 눈 맞춤도 중요하다. 눈 맞춤은 상대에게 내
가 판매하려는 상품에 대한 자신감과 신뢰를 전달할 수 있으며, 비
즈니스 현장에서는 더욱 그렇다. 제안 발표를 할 때도 키맨(key man)
을 주시하면서 해야 한다. 파리대학교의 로렌스 컨티 교수는 "직접
눈을 마주 보는 것은 스스로의 행동에 대해 더욱 인식하게 만들며,
이러한 과정은 기억과 의사결정, 지각 능력 등의 강화에 큰 영향을
미친다"라고 설명했다.

찰스 브룩스(Charles Brooks), 마이클 처치(Michael Church), 프레이
저(Fraser)라는 세 명의 심리학자가 실험 참가자들에게 면접 보는 사

람들의 영상을 보여줬다. 영상의 소리를 없앴기에 참가자들은 면접 내용을 알 수 없었고 오로지 면접 모습만 볼 수 있었다. 1분 동안 영상을 본 후에 실험 참가자들은 면접자들을 평가했다. 면접 내용도 모른 채 평가하는 건 말도 안 되지만, 실험 참가자들은 면접관을 똑바로 바라보는 면접자에게 좋은 점수를 주었다. 면접관을 더 오래 쳐다본 사람일수록 더 믿을 수 있다고 생각한 것이다. 상대방을 똑바로 바라보는 사람이 훨씬 더 긍정적인 평가를 얻었다.

사람을 처음 만났을 때 어색하고 두렵다고 시선을 피한다면 좋은 이미지를 줄 수 없다. 상대방의 눈을 바라보고 진정성 있게 대화를 하면 진심이 전달된다. 발표할 때도 상대방과의 눈 맞춤으로 청중의 반응을 파악할 수 있다. 발표자의 자연스러운 시선 처리는 집중도를 높인다. 대인관계에서는 상대방의 눈을 마주치면 호감도가 올라가고 긍정적인 평가를 받을 수 있다. 그렇다고 너무 뚫어지게 쳐다보면 안 된다. 상대방이 부담스럽지 않도록 시선 처리에도 환기가 필요하다. 상대의 눈을 5~6초 정도 바라본 다음 코나 인중으로 시선을 살짝 옮긴다. 그러나 다시 눈을 쳐다보는 것도 괜찮다.


## 나의 눈이 가야 하는 길, 시선 처리법

시선 처리는 청중에 대한 관심이다. 청중을 골고루 보는 것이 가장 좋다. 발표하면서 청중 한 명씩 눈을 마주치는 것이다. 1초에 한 명 정도 이동한다는 느낌으로 시선을 처리해보자. 왼쪽에서 오른쪽으로 다시 반대로, 순서는 그리 중요하지 않다. 그러다 한 지점에서 시선을 고정한다. 10초 정도 말을 했다면 다시 시선을 이동한다. 언제 이동하고 어디에서 고정하는지가 중요한 것이 아니다. 하지만 한 쪽만 바라보면 안 되며 스크린이나 큐카드만 봐서도 안 된다. 자연스러운 시선 처리를 연습해보라.

청중을 자연스럽게 쳐다보며 말을 이어 나가기란 엄청난 부담이 될 수 있다. 그래서 연습할 때는 실제 있을 법한 사람의 얼굴 사진을 프린트해서 벽에 붙인다. 왼쪽, 가운데, 오른쪽, 가운데 순서로 번갈아 가면서 시선을 처리하는 훈련을 해본다. 청중의 눈을 쳐다보기가 힘들다면 눈이 아니라 얼굴이나 옷을 보는 것도 좋다. 그러다 시선을 고정했을 때 어떡할지 고민된다면 약간의 공간을 쳐다보면 된다. '과연 도움이 될까?'라는 생각을 하기보다 실제 발표 내용을 낭독하면서 시선 처리 연습을 해보자. 분명 효과가 있을 것이다.

실제 발표를 하게 되면 아무리 연습했더라도 처음 만나는 청중 때문에 당황할 수 있다. 이럴 때는 청중의 좌석 중간중간에 내가 알고 있는 사람을 앉히는 방법이 있다. 나에게 호의적인 시선을 보내주고 발표 중간에 힘내라는 시선을 보내주는 사람이다. 이런 사람이 있으면 발표할 때 큰 힘이 된다. 어디까지나 청중에 대한 부담을 느끼는 사람에게 해당하는 조언이며, 매번 그래야 한다는 말은 아니다. 인상을 쓰거나 팔짱을 끼고 바라보는 사람의 시선을 피하는 것도 방법이다. '왜 저럴까?' 신경 쓰다가 발표의 리듬이 한순간에 흐트러질 수 있다.

"사람의 눈은 혀만큼이나 많은 말을 한다. 게다가 눈으로 하는 말은, 사전이 없어도 누구나 이해할 수 있다." 미국의 시인 랄프 왈도 에머슨(Ralph Waldo Emerson)의 말이다. 때론 눈이 말보다 더 많은 메시지를 전달한다. 긍정적인 마음으로 상대의 눈을 바라보며 이야기해보자. 아무리 단단한 장벽이 있더라도 점차 호감도가 상승하여 마음의 문을 열 것이다. 시선 처리는 자신감과 신뢰의 상징이다. 연습으로 마음의 부담을 덜어내고 지금부터 따뜻한 말과 다정한 눈 맞춤을 시작하자.

# 신뢰감을 높여주는 확실한 제스처

19

'말의 효과를 높이기 위한 손짓과 몸짓', 제스처(Gesture)의 사전적 의미이다. '신체언어'라고도 하는 제스처는 때로 말 이상의 영향력을 발휘한다. 말하는 내용에 흥미를 더해주고 생동감을 준다. "몸은 입으로 하는 말보다 더 많은 것을 이야기해 준다." 미국의 심리학자 레이 버즈위스텔(Ray Birdwhistell)의 말이다. 제스처는 성대의 울림을 통해 나오는 내 목소리에 새로운 모양의 의미를 입혀준다. 그래서 전달력과 진정성을 높이기도 하지만 산만해 보이게도 한다. 소리 없이 하는 말, 제스처를 알아보자.

## 자신감을 표현하는 손짓

중견기업을 운영하는 여성 대표는 늘 당당한 자세가 인상적이다. 유명 연예인이 TV에서 광고하는, 누구나 알만한 가구 회사다. 최근에는 이 대표의 이야기로 제작된 드라마가 큰 인기를 끌기도 했다. 그녀는 항상 허리를 반듯하게 세우고 어깨를 활짝 편 자세로 다닌다. 목소리에는 에너지가 넘치고 상대방과 밝은 목소리로 인사하며 악수를 권한다. 자신의 성공 비결을 "신용을 목숨처럼 소중하게 생각하는 것"이라고 한다. 당당하고 자신감 넘치는 모습은 대표를 신뢰하게 만들고 또 만나고 싶게 한다. 여기에 더해 대화할 때도 자신의 에너지를 제스처로 표현한다. 원칙과 신용을 지키는 당당함과 자신감이 분명한 성공 비결이구나, 생각되는 사람이다.

성공한 사람에게는 자신만의 표현과 자세가 있다. 이 글을 쓰고 있는 지금 이 순간에도 파노라마처럼 떠오르는 리더들이 있다. 그들의 말과 자세에는 항상 여유가 느껴진다. 거만하지 않고 겸손하면서도 분명한 자신감이 제스처로도 많이 표현된다. 모든 제스처에는 목적과 이유가 분명해야 한다. 영화나 드라마를 봐도 장면에 맞는 대사와 동작을 표현한다. 스피치에서도 마찬가지다. 1분이든 1시간이든 내용에 맞는 적절한 제스처는 스피치를 완성한다. 하고 싶은 말을 강조하기 위해 주먹을 불끈 쥐거나 동선을 움직이기도 한다.

하버드 경영대학원 에이미 커디(Amy Cuddy) 교수는 '파워 자세와 호르몬의 변화'에 관한 실험을 했다. 한 그룹은 2분 동안 다리를 쫙 벌리고 두 팔을 쭉 뻗는 등 자신감 넘치는 자세(high-power pose)를, 다른 그룹은 2분 동안 다리를 오므리고 팔을 모으는 등 소극적인 자세(low-power pose)를 취하도록 했다. 양쪽 그룹의 타액을 채취한 결과 '파워 포즈'를 취한 그룹에서 남성호르몬인 테스토스테론이 증가하고, 스트레스에 대항하는 호르몬인 코르티솔이 감소했다. 연구진은 2분 동안 '파워 포즈'를 취하면 자신감은 상승하고 스트레스는 감소한다는 결론을 얻었다.

미국의 심리학자 윌리엄 제임스(William James)는 "생각이 바뀌면 행동이 바뀌고, 행동이 바뀌면 습관이 바뀌고, 습관이 바뀌면 인격이 바뀌고 인격이 바뀌면 운명도 바뀐다"라고 했다. 오늘 나의 생각과 행동이 나의 미래를 바꾼다. 처음에는 조금 어색하더라도 당당하고 확신에 찬 제스처를 취해보라. 점차 스트레스는 줄어들고 자신감과 의욕이 생겨날 것이다. 특히 어려운 자리에서 대화하거나 프레젠테이션을 할 때에도 마찬가지다. 자신감이 느껴지는 당신의 제스처는 청중에게 발표의 신뢰감을 높여준다.

## 승리를 부르는 당당한 몸짓

한국여자프로골프협회(KLPGA) 소속된 프로골퍼가 아카데미를 찾아왔다. 방송에 출연 제안을 여러 차례 받았는데 자신감이 없어서 늘 거절했다고 했다. 한국과 일본에서 선수 생활을 했던 프로는 뛰어난 실력으로 우승할 기회가 몇 번 있었지만, 우승 포즈를 취하고 인사말을 해야 한다는 부담감 때문에 일부러 실수하기도 했단다. 믿기 어려운 이야기였다. 그래서 자신감을 찾고 방송 출연을 위해 보이스 트레이닝과 제스처 사용에 집중했다. 특히 말을 하면서 보여주는 동작이 어색하지 않게 했다. 그 결과 프로는 방송 출연에서 좋은 평가를 받고 자신감을 얻어, 지금은 방송과 유튜브에서 왕성하게 활동하고 있다.

포르투갈의 리스본대학교 토머스 슈버트(T. W. Schubert) 교수는 '주먹을 불끈 쥐는 동작'이 어떤 변화를 일으키는지 확인했다. 그 결과 주먹을 불끈 쥔 남성(평균 = 4.34, 6점 척도)은 그렇지 않은 남성(평균 = 3.94)보다 자신의 입장을 분명하게 밝혔다. 또 주먹을 불끈 쥐면 다른 사람이 자신을 존경할 거라고도 생각했다. 주먹 쥐는 동작만으로 적극적이고 자신감이 생긴다고 자평하는 것이다. 남성에게만 해당하는 실험이지만 심리적으로 위축된다고 생각했을 때 주먹을 한 번 쥐어보자. 마음속에 힘이 생길 것이다.

운동선수들에게 중요한 훈련 중 하나가 긍정적인 이미지 트레이닝이다. 올림픽 같은 한순간을 위해 4년간 끊임없이 반복했던 동작을 머릿속으로 그린다. 기합을 넣기도 하고 자신만의 포즈나 제스처를 취한다. 팀 경기에서는 전체의 사기를 북돋아 주기도 한다. 위의 골프 프로는 말을 하면서 시범을 보이는 연습을 통해 자신감을 얻었다. 아카데미에 찾아오는 여러 운동선수들도 비슷한 경우이다. 이럴 때는 약간 거만해 보일 정도로 자세 훈련을 해서 효과를 본 적도 많다.

## 효율적인 제스처 사용방법

제스처는 공간의 크기와 청중의 수에 따라 크기와 빈도가 달라진다. 청중 앞에 서서 스피치를 할 때는 허리선과 어깨선 사이에서 움직이는 것이 자연스럽다. 좁은 공간이나 탁자에 앉아서 대화나 회의를 할 경우는 작은 손동작 정도가 좋다. 청중이 많고 넓은 공간에서는 팔이 어깨 위까지 올라갈 정도로 큰 제스처를 취하는 것이 효과적이다. 어린 학생들을 대상으로 스피치를 할 경우는 크고 명확한 제스처를 사용하면 좋다. 제스처는 힘없이 하거나 너무 잔 동작이 많으면 집중도를 떨어뜨린다. 제스처는 처음과 끝을 분명하게 하고 발표 내용과 맞게 표현해야 한다.

타이밍도 중요하다. 제스처를 너무 일찍 취하고 말이 늦게 나오면 어색해진다. 보통 말보다 0.5초 정도 먼저 손이 움직여야 한다. 제스처와 말하는 내용이 일치해야 한다. "설명드리겠습니다. 안내해드리겠습니다"라고 할 때는 손을 앞쪽으로 펴야 자연스럽다. "최선을 다하겠습니다. 약속합니다" 등은 힘 있게 주먹을 쥐고 앞쪽으로 올려야 설득력 있다. "첫째, 둘째" 같은 숫자를 표현할 때는 한 손을 올려서 청중이 잘 보이게 해야 한다. 몸 안쪽으로 너무 작거나 소극적으로 보이면 안 된다.

제스처는 생동감이 있어야 한다. 제스처 역시 살아 움직이기 때문에 역동적으로 보여야 한다. 크고 분명해야 하지만 너무 딱딱해 보이면 안 되고 자연스러워야 한다. 그래야 말의 의미를 더욱 강조하고 뒷받침해주는 역할을 할 수 있다. 제스처는 미리 계획하고 연습해야 한다. 준비 없이 갑작스럽게 하면 반복적으로 같은 동작을 계속하거나 아예 움직임이 없을 수도 있다. 제스처로 집중력을 주기 위해서는 순간 멈춤이 필요하다. 예를 들어 손을 들었다면 1~2초 정도 동작을 유지해야 효과가 크다. 강조하고 싶은 말에서는 순간 동작을 멈추면 집중도를 높일 수 있다.

말을 귀로 듣는다면 제스처는 눈으로 보는 제2의 언어다. 때때로 제스처는 말보다 먼저 말을 한다. 몸짓을 통해 긴장감, 친밀감, 자신감, 즐거움 같은 여러 감정을 전달하는 하나의 언어가 된다. 내가 전하고 싶은 메시지를 더욱 분명하게 전달하는 역할을 한다. 내가 전하고자 하는 메시지에 대한 분명한 신념을 가지면 제스처 사용은 어렵지 않다. 대신 자기 확신이 없으면 안 된다. 그때는 발표 연습이 필요하다. 정말 간절하고 스스로 준비되었다면 제스처는 자연스럽게 따라온다. 많은 사람이 사용하는 제스처를 본 적이 있기 때문이다. 청중을 압도하려면 자신감 있는 단 하나의 제스처만으로도 충분하다.

# 제스처 사용을 위한 실전 팁

여러분,
반갑습니다.

확신합니다.
함께 나아갑시다.

화면을
보겠습니다.

여기서 핵심은
첫째,

둘째,

셋째,

최고입니다.
좋습니다.

증가(상승)하고
있습니다.

감소(하락)하고
있습니다.

A와 B를 비교해 보겠습니다.

PART

4

# 스피치를 잘하기 위한
# 발성법

## 나만의 목소리 찾기
## - 발성훈련의 중요성

20

누구나 좋은 목소리를 가지고 싶어 한다. 목소리가 좋은 사람을 만나면 닮고 싶어서 따라 해보기도 한다. 사람의 얼굴 모습이 다르듯이 목소리도 각자 다른 특성을 지닌다. 목소리는 폐에서 호흡을 통해 공기가 성대를 거쳐 나오면서 만들어진다. 그리고 조음기관이라고 하는 혀와 입술, 치아, 입천장에 따라 모음과 자음이 형성된다. 이렇게 소리를 내는 신체의 구조가 같을 수 없으므로 사람들의 목소리가 각기 다르다. 누구를 따라 하기보다 고유한 나만의 목소리를 찾는 것이 가장 중요하다. 발성훈련은 나의 목소리를 찾기 위한 과정이다.

### "내가 발성훈련을 할 필요가 있나요?"

스피치에서 가장 중요한 물리적 요소는 목소리다. 많은 사람들이 목소리는 타고나는 것이라서 바꿀 수 없다고 생각한다. 그러나 결론부터 말하면 "그렇지 않다." 누구나 목소리는 후천적으로 바꿀 수 있고 개선할 수 있다. 성우나 배우처럼 목소리가 중요한 사람들도 훈련을 통해 완성된다. 분명한 것은 꾸준한 연습과 훈련을 통해 바뀔 수 있다는 사실이다. 미국의 링컨 대통령이나 영국의 처칠 수상도 목소리에 약점이 있었고, 이를 극복하기 위해 노력한 결과 명연설을 할 수 있었다. 우리도 할 수 있다.

동일한 아카데미에서 보이스트레이닝 강의를 들으면 음색이 비슷해지기도 한다. 강사들도 출신 아카데미에 따라 목소리가 비슷한 경우도 있다. 아카데미를 찾는 일반인이 봤을 때는 인위적이거나 부담스러울 수 있다. "내가 아나운서가 되려는 것도 아닌데, 목소리를 저렇게 만들 필요가 있을까요?"라고 묻는 사람도 있다. 아나운서나 스피치 강사 같은 목소리를 낼 필요는 없다. 발성훈련이 뒷받침되지 않는다면 하루종일 아나운서 성대모사만 하는 것과 같다. 누구나 자신의 고유한 목소리를 가지고 있고, 발성훈련을 통해 이를 개발해야 한다. 나만의 목소리는 소중하고 다른 사람에게 충분히 매력적이다.

목소리는 성량, 음폭, 음질, 음색이라는 속성이 있다. 성량은 목소리의 크기와 양을 말한다. 마이크의 도움을 받기 때문에 성량이 중요하지 않다고 생각할 수도 있지만, 목소리에 충분한 힘이 있고 없고의 차이는 마이크를 사용해도 분명 다르게 나타난다. 음폭은 낼 수 있는 최저음에서 최고음까지의 넓이를 말한다. 음폭이 좁으면 밋밋하고 지루하다. 위급할 때는 "살려주세요!"라고 높은 '도' 음으로 말해야 한다. 음질은 목소리의 선명한 정도, 음색은 음성의 특색을 말한다. 발성훈련을 꾸준히 하면 목소리에 자신만의 개성이 나타난다. 목소리의 속성에 대한 이해도 발성훈련에 중요하다.

발성훈련을 한다고 하면 호흡법을 통해 부드럽게 허밍하는 연습을 많이 한다. 하지만 필자는 일반인의 경우 힘 있게 소리 내는 발성훈련을 먼저 권한다. 호흡법을 통해 강하게 끊어서 소리를 만들어 내는 '스타카토' 발성훈련이 필요하다. 이를 통해 목소리의 성량을 빠르게 키우고 자신감을 얻는다. 자신이 몰랐던 목소리의 음색도 느낄 수 있다. 이렇게 '힘 있는 발성훈련'은 일상생활의 모든 대화에서 가장 빠르게 효과를 보는 방법이다. 호흡법과 발성훈련법은 다음 장에서 구체적으로 소개하겠다.

## 목소리에 숨겨진 사회적 지위

데모스테네스(Demosthenes, BC 384년~BC 322년)는 고대 그리스 아테네의 저명한 정치가이자 웅변가이다. 그리스에서는 사람의 마음을 얻기 위해 연설을 해야 했다. 억울한 누명을 벗기 위해 아고라 광장에 모여 각자 연설을 하면 동의하는 쪽에 돌을 던져 지지를 표했다.

데모스테네스는 일곱 살 때 아버지를 잃었다. 그의 큰아버지는 유산을 관리해 주겠다며 전 재산을 가로챘다. 데모스테네스는 잃어버린 재산을 되찾기 위해 웅변술을 익혔지만, 선천적으로 목소리가 작아서 말이 잘 들리지 않았다. 게다가 말을 더듬고 허약체질로 금세 숨이 차서 말을 길게 하지 못했다.

첫 연설은 군중들의 야유를 받으며 실패로 끝났다. 두 번째 연설역시 아무도 들으려고 하지 않았다. 그러나 데모스테네스는 포기하지 않고 힘 있는 목소리를 낼 수 있도록 혹독하게 노력했다. 말더듬증과 부정확한 발음을 교정하기 위해 지하실에서 몇 달 동안 조약돌을 입에 물고 연습했다. 짧은 호흡을 개선하기 위해서 언덕을 달리다가 숨이 차면 연설을 시작하는 연습을 했다. 말할 때마다 왼쪽 어깨가 올라가는 습관을 고치려고 어깨 위에 칼을 매달았다. 이러한 노력 끝에 데모스테네스는 뛰어난 웅변가가 되었고 수많은 재판에서 이겼다. 그는 아테네에서 가장 뛰어난 10대 웅변가 중 한 명으로 꼽힌다.

고대 그리스의 웅변가 이야기라고 해도 시사하는 점이 크다. 사람은 누구나 말을 잘하고 싶고 좋은 목소리를 가지고 싶어 한다는 사실이다. 이것이 곧 돈이자 권력이 되었기 때문이다. 혹시 발표 때문에, 목소리 때문에 실패하거나 포기했던 경험이 있는가? 어깨 위에 칼을 메다는 위험한 행동까지는 하지 않아도 된다. 대신 이 책을 읽어보고 생활 속에서 꾸준히 실천해보라. 오랜 시간 많은 수강생들을 만나며 그들이 변하고 인생이 변하는 것을 지켜봤다. 당신도 달라질 수 있다.

2013년 미국 듀크 대학교 연구팀은 목소리의 음폭과 최고경영자(CEO)의 성공 관계를 연구했다. 미국 792개 기업 최고경영자의 목소리와 해당 기업의 경영지표를 먼저 분석했다. 중간 평균값으로 '음폭 125.5Hz', '연봉 370만 달러', '나이 56세', '재직기간 5년'으로 나타났다. 분석 결과 목소리의 중간 평균값보다 음폭이 낮은 최고경영자일수록 규모가 큰 기업에 연봉도 높고 재직기간도 더 길었다. 다른 모든 변수를 통제하고 목소리만으로 분석했지만 목소리와 최고경영자의 경력이 연관 있다는 결과가 도출되었다.

이처럼 목소리는 콘텐츠보다 중요한 역할을 하기도 한다. 목소리만 듣고도 그 사람이 '좋다, 나쁘다' 판단하는 경우까지 있다. 목소리가 좋다면 사회생활에서 유리한 것은 사실이지만, 그 반대의 경우라고 무조건 불리한 것은 아니다. 대신 좋은 목소리를 가지고 해야 할 말을 제때 해야 한다. 상대방과 논쟁할 때도 무조건 큰 소리로 말하는 것은 좋지 않다. 목소리가 높아지면 심장이 뛰고 쉽게 흥분하기 때문이다. 목소리를 낮추고 단호하게 말해야 한다. 목소리는 어떻게든 우리에게 영향을 끼친다. 그래서 목소리를 끊임없이 개발하기 위해 노력해야 한다.

## 교사의 목소리는 학생의 미래다

대학에서 강의를 하는 여성이 아카데미를 찾았다. 교수로서 학생들 앞에서 강의할 때 목소리가 작아서 전달이 제대로 안 된다는 피드백을 받았다고 했다. 목소리가 매우 가늘고 작아서 조금만 소리를 높이면 금방 목이 쉬고 잠겼다. 그래서 호흡법과 발성훈련을 병행하며 성량을 키워나갔다. 워낙 목소리가 작아서 시간이 필요했지만 꾸준한 트레이닝으로 단단하고 큰 목소리를 만들었다. 이제는 오랜 시간 강의를 해도 목이 아프지 않다고 했다. 목으로 소리를 내지 않고 울림과 힘이 있는 목소리로 변한 것이다. 덕분에 학생들에게 좋은 강의 평가를 받게 되었다.

교사나 교수같이 강의를 하는 사람들은 말을 많이 하는 직업군에 속한다. 하루에 절반 이상을 강의할 때도 있어 몸도 마음도 쉽게 지친다. 특히 유치원과 초등학교 교사는 목소리에 에너지가 더 많이 필요하다. 유아나 어린이와 소통하려면 높은 톤으로 말해야 하기 때문이다. 그러다 보면 성대가 상하고 인후질환을 얻을 수 있다. 병원을 찾으면 말을 많이 하지 말고 목을 쉬게 해주라고 한다. 그런데 말을 목으로 하기 때문에 힘이 드는 것이다. 목에 이물질이 걸린 것처럼 불편하고 기침이 난다. 노래를 부르거나 말하는 것도 마찬가지로 배에서 하는 복식호흡을 통해 소리를 내야 아프지 않다.

가톨릭대학교 서울성모병원 김형렬 교수 연구팀이 2016년 전국의 초 · 중 · 고 63곳에 재직 중인 교사 1,301명을 대상으로 목소리 이상 관련 조사를 실시했다. 연구결과는 직업병 분야 국제 학술지(직업과 환경의학 보고서)에 소개됐다. 연구에서 초등 교사의 주 1회 이상 목소리 이상률이 중등교사보다 높았다. 또 중학교 교사의 잦은 목소리 이상률은 고등학교 교사(일반계, 실업계 포함)의 1.3배였다. 교사의 성별도 목소리 이상률에 영향을 미쳤는데 여성 교사의 목소리 이상률이 남성 교사에 비해 2.8배였다(한국식품커뮤니케이션포럼[KOFRUM]의 관련 내용 발췌).

연구결과를 보면 어린 학생들을 가르치는 여성 교사의 목소리 이상률이 높았다. 어린이들을 교육하기 위해 더 높은 톤의 목소리를 사용하기 때문이다. 더 멀리까지 들리게 하기 위해 목에 힘을 주는 것도 원인이다. 목을 아예 쓰지 않고 말을 할 수는 없다. 대신 불필요한 힘을 줄이고 편안하게 말해야 한다. 교사의 목소리는 개인의 삶의 질뿐만 아니라 학생들의 학업성적에도 중요한 역할을 한다. 교사의 목소리가 학생들의 학업 집중력과 이해도에 영향을 준다는 연구결과도 있다. 목이 아프다고 선생님이 할 말을 안 한다면 어떻게 되겠는가? 선생님들을 포함해서 목소리가 중요한 사람들에게 발성훈련을 꼭 권하고 싶다.

좋은 목소리를 갖기 위해서는 평소에 꾸준히 노력해야 한다. 자신의 목소리를 파악하고 점검하는 것이 필요하다. 먼저 내 목소리의 음폭을 파악하고 천천히 넓히는 것이 중요하다. 좋은 음식도 많이 먹으면 탈이 나듯이 처음부터 무리하게 음을 높이면 오히려 나빠질 수 있다. 발성훈련은 워밍업을 해주면서 서서히 소리의 단계를 올려야 한다.

나만의 고유한 목소리가 바로 좋은 목소리다. 사람의 얼굴이 각자의 생김생김에 매력이 있는 것처럼 말이다. 잘생기고 예쁘기 위해서 모든 사람이 성형하지는 않는다. 얼굴은 웃으면 되고, 목소리는 발성훈련을 하면 된다. 나만의 매력적인 목소리로 상대방을 감동시키자.

# 발성훈련으로 얻는 효과들

21

갓 태어난 아기들은 우렁차게 울음소리를 내며 세상을 처음 만난다. 체구는 작지만 최대한 크고 힘이 닿는 데까지 울음소리를 내며 자신의 존재감을 드러낸다. 이처럼 우리는 태어날 때부터 크게 소리를 냈지만 잘못된 습관으로 목소리가 변하게 된다. 직업적으로 말을 많이 하는 성인들은 잘못된 발성법으로 음성질환에 걸리기도 한다. 목소리를 관리하려면 꾸준히 발성훈련을 해야 한다. 좋은 목소리 외에도 꾸준한 발성훈련으로 얻을 수 있는 부수적인 효과들이 있다.

## 스트레스 해소

1997년 다이애나 왕세자비가 교통사고로 숨졌을 때 영국은 눈물바다가 되었다. 신기하게도 이 사건 이후 영국의 정신병원과 심리센터를 방문한 우울증 환자 수가 절반으로 감소했다. 이른바 '다이애나 효과(Diana effect)'다. 다이애나의 죽음을 애도하면서 개인의 감정과 스트레스, 분노, 아픔까지 눈물로 흘려보낸 것이다. 많은 정신과 의사들은 "이런 현상이 실제로 눈물 덕분에 카타르시스를 느끼고 우울증을 해소하는 효과를 가져왔다"라고 설명했다.

큰 소리로 울고 나면 왠지 속이 후련해지는 경험을 다들 해봤을 것이다. 큰 소리를 내면 횡격막이 움직이는 자율신경에 자극을 주기 때문이다. 큰 소리로 울거나 소리를 지르면 몸의 에너지를 사용해서 후련해지는 느낌을 받는다. 아카데미를 찾는 수강생 대부분은 발성 훈련을 하면 몸이 개운해지고 기분이 좋아진다고 한다. 다이애나 효과처럼 크게 울거나 맘껏 눈물을 흘려도 좋다. 큰 소리를 내는 발성 훈련은 분명 스트레스를 해소시켜 줄 것이다.

드라마를 보면 스트레스를 해소하기 위해 노래방에서 있는 힘껏 노래를 부르는 장면이 자주 나온다. 실제로 노래 부르는 것이 우울증 극복에 도움이 된다는 연구가 있다. 영국 런던의 퍼포먼스 사이언스 센터 연구진은 출산 후 우울증이 생긴 여성 134명을 세 그룹으로 나누어 연구를 진행했다. 연구진은 노래 치료, 놀이 치료, 일반적 우울증 치료 그룹으로 나누어 이들을 관찰한 결과, 노래 치료를 받은 그룹이 다른 그룹보다 훨씬 빨리 산후 우울증을 극복하는 것으로 드러났다. 소리를 내는 행위는 감정을 표현하고 스트레스를 이완시키는 데 도움이 된다.

기분이 좋지 않을 때, 스트레스를 받을 때 이를 해소하는 방법은 여러 가지가 있다. 목소리를 관리하기 위해 발성훈련을 하면서 스트레스도 해소된다면 금상첨화가 아니겠는가. 아카데미의 발성훈련 내용은 긍정적이고 행복함을 주는 문구가 많다. 발성훈련은 그 자체로도 좋지만 내가 외친 좋은 표현을 내게 다시 들려주는 효과도 있다. 즉, 긍정적인 자기암시 효과가 생기고 자연스럽게 스트레스도 해소된다.

## 다이어트 효과

우리는 건강하고 날씬한 몸을 만들기 위해 많은 시간과 노력을 투자한다. 복식호흡을 통한 발성훈련은 혈액순환을 활발하게 해준다. 신진대사가 활발해지고 체지방이 감소하는 효과를 얻는다. 복식호흡은 흉식호흡보다 2배 이상 많은 칼로리를 소모한다. 배 근육을 이용한 호흡이라 뱃살 관리에도 좋다. 복식호흡 한 시간은 걷기 25분, 자전거 타기 30분과 동일한 칼로리를 소모한다. 긴장 이완과 집중력 향상, 다이어트에도 도움이 된다.

복식호흡 발성훈련은 소화불량과 변비에도 효과적이다. 배를 부풀린 상태를 유지하면서 배 근육으로 숨을 들이쉬고 내쉬며 복압(복부 내부 압력)을 단련시켜 '복압호흡'이라고도 한다. 배를 부풀린 상태를 유지하고 숨쉬기를 하는 방법이다. 미국 스탠퍼드대학교 스포츠 의학 센터에서 운동선수들의 피로회복과 피로 예방 운동법이기도 하다. 복식호흡을 통해 소리를 밖으로 내보내는 발성훈련은 몸 안에 찌꺼기를 배출하는 것이다. 즉, 몸속의 이산화탄소를 빠르게 배출시키는 것이다. 복압은 대장에 자극을 주어 소화와 흡수, 배설 작용이 원활하게 하는 효과도 있다.

호흡법에는 크게 흉식호흡과 복식호흡 두 가지가 있다. 많은 성인들이 흉식호흡을 한다. 흉식호흡은 숨을 마실 때 가슴이 팽창하고, 쇄골 부위는 움푹 들어가고 어깨가 올라가는 호흡이다. 복식호흡은 숨을 마실 때 횡격막을 아래로 밀어내고 상복부만 부풀게 하는 호흡법이다. 상계백병원 정신건강의학과 손보경 교수는 "복식호흡은 깊고 느리게 숨을 쉬면서 교감 신경계의 긴장을 완화하고, 카테콜아민, 코르티솔 같은 스트레스 호르몬 방출을 감소시키며, 부교감 신경계 활동을 촉진시켜 심박수 저하, 정서 안정에 긍정적 효과를 줄 수 있다"고 설명한다.

한국생명과학회지에 따르면 건강한 성인 20명을 대상으로 12주간 매일 6시간씩 복식호흡을 하게 했더니, 다른 운동은 전혀 하지 않았는데도 체중이 1.4$kg$ 감소했다는 연구결과가 있다. 해당 연구에서 복식호흡 대상자는 체중 외에 체지방률, 체질량지수, 복부비만율도 유의미하게 감소했다. 복식호흡은 발성훈련의 가장 기초이다. 올바른 호흡법으로 숨을 들이마시고 내쉬어야 제대로 발성을 할 수 있다.

# 질병을 예방하는 발성훈련

충북도립대학교 조동욱 교수는 우리나라의 생체신호분석 전문가이다. 2007년 김정일 전 북한 국방위원장의 음성을 분석해 심장에 심각한 이상을 알아낸 것으로도 유명하다. 조 교수는 심장에 이상이 생기면 말의 특정 발음이 부정확해진다고 말다. 특히 혀와 관련된 설음(舌音) '나, 다, 라'처럼 혀를 부딪치는 소리가 어눌해진다는 것이다. 이는 생체신호분석 분야에서 심장이 이상이 있는지를 판단하는 근거가 된다. 음성이나 얼굴색 등 다양한 생체신호 또한 건강과 감정 상태를 알려주는 중요한 매개체라고 했다.

자신의 발음이 이상하다고 해서 심장에 문제가 있다고 생각할 필요는 없다. 사람의 귀로 듣는 것이 아니라 전문적으로 음성신호를 분석하기 때문이다. 조 교수는 심장질환이 있는 남녀 각각 30명과 정상인 남녀 각각 30명의 '음성 주파수 대역폭'을 비교 분석했다. 그 결과 심장질환이 있는 집단이 정상 집단보다 2배가량 높은 것으로 확인됐다. 즉, 심장 질환자 집단의 소리 주파수가 불규칙적이고 음성이 불안정했다. 강동경희대학병원 사상체질과 김달래 교수는 "심장에 병이 있으면 폐활량이 적어 발음 능력이 떨어질 수 있다"라고 말했다.

미국 뉴저지 주(州) 데이비스 센터에는 나이, 성별, 인체 정보 등더 많은 정보가 목소리에 들어 있다는 연구결과가 있다. 이곳에서는 목소리를 분석해 질병 진단과 치료에 목소리 분석을 활용하고 있다. 목소리의 고유 파장이 신체의 세포 기관과 상호작용을 하기 때문에 목소리로 몸의 상태를 알 수 있다고 한다. 데이비스 센터에서는 이를 통해 학습장애와 자폐증, 주의력 결핍증 등을 치료해 왔다. 자신의 목소리를 직접 들으면서 스스로 목소리를 조절하는 두뇌 강화 치료법도 있다고 한다.

데이비스 센터의 창립자 도린 데이비스 (Dorinne S. Davis) 박사는 "우리의 두뇌는 몸 전체의 세포 구조가 어떻게 느끼고 진동하는지 잘 알고 있으며 목소리가 이를 대표한다"라고 말했다. 즉, 목소리가 우리 몸에 대해 말해주는 것이다. 우리나라에는 이런 연구센터가 아직 활성화되지 않았다. 영화 '아일랜드(The Island)'에는 말을 하면 목소리를 분석해 건강상태를 알려주는 장면이 나온다. 이렇게 우리의 목소리를 통해 질병을 분석하고 예방할 수 있는 시대가 올 것이다.

발성훈련으로 얻을 수 있는 다양한 효과가 있다. 목소리 교정이나 발표 능력을 높이기 위해 시작한 발성훈련을 꾸준히 하다 보면 스트레스 해소, 다이어트, 질병 예방에도 좋은 효과를 얻어 건강도 지킬 수 있다. 한번 주름진 피부는 회복하기 힘들지만 목소리는 제대로 연습하면 계속 건강해질 수 있다. 평소 자신의 목소리에 귀를 기울이고 관심을 갖자. 에너지가 넘치고 매력적인 목소리로 건강한 삶을 살자.

'위가 콕콕 쑤시듯 아프다.' '간이 묵직하게 느껴진다.' 등 몸속 장기에서 이상반응을 느낄 때가 있을 것이다. 여기 평소에 장기를 보호하고 튼튼하게 하는 방법이 있다. 몸속에서부터 에너지를 끌어올려 모음을 길게 소리 내는 '음성내공법'은 서양의 학계에서 토닝(toning)이라고도 한다. 토닝은 놀라운 치유력을 가진 것으로 알려졌다. 미국 음악, 교육, 건강연구소 돈 캠벨 박사는 "토닝이 신체에 산소를 공급하고 호흡을 깊게 하며 근육을 이완시키고 에너지 흐름을 촉진시킨다"라고 했다.

### 1. 심장을 강화하는 소리: 아~

'아'는 심장과 연결되어 있는 소리로 내부의 에너지가 거침없이 밖으로 터져 나오는 소리이다. 스트레스를 받아 가슴이 답답할 때 손을 얹고 길게 "아~" 하고 소리를 내면 심장에 정체된 화(火) 기운이 빠져나가면서 가슴이 시원하고 편안해진다. 공기가 맑은 산 위에서 한다면 심장의 독소 배출에 더욱 효과적이다.

### 2. 폐를 강화하는 소리: 허~

소리를 내보면 가슴이 이내 시원해짐을 느낄 수 있다. 독소를 배출해 폐를 시원하게 할 뿐만 아니라 긴장으로 굳어 있던 가슴과 어깨 주위의 근육도 편안하게 이완된다. 이 소리는 길게 내기가 곤란하므로 짧게 반복해서 소리 내는 것이 요령이다. 특히 흡연자들에게 좋은 방법이다.

### 3. 간장을 강화하는 소리: 이~

소리를 내보면 가슴에서 옆구리를 지나 척추까지 울리는 느낌을 받을 수 있다. '이~' 소리를 내는 소리 수련을 꾸준히 하면 해독작용을 하는 간을 건강하게 만들어 피로회복 능력이 좋아진다.

### 4. 위장을 강화하는 소리: 어~

소리를 내보면 가슴을 타고 내려가 왼쪽 옆구리에 자극을 느낄 수 있다. 점심을 먹고 나른하고 집중이 되지 않을 때는 "어~" 소리를 길게 여러 번 내면 위의 소화능력을 도와 식곤증에서 빨리 탈출할 수 있다.

### 5. 방광과 신장을 강화하는 소리: 우~

소리를 내보면 아랫배에 힘이 들어간다. 아랫배 단전을 튼튼하게 해주는 소리이다. 방광과 신장을 울려 막혔던 등줄기를 시원하게 풀어주는 소리이기도 하다.

*참조:《두뇌의 힘을 키우는 5분 뇌호흡 일지》이승헌 저

# 발성을 잘하기 위한 복식호흡법

22

호흡은(breathing)은 산소를 들이마시고 이산화탄소를 내뱉는 행위이다. 스피치의 발성훈련에서 호흡은 에너지를 공급하는 역할을 한다. 호흡은 크게 쇄골호흡, 흉식호흡, 복식호흡, 단전호흡으로 나뉘는데 스피치에 필요한 호흡은 '복식호흡'이다. 말을 할 때는 편안하고 안정적인 호흡이 중요하기 때문이다. 호흡이 불안정하면 말이 끊기고 흐름이 불안정해진다. 자신의 호흡으로 청중을 자연스럽게 이끌어야 한다. 발표의 흐름도, 실제의 숨소리도 말이다. 편안하고 안정적인 복식호흡 방법에 대해 알아보자.

## 목소리의 원동력, 호흡

호흡은 목소리와 깊은 관계가 있다. 목소리를 만드는 데 가장 중요한 것이 호흡이다. 목소리는 폐에서 나오는 공기가 성대를 지나갈 때 형성된다. 호흡의 길이와 깊이에 따라 목소리의 힘을 자유롭게 조절할 수 있다. 긴 호흡은 숨을 폐 안에 깊게 들이마시고 길게 내쉬는 것이다. 호흡이 길면 말할 때 여유가 있고 목소리의 톤 조절이 가능하다. 반대로 짧은 호흡은 숨을 조금 들이마시고 짧게 내쉬는 것이다. 이렇게 말하면 중간중간 말이 끊기고 숨이 차서 말끝을 흐리게 된다. 말더듬 증상도 짧거나 불규칙적인 호흡 때문에 생기는 것이다.

호흡은 1분에 12~20회가 일반적이다. 호흡은 마시기, 내쉬기, 멈춤의 비율이 1:1:1이다. 내쉬기는 멈춤을 포함하므로 1:2 비율이 되기도 한다. 호흡은 연습할수록 길어지며 생명과도 직접적인 연관이 있다. 가급적 천천히 들이마시고 내쉬는 호흡이 건강에 좋다. 호흡이 성대를 거쳐 입안의 조음기관을 통해 나오면 목소리가 된다. 호흡을 통한 발성훈련은 목소리를 깨끗하게 만들고 편안한 울림을 형성한다.

호흡은 스피치뿐 아니라 운동이나 노래, 악기 연주에도 중요하다. 운동할 때 규칙적인 호흡조절이 제대로 이루어지면 장시간 좋은 체력을 유지할 수 있다. 특히 마라톤 선수들은 처음에 걷기와 호흡훈련을 병행한다. 장거리를 달릴 때 호흡조절이 안되면 중도에 포기하게 된다. 처음에는 1분만 뛰어도 숨이 차서 힘들어하던 사람이 5시간까지 뛸 수 있게 되기도 했다. 호흡훈련이 병행되었기 때문이다.

악기를 불 때도 숨을 들이마시고 내쉬면서 호흡을 악기에 불어넣어야 제대로 소리가 난다. 악기의 소리도 호흡의 세기로 조절된다.

복식호흡의 첫 번째 장점은 목소리에 힘이 생기는 것이다. 입에서 배까지 많은 공기를 저장할 수 있기 때문이다. 저장할 수 있는 공기는 대략 2리터 정도로, 저장된 호흡이 충분하면 스스로 소리의 크기를 자유롭게 조절할 수 있다. 두 번째로 성대가 쉽게 상하지 않는다. 흉식호흡은 목이나 어깨에 힘을 주고 소리를 내기 때문에 목이 금방 상하거나 쉰다. 최대한 목과 성대에 무리가 되지 않고 배의 근육을 이용해서 목소리를 내면 목소리의 강약을 조절할 수 있다.

## 복식호흡에 대한 이해

복식호흡은 누구나 한 번쯤은 들어봤지만 하는 방법을 잘 몰라서 금방 포기하고 만다. 그러나 생동감 있는 목소리를 내려면 복식호흡을 통한 발성법은 필수이다. 어떤 목소리를 내느냐를 결정하는 것이 바로 호흡법이기 때문이다. 흉식호흡은 가슴으로 숨을 쉬는 얕은 호흡, 복식호흡은 배의 근육을 이용한 깊은 호흡이다. 복식호흡은 흉식호흡보다 약 30% 많은 공기를 확보할 수 있다. 호흡량이 많으면 폐에서 성대까지 가는 공기압력이 높아져, 성대를 무리하게 사용하지 않고 편안하게 소리 낼 수 있다.

복식호흡은 코로 숨을 들이마시고 배를 중심으로 공기를 폐에 충분하게 넣는다. 숨을 깊이 쉬기 때문에 에너지가 많이 필요하다. 복식호흡은 소리의 세기를 자유자재로 조절해서 다양한 소리의 변화를 줄 수 있고, 목소리 성량도 풍부하게 만든다. 목에서 억지로 나오는 소리는 좋은 발성이 아니다. 뱃속 깊은 곳에서 공기가 힘차게 밖으로 나와야 좋은 목소리를 낼 수 있다. 횡격막을 내려서 폐에 공기를 넣었다가 내보낸다.

복식호흡의 기본은 입을 크게 벌리는 것이다. 숨을 들이마실 때 배가 불룩해진다고 생각하면 쉽다. 숨을 내쉴 때는 불룩해진 배가 들어간다. 평소에 입안을 동그랗게 만들고 공간을 최대한 넓혀줘야 한다. 동굴에 들어가면 소리가 울려 퍼지는 것 같은 효과다. 이 상태로 목의 아치를 최대한 열어서 발성을 하면 힘 있고 울림 있는 소리가 난다. 복식호흡을 통한 발성이다. 거울을 보면서 입을 크게 벌려서 아치가 보이는지 확인하고 "아~" 하고 연습해 본다.

목소리를 구성하는 세 가지 요소는 호흡, 발성, 발음이다. 여기에 공명(共鳴)이 더해져 좋은 목소리가 완성된다. 이 셋은 서로 밀접한 관계 안에서 목소리를 내는 데 큰 역할을 한다. 미국의 목소리 전문가이자 이비인후과 의사인 모튼 쿠퍼 박사(morton cooper)는 "왠지 끌리는 사람이 있다면 그 사람의 목소리를 주목하라"라고 할 만큼 목소리와 호감도의 연관성을 강조했다. 좋은 목소리를 갖기 위해서는 복식호흡법이 뒷받침되어야 한다.

## 복식호흡 트레이닝 방법

### 1. 앉은 자세 or 선 자세

턱을 당기고 등을 곧게 펴고 어깨 힘을 빼고 두 발은 어깨너비로 벌리고 선다. 양손을 단전(배꼽 아래 약 5cm)에 올리고 아랫배가 부풀어 오르도록 코로 숨을 쉰다. 들이마실 때는 4초 정도, 내쉴 때는 8초 정도 내쉬며 하루 10~15회 정도 한다. 이때 어깨와 가슴이 위로 올라가지 않도록 주의한다.

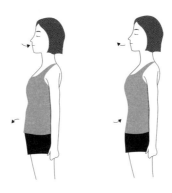

사무실에 앉아 있을 때나 TV를 보면서도 할 수 있는 호흡법이다. 코로 숨을 천천히 들이마셔서 모든 공기를 단전에 모이게 한다. 중요한 것은 모든 공기를 모두 아랫배로 내려가게 해야 한다. 단전에 숨을 넣고 참는 연습을 10초에서 시작하여 1분까지 늘려간다. 그리고 10초에 걸쳐 천천히 내뱉는다. 시간을 늘려가면서 반복적으로 실습한다.

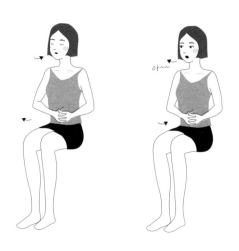

## 2. 누워서 하기

복식호흡은 선 자세보다 누운 자세가 연습하기가 쉽다. 바닥에 반듯이 누워 숨을 천천히 들이쉬면서 아랫배를 부풀린다. 모인 호흡을 천천히 입으로 내쉬며 배를 수축시킨다. 들이마실 때는 4초 정도, 내쉴 때는 8초 정도, 하루 10~15회 정도 한다. 이때 호흡이 잘 느껴지지 않는다면 배 위에 책을 올려놓고 움직임을 느껴보는 것도 효과적이다. 복식호흡은 조급해하지 않고 꾸준한 연습이 필요하다.

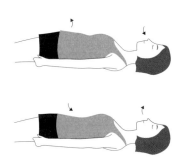

## 3. 복식호흡하면서 발성

### 한 음절 발성

① 어깨와 목에 힘을 빼고 양손을 배 위에 올려놓는다. 턱을 당기고 코로만 숨을 들이마시고 배에 숨을 가득 채운다. 순식간에 배를 수축시키면서 그 힘으로 "아!" 하고 내뱉는다.

아! 아! 아! 아! 아! (5회 반복)

② 코로 숨을 들이마신 후 입을 크게 벌리고 "하~" 하고 서서히 소리를 내보내며 발성훈련을 한다.

● 하~~ 아~~ 하~~ 아~~ (3초간 5회 반복)

● 하~~ 아~~ 하~~ 아~~ (5초간 5회 반복)

③ 누운 자세에서 양손을 배 위에 올려놓고 "후~" 하고 호흡을 내쉰다.

● 5초간 들이마시고, 2초간 멈추고, 7초간 내쉰다.

● 2초간 들이마시고, 4초간 멈추고, 10초간 내쉰다.

● 빠르게 들이마시고 내쉬기를 반복한다.

● 후~~ 후~~ 후~~ 후~~ 후~~

④ 한 음절씩 짧게 반복하여 발성한다.

한 음절마다 한 번씩 복식호흡을 이용해서 배의 수축과 이완을 반복한다. 연습할수록 소리에 힘이 생기고 자연스러워진다.

● 아- 아- 아- / 에- 에- 에- / 이-이-이- / 오-오-오- 우-우-우-

● 아-에-이-오-우- / 아-에-이-오-우- (2회 반복)

**호흡조절 실습**

① 단문장 읽기- 문장을 소리 내어 읽어본다. 숨을 들이마시고 한 호흡에 쉬지 않고 읽는다.

- 저 콩깍지는 깐 콩깍지냐 안 깐 콩깍지냐
- 저분은 백 법학박사이고 이분은 박 법학박사이다
- 세척력과 헹굼성이 뛰어난 항균 구김 방지 색바램 방지 효과
- 찐빵집의 저 찐빵은 냄비에 찐 찐빵이냐 레인지에 찐 찐빵이냐
- 고려고 교복은 고급 교복이고 고려고 교복은 고급 원단을 사용했다

② 생활 언어- 숨을 들이마시고 내쉬면서 반복해서 연습한다.

- 안녕하십니까
- 반갑습니다
- 알겠습니다
- 고맙습니다

③ 긴 문장 읽기- 긴 문장을 소리 내어 읽는다. 숨을 들이마시고 한 호흡에 말해본다.

- 목소리가 좋고 화술에 능한 사람은 누군가를 만날 때 자신감을 가지고 출발할 수 있다. 대화를 할 때도 말의 핵심을 잘 전달하여 중요한 요소요소에 자신이 원하는 것을 강조할 수 있다. 좋은 목소리는 호흡, 발성, 발음, 공명을 통해 만들어진다.

호흡은 들이마시는 들숨과 내쉬는 날숨으로 구분한다. '먹는 목소리', '들어가는 목소리'라는 표현을 들어봤을 것이다. 들숨에 말을 하면 먹는 소리가 된다. 그래서 깊고 안정적인 호흡으로 정확하게 발성하는 것이 중요하다. 날숨에 맞춘 발성은 성대에 무리가 없는 건강한 발성이다. 누가 들숨에 말하냐고 생각할 수 있지만, 긴장하면 실제 들숨에 말을 하는 나를 발견할 수 있다.

이제 몸의 긴장을 풀고 복식호흡을 통해 건강하고 생동감 넘치는 목소리를 내보자. 복식호흡을 통한 발성으로 누구나 울림이 있는 좋은 목소리를 만들 수 있다.

# 발성훈련을 하면
# 목소리에 힘이 생긴다

23

좋은 목소리에는 힘이 있다. 좋은 목소리는 자신만의 색깔이 분명한 독창적인 음색이다. 독창적이라고 해서 특이하다는 뜻은 아니다. 자신의 여러 신체 기관의 생김으로 만들어낼 수 있는 가장 건강한 소리라는 의미이다. 힘이 있는 건강한 목소리는 다양한 음역 대로 말할 수 있다. 깊고 넓기 때문에 그 울림도 크다. 발성훈련은 내 목소리를 건강하게 만들어 줄 수 있는 가장 좋은 방법이다. 내 목소리의 건강을 평생 책임질 수 있는 기초가 되는 발성훈련 방법을 알아보자.

## 음계 발성

크게 하품할 때처럼 입안의 공간을 최대한으로 넓혀 "아" 소리를 내보자. 이것을 '아' 발성이라고 한다. '아' 발성을 하면서 소리의 울림을 느껴보자. 음계 발성은 '아' 발성으로 낮은음 '도'에서 높은음 '도'까지 소리를 키워가는 발성법이다. 천천히 연습해보고 반대로 높은 '도'에서 낮은 '도'로 내려가면서 발성한다. 소리의 성량과 깊이를 키우고 싶을 때 기초 발성인 '아' 발성부터 연습한다. 호흡을 나눠가면서 '아' 발성을 원하는 시간만큼 해보자. 처음에는 금방 숨이 차겠지만 차근차근히 연습하자. 숙련자는 20초 정도까지 가능하다.

## 음계를 활용한 목소리톤 발성연습

'아' 발성으로 음계를 이용해서 낮은 '도'까지 소리를 키워가면서 발성을 한다.

## 음계 발성

|  | 1초 | 2초 | 3초 | 4초 | 5초 | 6초 | 7초 | 8초 | 9초 | 10초 | 11초 | 12초 | 비고 |
|---|---|---|---|---|---|---|---|---|---|---|---|---|---|
| 아 | ~ | ~ | ~ | ~ | ~ |  |  |  |  |  |  |  | (낮은)도 |
| 아 | ~ | ~ | ~ | ~ | ~ |  |  |  |  |  |  |  | 레 |
| 아 | ~ | ~ | ~ | ~ | ~ | ~ | ~ |  |  |  |  |  | 미 |
| 아 | ~ | ~ | ~ | ~ | ~ | ~ | ~ |  |  |  |  |  | 파 |
| 아 | ~ | ~ | ~ | ~ | ~ | ~ | ~ | ~ | ~ | ~ |  |  | 솔 |
| 아 | ~ | ~ | ~ | ~ | ~ | ~ | ~ | ~ | ~ |  |  |  | 라 |
| 아 | ~ | ~ | ~ | ~ | ~ | ~ | ~ | ~ | ~ | ~ | ~ |  | 시 |
| 아 | ~ | ~ | ~ | ~ | ~ | ~ | ~ | ~ | ~ | ~ | ~ | ~ | 도(2회 반복) |

## 음계를 활용한 목소리톤 이해

| 저음 | 중음 | 고음 |
|---|---|---|
| 속삭임<br>대화 | 토의<br>좌담<br>회의<br>뉴스<br>사회진행 | 강의<br>연설<br>설교<br>연극<br>리포터 |

## 음계 발성법

발성은 목소리를 사용하는 공간과 성격, 상대의 입장과 위치에 따라 달라진다. 단계별 발성은 낮은 음부터 점차적으로 높은 음으로 옮겨가야 목에 무리를 주지 않는다

- 도, 레 : 속삭임

  쉿! 조용히 해주십시오.

- 레, 미, 파 : 일상 대화

  고객님, 식사는 맛있게 하셨습니까?

  고객님, 이용하시는 동안 불편하신 점은 없으셨습니까?

- 미, 파, 솔 : 좌담, 회의

  오늘의 주제는 새로운 서비스를 창조하는 것입니다.

  서비스의 상징인 미소를 어떻게 만들 것인가입니다.

- 솔, 라, 시 : 강의, 연설, 설교, 기상캐스터, 스포츠캐스터

  우리는 우리나라 역사의 줄거리요, 삶의 씨앗입니다.

오늘의 스포츠 뉴스입니다.

- 솔, 라, 시, 도 : 웅변, 연극, 뮤지컬

  끈질기게 도전하고 줄기차게 헤쳐나가는 한국의 개척자가 됩시다!

  불이야, 불, 사람 살려!!


## 스타카토 발성

스타카토(staccato)는 음악에서 음을 하나씩 짧게 끊어 연주하는 방법
이다. 발성법에서도 마찬가지다. 스타카토 발성은 모음을 하나씩 짧
게 끊어 강하게 발성한다. 호흡을 깊게 들이마시고 한꺼번에 힘 있
게 내보낸다. 한 번에 들어온 호흡을 한 번에 다 쏟아 낸다는 느낌으
로 일어서서 연습해보자. 목소리는 자신이 낼 수 있는 최대의 소리
를 낸다. 스타카토 발성은 호흡이 짧은 사람에게 효과가 있다. 호흡
의 양이 커지고 강해지며, 한 번에 마시고 뱉기 때문에 불규칙적인
호흡의 개선에도 좋다.

| '아' 발성 | |
|---|---|
| 아<br>아 아<br>아 아 아<br>아 아 아 아<br>아 아 아 아 아 | (5회 반복) |
| 아 아 아 아 아     앗 앗 앗 앗 앗<br>하 하 하 하 하     핫 핫 핫 핫 핫<br>야 야 야 야 야     얏 얏 얏 얏 얏<br>허 허 허 허 허     헛 헛 헛 헛 헛<br>후 후 후 후 후     훗 훗 훗 훗 훗 | (5회 반복) |

| '아' 와 '어' 발성 | |
|---|---|
| '아'의 입 모양은 손가락이 3개 정도 들어갈 정도로 크게 열어준다. '어'는 2개 정도 들어갈 정도로 크게 열어준다. | |
| 아 / 어<br>아 어 / 어 아<br>아 어 아 / 어 아 어<br>아 어 아 어 / 어 아 어 아 | (5회 반복) |
| 아 아 아 아 아 아 아 아 아 아<br>어 어 어 어 어 어 어 어 어 어<br>아 어 아 어 아 어 아 어 아 오<br>어 아 어 아 어 아 어 아 어 아 | (5회 반복) |
| 아리랑   아버지   아치   아기   아가페   아주<br>어조   어머니   어느   어제   어른   어린이 | (5회 반복) |

| '오'와 '우' 발성 | |
|---|---|
| '오'는 입술을 최대한 오므려서 둥글게 만든 후 발성을 한다. '우'는 '오' 입술 모양을 앞으로 쭉 내밀며 발성한다. 소리를 입 밖으로 끌어내는 느낌으로 또렷하게 발성한다. | |
| 오 / 우<br>오 오 / 우 우<br>오 우 오 / 우 오 우<br>오 우 오 우 / 우 오 우 오 | (5회 반복) |
| 오후　　　오르다　오가피　오이　　오프닝　오페라<br>우리나라　우주　　우리　　우수　　우유　　우아하다 | (5회 반복) |
| (웃음 발성)<br>하하하하　　　　호호호호　　　　으헤으헤<br>으허허허　　　　오오하하　　　　오하오하<br>히히헤헤　　　　헤히헤히　　　　후후호호<br>호후호후　　　　흐흐하하　　　　흐하흐하 | (5회 반복) |

## 스타카토 단문 발성

스타카토 발성을 활용해서 아래 단문을 읽는 연습을 해본다. 처음에는 한 음절씩 끊어서 연습한다. 충분한 훈련이 된 후에는 실제 말하듯이 자연스럽게 실습해 본다. 끊어서 발성을 하다가 말하듯이 했을 때 목소리에 힘이 조금 더 생겼다면 성공이다. 이때 스스로 만족하지 못할 수도 있다. 말끝이 흐려지지 않고 분명하게 맺고 끊어지는 것도 힘이 생겼다는 증거이다. 성량이나 힘은 체형과는 크게 상관없다. 차분한 마음으로 연습해보자.

안 녕 하 십 니 까

안녕하십니까

발 표 의 기 술 을 터 득 해 나 가 고 있 는 ○ ○ ○ 입 니 다

발표의 기술을 터득해 나가고 있는 ○○○입니다

오 늘 의 주 제 는 발 표 의 달 인 이 되 기 위 한 핵 심 포 인 트 3 가 지 입 니 다

오늘의 주제는 '발표의 달인이 되기 위한 핵심포인트 3가지'입니다

지 금 부 터 발 표 를 시 작 하 겠 습 니 다

지금부터 발표를 시작하겠습니다                                            (3회 반복)

## 레가토 발성

레가토(legato) 역시 음악에서 사용된다. 계속되는 음과 음 사이를 끊지 말고 연주하라는, 스타카토와 반대되는 의미이다. 스타카토 발성에서는 모음을 하나씩 짧게 끊어서 강하게 발성했다. 레가토 발성은 음과 음 사이가 이어지도록 어미나 조사를 길게 늘여서 말한다. 호흡을 깊이 들이마시고 천천히 내보내면서 발성한다. 레가토 발성은 우리 몸에서 어떻게 소리가 나고 울리는지 직접 느낄 수 있다. 멀리 울려 퍼지고 안정적으로 소리를 낼 수 있다.

| '아' 발성 | |
|---|---|
| 아~ / 어~<br>아~ 어~ / 어~ 아~<br>아~ 어~ 아~ / 어~ 아~ 어~<br>아~ 어~ 아~ 어~ / 어~ 아~ 어~ 아~ | (5회 반복) |
| 아~리~랑   아~버~지~   아~치~   아~기~<br>어~조~   어~머~니~   어~느~   어~제~ | (5회 반복) |

| '오'와 '우' 발성 | |
|---|---|
| 오~ / 우~<br>오~ 오~ / 우~ 우~<br>오~ 우~ 오~ / 우~ 오~ 우~<br>오~ 우~ 오~ 우~ / 우~ 오~ 우~ 오~ | (5회 반복) |
| 오~후~        오~르~다~   오~가~피~   오~이~<br>우~리~나~라~ 우~주~      우~리~      우~수~ | (5회 반복) |

### 레가토 단문 발성

레가토 발성을 활용해서 아래 단문을 읽는 연습을 해본다. 이때 호흡을 최대한 깊게 들이마시고 천천히 내쉬면서 연습한다. 한 음절씩 길게 늘여서 울림을 느껴본다. 충분히 연습했다면 자연스럽게 말하듯이 실습해 본다. 소리의 울림이 몸통이나 얼굴, 머리 부분으로 느껴질 것이다. 양볼에서 미세한 떨림을 느꼈다면 성공이다. 그렇지 않다 해도 충분히 늘여서 표현하게 되었다면 효과가 있는 것이다. 차분한 마음을 가지고 천천히 연습하자.

아~안~녀~엉~하~아~세~에~요~오~

안~ 녕~ 하~ 세~ 요~

안녕하세요                                            (5회 반복)


바~안~가~압~스~음~니~이~다~아~

반~ 갑~ 습~ 니~ 다~

반갑습니다                                            (5회 반복)


가~암~사~아~하~암~니~이~다~아~

감~ 사~ 합~ 니~ 다~

감사합니다                                            (5회 반복)

가끔 말을 잘하는 방법만 빨리 배우려는 사람들이 있다. 그런데 '말을 잘한다'에는 여러 의미가 있다. 그중에 좋은 목소리는 기본적이고 가장 중요한 요소인데도 사람들은 이를 쉽게 간과한다. 좋은 목소리는 하루아침에 얻을 수 있는 것이 아니다. 제대로 알아야 하고 평소 꾸준히 관리해야 한다. 남의 목소리를 따라 하려고 흉내 낼 필요는 없다. 그렇게 되지도 않는다. 내 목만 아프다. 꾸준한 발성훈련을 통해 힘이 있는 나만의 목소리를 만들어보자. 헬스장에서 근육을 만들고 살을 빼기보다 훨씬 쉽다.

# 삶을 긍정과 희망으로 채워주는 발성훈련법

24

발성훈련은 그저 좋은 목소리를 만드는 연습이라고 생각하면 금세 지루해지고 재미없을 것이다. 마치 누가 공부하라고 하면 하기 싫어지는 것과 같다. 발성훈련에 나오는 내용을 자신에게 거는 주문이라고 생각하자. 재미있는 내용을 직접 작성해도 된다. 기왕이면 긍정과 희망의 내용으로 작성해 연습하면 좋은 의미의 자기암시가 된다. 삶을 긍정과 희망으로 가득 채워주는 발성훈련의 재미에 흠뻑 빠져보자.

## 긍정과 열정을 불어 넣는 발성법

발성훈련은 주문을 외우는 것과 같다고 생각한다. 긍정적이고 열정적인 문장을 소리내 연습하면 금세 기분이 좋아진다. 자신감과 신넘, 열정 구호는 없던 자신감도 생기고 나를 당당하게 만들어준다. 평소 부정적인 말을 많이 하는 사람도 긍정적인 발성훈련으로 표현이 바뀌기도 한다. 기분이 가라앉거나 활기를 되찾고 싶으면 발성훈련을 해보자. '/' 기호는 한 박자 쉬라는 뜻, 괄호 안의 음계 표기는 해당 음으로 발성하라는 뜻이다. 이렇게 하루 10분씩 한 달만 꼭 실천하길 바란다. 상상할 수 없는 기적이 일어날 것이다.

## 자신감 구호

| | |
|---|---|
| 나는 / 자신 있다. | (미) |
| 발표도 / 자신 있다. | (파) |
| 미소도 / 자신 있다. | (솔) |
| 모든 일에 / 자신 있다. | (라) |
| 얍! | (시) |

| | |
|---|---|
| 나는 / 행복하다. | (미) |
| 나는 / 신난다. | (파) |
| 나는 / 뭐든지 할 수 있다. | (솔) |
| 나는 / 날마다 발전하고 있다. | (라) |
| 나는 / 최고다 | (시) |
| 으하하하하하~ | (도) |

오늘도 / 좋은 하루가 될 것이다.                                          (미)

오늘도 나는 / 최선을 다하는 하루가 될 것이다.                          (파)

나에게는 성공할 수 있는 / 뛰어난 재능이 있다.                          (솔)

나는 / 자신 있다.                                                        (라)

나는 / 참으로 자신 있다.                                                 (시)

할 수 있다고 생각하기 때문에 / 나 〇〇〇은 무엇이든지 할 수 있다.  (도)

## 신념 구호

첫째 / 할 수 있다.                                                        (미)

둘째 / 신념이다.                                                          (파)

셋째 / 용기 있다.                                                         (솔)

넷째 / 끈기 있다.                                                         (라)

다섯째 / 행동한다.                                                        (시)

얍!                                                                       (도)

첫째 / 배짱이다.                                                          (미)

둘째 / 하면 된다.                                                         (파)

셋째 / 당당하다.                                                          (솔)

넷째 / 자신 있다.                                                         (라)

다섯째 / 끝내준다.                                                        (시)

얍!                                                                       (도)

나는 / 적극적이다. (미)

나는 / 부지런하다. (파)

나는 / 끈기가 있다. (솔)

나는 / 확고한 신념이 있다. (라)

나는 / 뚜렷한 목표가 있다. (시)


나는 / 앞으로 모든 말을 할 때에 (미)

용기와 자신감을 가지고 (파)

남 앞에 당당하게 서서 (솔)

자신 있는 자세로 / 말을 하겠다. (라)


어떤 자가 / 한 번의 노력으로 성공하면 (레)

나는 열 번 노력하고 (미)

어떤 자가 / 열 번의 노력으로 성공하면 (파)

나는 백 번 노력할 것이다. (솔)

사실 이렇게 해나간다면 (라)

우매한 자라도 / 반드시 총명해질 것이며 (시)

약한 자라도 / 반드시 강해질 것이다. (도)

희망이 있는 자에게는 / 신념이 있고 (미)

신념이 있는 자에게는 / 목표가 있고 (파)

목표가 있는 자에게는 / 계획이 있고 (솔)

계획이 있는 자에게는 / 실천이 있고 (라)

실천이 있는 자에게는 / 성과가 있고 (시)

성과가 있는 자에게는 / 행복이 있다 (도)

## 열정 구호

나는 / 매사에 자신감이 넘친다. (미)

나는 / 오늘도 목표를 향해 전진한다. (파)

내가 목표로 삼은 일은 / 반드시 성취하고야 말겠다. (솔)

나는 / 훌륭하다. (라)

나는 / 신념이 있다. (시)

OOO !! / 너는 항상 / 잘되게 되어 있어! (도)


나는 / 나의 능력을 믿는다. (미)

나는 / 나의 일이 자랑스럽다. (파)

나는 / 나의 일로 사회에 공헌한다. (솔)

나에게 / 불가능이란 없다. (시)

내 앞에는 / 안 되는 일이 없다. (미)

할 수 있다! / 할 수 있다! / 할 수 있다! (파)

자신 있다! / 자신 있다! / 자신 있다! (솔)

하면 된다! / 하면 된다! / 하면 된다! (라)

어떠한 사람도 두렵지 않다. (시)

그 무엇도 두려울 게 없다. (도)


인생은 / 여행과 같다. (미)

인생에서 / 가장 넓은 꿈을 꾸어라. (파)

인생은 / 믿는 대로 이루어지기 때문이다. (솔)

실수는 / 모든 사람이 누구나 하는 것이다. (라)

나는 / 계속 달려갈 것이다. (시)

나는 / 나 자신을 믿는다. (도)


나에게는 / 할 수 있다는 의지가 있다. (미)

나에게는 / 하면 된다는 의지가 있다. (파)

나에게는 / 해야 된다는 사명이 있다. (솔)

뜻이 있는 곳에 길이 있다. (라)

열정적으로 행동하면 / 열정적인 사람이 된다. (시)

나 OOO은 / 열정적인 사람이다. (도)

## 감성을 풍부하게 만들어주는 발성법

발성훈련을 할 때는 복식호흡이 기본이다. 복식호흡을 하면서 내 몸을 울림통 삼아 풍성한 소리를 내야 한다. 잘 기억나지 않는다면 앞장을 다시 읽어보라. 발성훈련을 할 수 있는 여러 방법이 있다. 시나명언, 명심보감 등을 활용해 발성훈련을 할 수 있다. 이 방법은 감성을 풍부하게 만들어준다. 내용을 이해하고 느끼면서 발성훈련을 한다면 조금 더 감정을 자연스럽게 표현할 수 있다. 부가적으로 삶의지혜도 얻을 수 있다. 'V' 기호는 반 박자 쉬라는 의미이다.

### 시를 통한 발성

#### 서시 / 윤동주

죽는 날까지 / 하늘을 우러러 / 한 점 V 부끄러움이 없기를 /
잎새에 이는 바람에도 / 나는 괴로워했다.
별을 노래하는 마음으로 / 모든 죽어가는 것을 V 사랑해야지 /
그리고 나에게 주어진 길을 / 걸어가야겠다. /
오늘 밤에도 / 별이 바람에 스치운다.

#### 풀잎 / 박성룡

풀잎은 / 퍽도 아름다운 이름을 가졌어요. /

우리가 '풀잎'하고 / 그를 부를 때는 /

우리들의 입 속에서는 / 푸른 휘파람 소리가 나거든요. /

바람이 부는 날의 풀잎들은 / 왜 저리 몸을 흔들까요. /

소나기가 오는 날의 풀잎들은 / 왜 저리 또 몸을 통통거릴까요. /

그러나 풀잎은 / 픽도 아름다운 이름을 가졌어요. /

우리가 '풀잎' '풀잎'하고 자주 부르면 /

우리의 몸과 마음도 어느덧 / 푸른 풀잎이 돼버리거든요.


### 대추 한 알 / 장석주

저게 저절로 붉어질 리는 없다.

저 안에 태풍 몇 개 / 저 안에 천둥 몇 개

저 안에 벼락 몇 개 / 저 안에 번개 몇 개가 들어 있어서

붉게 익히는 것일 게다.

저게 혼자서 둥글어질 리는 없다.

저 안에 무서리 내리는 몇 밤 / 저 안에 땡볕 두어 달

저 안에 초승달 몇 날이 들어서서 / 둥글게 만드는 것일 게다.

대추야 / 너는 세상과 통하였구나.


### 마음 / 김광섭

나의 마음은 / 고요한 물결 /

바람이 불어도 / 흔들리고 /

구름이 지나가도 / 그림자 지는 곳. /

돌을 던지는 사람 / 고기를 낚는 사람 / 노래를 부르는 사람

이리하여, / 이 물가 외로운 밤이면 /

별은 고요히 물 위에 뜨고 / 숲은 말없이 물결을 재우나니,

행여 백조가 오는 날 / 이 물가 어지러울까

나는 밤마다 / 꿈을 덮노라.

## 명언 발성

- 시간 엄수는 / 비즈니스의 영혼이다 (토마스 할리버튼)
- 미래는 / 현재 우리가 무엇을 하는가에 달려 있다 (마하트마 간디)
- 작은 변화가 일어날 때 / 진정한 삶을 살게 된다 (레프 톨스토이)
- 품질이란 / 우연히 만들어지는 것이 아니라, / 언제나 지적 노력의 결과이다 (존 러스킨)
- 자만심은 우리를 거짓되게 만들지만, / 겸손함은 우리를 진실하게 만든다 (토마스 머튼)
- 모든 전사 중 가장 강한 전사는 이 두 가지, / 시간과 인내다 (레프 톨스토이)
- 탁월한 능력은 / 새로운 과제를 만날 때마다 / 스스로 발전하고 드러낸다 (발타사르 그라시안)
- 시간은 우리를 변화시키지 않는다. / 시간은 단지 / 우리를 펼쳐

보일 뿐이다 (막스 프리쉬)

- 모든 언행을 칭찬하는 자보다 / 결점을 친절하게 말해주는 친구를 가까이하라 (소크라테스)

- 타인과 함께, / 타인을 통해서 협력할 때에야 / 비로소 위대한 것이 탄생한다 (생텍쥐페리)

- 천재란 / 자신에게 주어진 일을 하는 / 재능 있는 사람일 뿐이다 (토마스 A.에디슨)

- 인내할 수 있는 사람은 / 그가 바라는 것은 무엇이든지 손에 넣을 수 있다 (벤자민 프랭클린)

- 성공한 사람이 아니라 / 가치 있는 사람이 되기 위해 힘쓰라 (알버트 아인슈타인)

- 한 인간의 가치는 / 그가 무엇을 받을 수 있느냐가 아니라 / 무엇을 주느냐로 판단된다 (알버트 아인슈타인)

- 어떤 일을 하기에 앞서 / 스스로 그 일에 대한 기대를 가져야 한다 (마이클 조던)

- 우리가 계획한 삶을 기꺼이 버릴 수 있을 때만, / 우리를 기다리고 있는 삶을 맞이할 수 있다 (조세프 캠벨)

- 자왈 V 위선자는 천보지이복(天報之以福)하고, /

  위불선자는 / 천보지이화(天報之以禍)니라.

  "착한 일을 하는 자는 /

  하늘이 복으로써 보답하고 /

  악한 일을 하는 자는 /

  하늘이 재앙으로써 갚느니라."

- 태공(太公)이 왈 V 물이(勿以) 귀기이(貴己而) 천인(賤人)하고, /

  물이(勿以) 자대이(自大而) 멸소(蔑小)하고, /

  물이(勿以) 시용이(恃勇而) 경적(輕敵)하라.

  "자기가 귀하다고 / 남을 천시하지 말고, /

  자기가 크다고해서 / 남의 작음을 업신여기지 말며 /

  용맹을 믿고서 / 적을 가볍게 여기지 말라."

- 도오선자(道吾善者)는 / 시오적(是吾賊)이요. /

  도오악자(道吾惡者)는 / 시오사(是吾師)니라.

  "나에게 착하다고 하는 자는 /

  나에게 해로운 사람이고 /

  나에게 나쁘다고 깨우쳐 주는 자는 /

나에게 곧 스승이다.

- 경행록(景行錄)에 운(云)하되 /
  화불가행면(禍不可倖免)이요, /
  복불가재구(福不可再求)니라.
  "화는 V 가히 요행으로 면치 못하고, /
  복은 가히 V 두 번 다시 얻지 못하느니라."

처음에 음계를 높여가면서 발성훈련을 하기는 어렵다. 시나 명언, 명심보감을 풍부한 음성으로 발성훈련을 하는 것도 어색하고 부끄럽다. 그래서 연습이 필요하다. 20여 년간 스피치 코칭을 하면서 처음부터 잘하는 사람은 없었다. 답답하고 억울해서 온 사람, 슬프고 힘들어서 온 사람, 몸이 아파서 아카데미에 온 사람도 있다. 목소리가 나오지 않는 사람, 심심해서 온 사람도 있었다. 그중에 꾸준히 했던 사람은 무엇이 되었든 이루어냈다. 필자가 스피치에서 가장 중요하게 생각하는 것이 발성훈련이다. 악기를 연주하는 것처럼 즐거운 마음으로 자신의 소리를 내보자.

# 정확한 발음은 발성을 완성한다

25

발음(Pronunciation)이란 혀, 치아, 입술 등을 이용하여 내는 소리를 뜻한다. 우리말은 자음과 모음으로 구성되어 있다. 자음은 혀와 입술이 조음점에 정확히 닿아야 한다. 조음기관은 윗입술, 윗니, 윗잇몸, 입천장과 같이 스스로 움직이지 못하는 발음 기관을 말한다. 모음은 입 모양을 정확하게 해야 한다. 입을 작게 벌리고 말하면 소리가 입안에서 맴돌아 웅얼거리게 된다. 정확한 발음은 발성훈련을 통해 단단해진 나의 발성을 완성한다. 소리의 모양이 만들어지는 원리를 이해하고 또렷하게 발음하는 방법을 알아보자.

# 조음기관 준비운동

1. 목과 어깨 근육 긴장 풀기 : 어깨를 앞으로 5회, 뒤로 5회 돌린다.
   목을 오른쪽으로 5회, 왼쪽으로 5회 돌린다.

2. 얼굴 근육 운동 : 양 뺨에 공기 가득 채운 후 빼기

3. 입술운동 : '푸르르르', '마 메 미 모 무', '밤 벰 빔 봄 붐'
   입술 오므리고 돌리기 (시계, 반시계 방향)

4. 혀 운동 : '똑딱똑딱' 소리내기, '드르르륵' 혀 움직이기

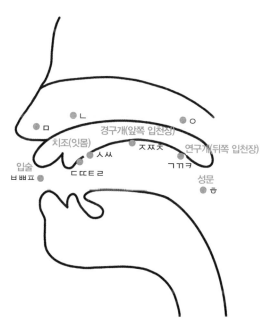

〈조음기관 관련 이해도〉

# 자음 발음

자음은 입이나 코 같은 발음기관에서 방해를 받아 만들어지는 소리이다. 조음점의 위치에 따라 양순음, 치조음, 경구개음, 연구개음, 성문음으로 나눠진다. 양순음은 두 입술이 붙었다 떨어지면서 나는 소리로 'ㅂ, ㅃ, ㅍ, ㅁ' 이다. 치조음은 혀가 윗니 치아 뒤에 닿아서 나는 소리로 'ㄴ, ㄷ, ㄸ, ㅌ, ㅅ, ㅆ, ㄹ' 이다. 경구개음은 센입천장에 혀가 부딪치며 나는 소리로 'ㅈ ㅉ ㅊ' 이다. 연구개음은 여린입천장에 혀가 부딪치며 나는 소리로 'ㄱ, ㄲ, ㅋ, ㅇ' 이다. 성문음은 목구멍에서 나는 소리로 'ㅎ' 이다. 자음은 총 19개이다. 평소 조음점을 생각하면서 발음하진 않지만 정확하게 사용하고 있는지 점검하고, 잘 안 되는 발음만 집중적으로 연습한다.

**자음이란** ㄱ ㄲ ㄴ ㄷ ㄸ ㄹ ㅁ ㅂ ㅃ ㅅ ㅆ ㅇ ㅈ ㅉ ㅊ ㅋ ㅌ ㅍ ㅎ

허파에서 올라온 공기가 목, 입, 혀 따위의 발음 기관의 장애를 받으며 나는 소리

### 1. 만들어지는 위치

- 두 입술 (ㅁ ㅂ ㅃ ㄹ)

- 윗잇몸과 혀끝 (ㄴ ㄷ ㄸ ㅌ ㄹ ㅅ ㅆ)

- 경구개와 혓바닥 (ㅈ ㅉ ㅊ)

- 연구개와 혀 뒤 (ㄱ ㄲ ㅋ ㅇ)

- 성대 사이의 공간 (ㅎ)

## 2. 소리 나는 방법

- 비음 (ㅁ ㄴ ㅇ)

- 유음 (ㄹ)

- 막았던 지점을 터뜨림 (ㄱ ㄲ ㅋ ㄷ ㄸ ㅌ ㅂ ㅃ ㅌ)

- 공기 차단하지 않고 틈 사이로 나감 (ㅅ ㅆ ㅎ)

- 공기를 차단했다가 조금만 떼어 마찰 (ㅈ ㅉ ㅊ)


### 자음 발음의 원리

● ㄱ, ㄲ, ㅋ : 뒤 혓바닥을 연구개에 붙였다가 떨어뜨리면서 발음

● ㄴ : 혀끝을 윗잇몸에 붙여서 입안 공기 길을 막고 콧구멍으로 내는
소리

● ㄷ, ㄸ, ㅌ : 혀끝을 윗잇몸에 붙였다가 약하게 터뜨리면서 발음

● ㄹ : 혀끝을 윗잇몸에 붙이고 혀 옆으로 소리를 내거나 혀끝을 떨어
내며 발음

● ㅁ, ㅂ, ㅃ, ㅍ : 두 입술이 붙었다 떨어지면서 발음

● ㅅ, ㅆ : 혀가 아랫니 안쪽에 닿으면서 발음

● ㅈ, ㅉ, ㅊ : 혀의 앞부분이 경구개에 닿았다가 떨어지면서 발음

● ㅇ, ㅎ : 힘을 실어서 발음

## 가갸표 발음

자음 발음훈련에서 가장 기본적인 '가갸표'로 연습해보자. 가로로 읽고 세로로 읽어 본다. 어느 정도 숙달이 되면 대각선으로, 뒤에서 앞으로도 발음해 본다. 하루 5번씩 한 달만 실천하자.

| 가 | 갸 | 거 | 겨 | 고 | 교 | 구 | 규 | 그 | 기 |
|---|---|---|---|---|---|---|---|---|---|
| 나 | 냐 | 너 | 녀 | 노 | 뇨 | 누 | 뉴 | 느 | 니 |
| 다 | 댜 | 더 | 뎌 | 도 | 됴 | 두 | 듀 | 드 | 디 |
| 라 | 랴 | 러 | 려 | 로 | 료 | 루 | 류 | 르 | 리 |
| 마 | 먀 | 머 | 며 | 모 | 묘 | 무 | 뮤 | 므 | 미 |
| 바 | 뱌 | 버 | 벼 | 보 | 뵤 | 부 | 뷰 | 브 | 비 |
| 사 | 샤 | 서 | 셔 | 소 | 쇼 | 수 | 슈 | 스 | 시 |
| 아 | 야 | 어 | 여 | 오 | 요 | 우 | 유 | 으 | 이 |
| 자 | 쟈 | 저 | 져 | 조 | 죠 | 주 | 쥬 | 즈 | 지 |
| 차 | 챠 | 처 | 쳐 | 초 | 쵸 | 추 | 츄 | 츠 | 치 |
| 카 | 캬 | 커 | 켜 | 코 | 쿄 | 쿠 | 큐 | 크 | 키 |
| 타 | 탸 | 터 | 텨 | 토 | 툐 | 투 | 튜 | 트 | 티 |
| 파 | 퍄 | 퍼 | 펴 | 포 | 표 | 푸 | 퓨 | 프 | 피 |
| 하 | 햐 | 허 | 혀 | 호 | 효 | 후 | 휴 | 흐 | 히 |

## 새는 'ㅅ' 발음

'ㅅ' 발음은 치조음으로 치아와 윗잇몸 사이에서 새어 나오는 소리이다. 'ㅅ' 발음은 자음 자체는 음가(音價, 발음기관에 의해 만들어지는 소리값)가 없고 모음과 결합해야 소리가 난다. 'ㅅ'을 제대로 발음하려면 모음을 더 천천히 정확하게 발음해야 한다. 그래서 'ㅅ' 발음을 정확하게 하기 위해서는 모음을 조금 더 길게 발음해 준다. 이때 입모양을 최대한 정확하게 해주고 혀의 위치를 낮춰야 한다. 예를 들어 '시작'이라는 단어를 발음할 때는 '시이자악'처럼 모음을 특별히 신경써서 발음한다. 다음 단어를 실습해 보자.

시작 소리 소식 소금 서울 사과 소송 사슴 세차 시도 시골 시장 시간

서울특별시 서대문구

좋은 소식을 세상에 알리기 시작했다.

생생한 소식을 알리는 생방송 삶의 현장

## 부정확한 'ㄹ' 발음

'ㄹ' 발음은 치조음으로 혀를 치조에 붙이고 혀의 양옆으로 소리가
나오는 음이다. 'ㄹ' 발음이 부정확한 이유는 혀를 치조에 붙이지 않
거나 너무 가볍게 붙여서다. 'ㄹㄹ' 발음은 혀끝이 치조에 닿았다가
떨어지면서 나는 음이다. 첫 번째 'ㄹ'은 혀끝이 닿을 때 나는 소리
고, 두 번째 'ㄹ'은 혀끝이 떨어질 때 소리가 난다. 'ㄹ' 발음이 부정
확하다 혀가 많이 굳어 있는 경우가 많다. 먼저 혀 운동을 한 다음
발음훈련을 하면 효과적이다. '라라라라', '랄랄랄랄'같이 혀 스트레
칭을 먼저 하고 아래 문장을 실습하자.


라디오 라이터 건물 돌 구름 달 물물교환 가을 발성 실습

가을밤에 보름달이 환하게 떠 있다.

발음 연습은 올바른 실습이 중요하다.

라디오에서 랄랄랄라 노래가 흘러 나온다.

## 모음 발음

모음은 입안에서 홀로 나는 소리로 '홀소리'라고 한다. 자음은 반드시 모음에 닿아야만 소리가 나서 '닿소리'라고 한다. 모음은 성대에서 나온 소리가 구강, 비강을 거쳐 소리가 난다. 혀의 움직임과 입술의 모양에 따라 음색도 달라진다. 한글은 '자음과 모음'이 결합되어 있다. 예를 들어, '어머니'는 어-머-니- 라는 3음절로 구성되어 있다. 각 음은 'ㅇ(자음) + ㅓ(모음)', 'ㅁ(자음) + ㅓ(모음)', 'ㄴ(자음) + ㅣ(모음)'으로 구분된다. 정확한 발음을 위해서는 모음을 잘 구사해야 한다. 모음은 단모음이 10개, 이중모음이 11개로, 총 21개이다.

### 단모음과 이중모음

아래 그림을 보고 정확한 입 모양을 따라서 발음해보자.

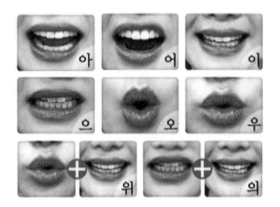

## 모음이란

허파에서 올라온 공기가 구강통로에서 폐쇄나 마찰에 의한 장애를 받지 않고 성대의 진동과 더불어 나는 음.

### 1. 단모음

소리를 내는 도중에  입술 모양이나 혀의 위치가 고정되어 처음과 나중이 달라지지 않는 모음

- ㅏ, ㅓ, ㅗ, ㅜ, ㅡ, ㅣ, ㅐ, ㅔ, ㅚ, ㅟ

### 2. 이중모음

소리를 내는 도중에 입술 모양이나 혀의 위치가 처음과 나중이 달라지는 모음.

- ㅑ, ㅕ, ㅛ, ㅠ, ㅒ, ㅖ, ㅘ, ㅙ, ㅝ, ㅞ, ㅢ

## 모음 발음 연습

### 단모음 [ㅏ, ㅓ, ㅗ, ㅜ, ㅡ, ㅣ, ㅐ, ㅔ, ㅚ, ㅟ]

- ㅏ : 손가락 3개를 겹쳐 물었을 때 입이 벌어진 정도

  아가 아버지 바지 나머지 바이크

- ㅓ : 아래턱을 살짝 떨어뜨리며 발음

  어머니 어선 머슴 버선 러시아 헌신

- ㅗ : 입술 모양이 앞으로 돌출된 듯이 둥글며 좌우로 조여짐

  오이지 고기 노인 도굴 로봇

- ㅜ : ㅗ의 입 모양을 유지하면서 입술을 내밂

구두 부두 수소 우승 주인 후보

- ㅡ : 입술이 벌어진 정도가 ㅣ와 같음

으스스 그림 드로잉 흐느끼다

## 이중모음 [ ㅑ, ㅕ, ㅛ, ㅠ, ㅒ, ㅖ, ㅘ, ㅙ, ㅝ, ㅞ, ㅢ ]

- ㅑ : ㅣ + ㅏ → 야       야외 야간 야위다
- ㅕ : ㅣ + ㅓ → 여       여행 여름 여동생
- ㅛ : ㅣ + ㅗ → 요       요리사 요구사항
- ㅠ : ㅣ + ㅜ → 유       유지 유람선
- ㅒ : ㅣ + ㅐ → 애       얘기꾼 얘깃거리
- ㅖ : ㅣ + ㅔ → 예       예식 예술가 예절
- ㅘ : ㅗ + ㅏ → 와       와인 와이셔츠
- ㅙ : ㅗ + ㅐ → 왜       왜곡 왜냐하면
- ㅝ : ㅜ + ㅓ → 워       원리원칙 월드컵
- ㅞ : ㅜ + ㅔ → 웨       웨이터 웨이브
- ㅢ : ㅡ + ㅣ → 의       의사 의자 의지하다


## 모음 발음 트레이닝

- '　ㅓ　' 와 '　ㅡ　' 구별하기

거리 너트 어머니 어른 처음 / 그림 큰소리 으뜸 흐름 리듬

그는 거리에서 큰소리로 소리쳤다.

어제 산 능이버섯이 흐물흐물해졌다.

처음으로 그린 내 그림의 반응은 매우 좋았다.


• '네' 와 '내' 구별하기

게맛살 네모 데모 베이지 세수 / 개미 대게 매매 배 새우

그녀는 베이지 색을 좋아한다.

네모난 상자에 배가 들어 있다.

게맛살은 꽃게살 맛을 흉내낸 것이다.


• '놔' 와 '눠' 구별하기

과학 명확 화장 권좌 좌불 좌담회 / 타워 원칙 원근감 워라벨 샤워

직원들은 좌담회에 참석했다.

원칙을 지켜서 정확하게 맞아떨어졌다.

개인의 일과 생활의 균형을 워라벨이라 한다.


• '뇌' 와 '뉘' 구별하기

괴리 쇠고기 쇠붙이 회사 / 귀국 귀하다 분위기 위치 위험

회사의 분위기가 좋았다.

외나무다리 위에서 만났다.

아주 편리한 위치에 자리 잡았다.

- '괘'와 '궤' 구별하기

돼지 왜소 왜곡선 쾌차 홰기 / 궤도 웨딩 췌장 웨이터 웨이브

그의 쾌유를 빌었다.

그녀는 체구가 왜소하다.

자연이 많이 훼손되었다.


## 틀리기 쉬운 발음

'의' 3가지 발음


- 첫 음절의 'ㅢ'는 [ㅡ + ㅣ]로 발음한다.

의도(으이도) 의자(으이자) 의미(으이미) 의지(으이지) 의문(으이문) 의리(으이리)

의원(의이원) 의사(의이사) 의회(의이회) 의견(의이견) 의식(으이식) 의학(으이학)

- 첫 음절 이외의 'ㅢ'는 [ㅣ]로 발음한다.

강의(강이) 모의고사(모이고사) 무늬(무니) 논의(노니) 동의(동이)

문의(무니) 성의(성이) 주의(주이) 협의(혀비) 회의실(회이실)

- 조사의 'ㅢ'는 [ㅔ]로 발음한다.

우리의 희망(우리에 희망) 그의 열정(그에 열정) 미지의 세계(미지에 세계)

감사의 편지(감사에 편지) 민주주의의 의의(민주주이에 으이이)

의회(으이회) 민주주의의 의의(민주주이에 으이이)에 관한 회의(회이)가 의회(으이회)

에서 열렸다

## 숫자 장음

숫자의 장음은 8개이다. 아래 숫자를 읽을 때는 천천히, 또박또박 발음해야 정확하게 의미가 전달된다.

2, 4, 5, 만(萬), 둘, 셋, 넷, 쉰

245 (이:백 사:십 오:) 두명(두:명)

2025년 7월 24일 (이:천 이:십 오:년 칠월 이:십 사:일)

20만원 결재되었습니다. (이:십만원 결재되었습니다.)

현재 0.5% 기준금리를 4개월 연속 동결합니다.

(현재 영점 오:퍼센트 기준금리를 사:개월 연속 동결합니다.)


좋은 목소리는 호흡과 발성이 기본이다. 여기에 발음으로 완성된다. 발성이 소리를 더 멀리 전달한다면, 발음은 멀리까지 정확하게 전달하는 역할을 한다. 예쁜 모양의 쿠키를 만들려면 밀가루 반죽에다 쿠키 틀로 커팅한다. 발음도 마찬가지다. 몸에서 나오는 공기를 정확하고 깨끗한 소리로 만들어내는 것이다. 그래서 발음교정은 이미지 개선에 매우 좋다. 보이는 자신의 이미지를 관리하듯 발음도 점검하고 관리해보자. 스피치는 세상과 소통하는 가장 큰 통로이다. 소통의 달인에게 정확한 발음은 기본이다.

1. 교육부가 자체적으로 회계 및 의사결정 과정에서 투명성과 공공성을 강화하는 사학 5개교를 선정해 1곳당 2년간 평균 20억원을 지원한다. 이 사업은 교육부가 제시한 사학혁신 과제를 바탕으로 법인·대학이 투명성·공공성을 강화하는 사업을 스스로 발굴해 이행하면 정부가 인센티브를 부여하는 방식이다. 이같은 내용을 교육부는 지난달 19일 교육신뢰회복추진단 회의를 통해 시안을 공개한 바 있다.

2. 미국 소비자물가지수(CPI)가 13년 만에 최대 상승률을 기록했다는 소식에 13일 오전 국내 금융시장에서 주식과 채권, 원화가 일제히 하락하는 '트리플 약세' 현상이 나타나고 있다. 12일(현지시간) 미국 노동부가 발표한 미국 소비자물가지수(CPI)는 전년 동월보다 4.2%, 전월보다 0.8% 각각 상승한 것으로 집계됐다. 전년 동월 대비 상승률은 2008년 이후 13년 만에 최대폭이고, 전월 대비로도 2009년 이후 12년 만에 최대다.

3. 봄기운이 가득한 휴일입니다. 따뜻한 바람이 불어오면서 기온을 크게 끌어올렸는데요, 현재 서울 기온은 21도, 부산 25.7도 등으로 남부지방은 25도 가까이 치솟았습니다. 이 정도면 5월 하순에 해당하는 수준으로 올해 들어 가장 높은 기온을 기록하겠습니다. 하지만 밤부터는 흐려지면서 봄비가 내리겠습니다. 중부지방을 중심으로 4mm 안팎으로 양이 많지는 않겠지만, 벼락을 동반하며 요란하게 내리겠습니다. 현재 동해안과 남해안에는 건조 경보가, 그 밖의 내륙에도 건조주의보가 발효 중입니다. 당분간 맑은 날씨가 이어지다가 주 중반부터 주말까지 전국에 비가 내릴 전망입니다. 지금까지 날씨정보였습니다.

PART

5

# 스피치에 힘을
# 더하는 낭독

# 낭독은 무엇이며 왜 필요한가

26

낭독은 글을 소리 내어 읽는 것이다. 시나 동화, 어려운 고전도 낭독하면 이해하기가 더 쉽다. 반대로 묵독은 소리 내지 않고 눈으로만 읽는 것이다. 묵독을 통해서는 그 의미를 제대로 음미하기 어렵다. 그래서 외국어 공부에 낭독은 필수이다. 여기에 수학, 과학, 역사 책까지 소리 내서 읽어보자. 놀라운 경험을 맛보게 될 것이다. 낭독은 동서양을 막론하고 오래전부터 내려온 원초적인 학습법이다. 선조들도 서당에서 낭독으로 천자문을 학습했었다. "하늘 천, 따 지, 검을 현, 누루 황" 이렇게 소리 내서 읽었던 것은 낭독의 효과를 알았기 때문이다.

## 낭독의 이해와 필요성

낭독할 때는 글의 내용을 충분히 이해하고 읽을 때 감정과 정서를 담는 것도 중요하다. 단순히 글자 자체를 읽기보다는 내용이 이미지로 그려지게 낭독해야 한다. 효과적인 낭독을 위해서는 고저, 장단, 완급을 적절히 활용해야 한다. 하지만 낭독할 때 모든 내용을 다 이해한 다음 읽을 필요는 없다. 어려운 내용도 소리 내서 읽다 보면 스스로 깨쳐지는 경우가 많다. 한번 읽고 이해가 안 되면 여러 번 반복해서 읽으면 된다. 분명 머릿속에 잔상들이 남고 이해될 것이다.

중국 송나라의 학자 문절공(文節公) 예사(倪思)는 세상의 아름다운 소리를 이렇게 나열했다. "솔바람 소리, 시냇물 흐르는 소리, 산새 지저귀는 소리, 풀벌레 우는 소리, 학이 우는 소리, 거문고 뜯는 소리, 바둑 두는 소리, 비가 섬돌에 똑똑 떨어지는 소리, 하얀 눈이 창밖을 두드리는 소리, 차 끓이는 소리, 그러나 가장 아름다운 소리는 낭랑하게 글 읽는 소리, 즉 독서성이요, 그중에서도 아이들의 글 읽는 소리가 으뜸이라." 특히 내 아이가 글을 읽는 소리라면 더할 나위 없이 좋지 않겠는가.

낭독은 어린이나 어른 누구에게나 필요하다. 중국 철학사의 거장 왕양명은 '어린이 교육법'에 대해 이렇게 말했다. "매일 공부를 할 때는 먼저 덕을 생각하고, 그다음에는 글을 암송하며, 그다음으로 예법을 익히거나 글짓기 등을 배우고, 그다음으로 다시 암송한 것을 발표

한다든지 노래를 부르도록 한다." "시가(詩歌)를 가르치는 이유는 마음의 답답한 응어리를 음악을 통해 풀어주는 데 있다."(『전습록』) 여기서 말하는 시가와 음악 등은 다 낭송을 뜻한다.

필자도 시 낭송을 1년 정도 직접 배운 적이 있다. 처음 시의 내용을 눈으로만 봤을 때는 크게 와닿지 않았다. 마음속에 감동도 별로 없었다. 하지만 소리 내서 읽어보고 암기해서 암송하니 달라졌다. 시의 한 구절마다 감정을 실어서 읊으니 머릿속에 이미지가 그려졌다. 때로는 마음이 편안해졌다. 시에 나오는 지명이나 스토리를 찾아보기도 했다. 몇 년 전의 경험이지만 아직도 생생하게 시구들이 기억난다. 시 낭송뿐만 아니라 학습에서도 마찬가지다. 이런 낭독법을 미리 익혔다면 학창 시절 훨씬 좋은 점수를 받았겠다는 생각이 들었다.

## 낭독으로 서울대 가다

고등학교에서 역사를 가르치는 교사는 낭독 예찬론자다. 매번 만날 때마다 낭독의 중요성을 설명하고 강조한다. 그는 자녀교육을 어릴 때부터 낭독으로 시켰다고 한다. 중학교 1학년 때는 성적이 중위권

● 《몸과 인문학》 고미숙 저

정도였는데 3학년이 되자 집중적으로 낭독훈련을 시켜서 전 과목을 낭독으로 공부했다고 한다. 반복적인 낭독훈련으로 전 과목을 거의 암기했단다. 고등학교 진학 후 상위권에 진입했고 서울대학교에 합격했다. 그는 만날 때마다 침이 튀도록 낭독의 중요성에 대해 열변을 토한다.

실제 같은 내용을 소리 내서 읽다 보면 자연스럽게 암기되는 효과를 경험할 수 있다. '1만 시간의 법칙'도 있지 않은가. 반복적으로 낭독훈련을 하다 보면 1만 시간이 되기 전에 이미 이루어질 것이다. 이 법칙은 운동이나 음악, 무용, 기술 등 어느 분야에도 모두 해당된다. 어느 분야에서든지 성공한 사람들은 반드시 절대적인 시간을 투자한다. 반복적인 낭독 학습은 불가능을 가능하게 만든다. 아카데미에서도 초등학생부터 어른까지 낭독을 기본 베이스로 훈련한다. 자연스럽게 스피치의 기초를 쌓는 것이다.

캐나다 워털루 대학교 콜린 맥레드 심리학 교수 연구팀은 학생들을 대상으로 암기 방법에 대한 실험을 진행했다. 눈으로만 익으면 65%만 암기에 성공했고, 다른 사람이 단어 읽는 것을 들었을 때는 69%, 자신이 읽어서 녹음한 내용을 들으면 74%, 큰 소리로 읽기는 77% 암기에 성공했다고 한다. 큰 소리로 읽으면 눈과 귀, 입 등 신체에 다양한 부분이 움직여서 기억에 오래 남는다. 우리 몸의 여러 감각기관을 동시에 쓰기 때문이다. 학습과 기억은 스스로 적극적인 개입이 있어야 효과적이다. 처음에는 누가 듣는 것이 부담스러울 수도 있지만 낭독이라는 작은 실천은 놀라운 결과를 가져올 것이다.

이러한 낭독의 힘과 중요성을 잘 알았기에 문화부도 2012년 독서의 해에 '책 읽는 소리, 대한민국을 흔들다'라는 캐치프레이즈를 내세웠다. 지금은 스마트폰과 SNS를 통해 정보가 생산과 소비가 빠른 디지털 시대이다. 이 시대에 낭독은 많은 사람들이 심사숙고해야 할 중요한 가치로 전파되어야 한다. 처음에는 낯설고 어색할 수 있지만 괜찮다. 작은 소리로 읽었다가 점점 익숙해지면 큰 소리로 낭독하자. 자신이 발표할 내용도 큰 소리로 읽어보자. 입에서 나온 소리를 귀로 전달하는 낭독의 진정한 의미를 깨닫고 내면에 깊숙이 전달해보자.

## 살아서 움직이는 낭독

KBS에서 '낭독의 발견'이라는 프로그램이 방영된 적이 있다. 낭독의 의미를 재발견하는 내용이었다. 우리는 절대 독서량이 부족하고 그마저도 눈으로만 읽는 디지털 시대에 살고 있다. 신체의 감각을 최대한 활용하는 낭독은 지금 시대에 꼭 필요하다. 우리 몸의 감각을 깨워주기 때문이다. 책 속의 글은 그저 글자이다. 묵독은 어느 순간 '까만 것은 글씨요, 흰 것은 종이'라는 사실만 알게 해준다. 낭독으로 소리를 내서 읽으면 글자의 의미가 살아난다. 이렇게 살아 움직이는 글은 새로운 영감을 줄 것이다.

캐나다 몬트리올대학 언어학 교수인 빅토르 부셰는 가장 좋은 암기법은 '소리 내어 읽는 것'이라고 했다. 그는 미국 대통령 링컨이 소리 내어 읽기를 멈추지 않은 사례를 들었다. 링컨은 신문기사, 법률 도서, 연설문 등 모든 것을 큰 소리로 읽었다. 법률 파트너로 사무실을 같이 썼던 윌리엄 헌든이 "매일 아침 사무실에 쩌렁쩌렁 울리는 링컨의 읽는 소리가 성가셔서 살 수가 없다"고 불평할 정도였다. 낭독의 효과를 몸으로 체험하고 항상 소리 내어 반복한 것이다. 발표할 때도 갑자기 긴장해서 내용이 생각나지 않을 수 있다. 낭독을 통한 연습은 이런 상황을 극복하게 해준다. 머리로 생각해서가 아닌 준비한 대로 말이다.

낭독의 장르에는 제한이 없다. 시 낭송회, 책 읽어주는 클래식, 낭독 뮤지컬, 낭독 음악회 등 다양한 분야에서 활용된다. 시를 낭독하고 뮤지컬이나 음악도 소리내어 낭독할 수 있다. 글이라는 내용에 감정을 입히고 영혼을 불어넣는 행위가 낭독이다. 글을 소리 내서 읽으면 살아서 움직인다. "말이 씨가 된다"는 속담도 있다. 말하는 대로 이루어진다는 의미이다. 그래서 긍정적인 말, 좋은 말을 많이 하는 것이 중요하다. 평상시 내가 자주 사용하는 말이 나의 삶을 만든다. 내 인생까지 결정한다고 해도 과언이 아니다.

글로 읽은 내용보다 다른 사람에게 직접 들려준 이야기는 더 오래 기억에 남는다. "직접 내가 겪은 일이나 지어낸 이야기를 남에게

했을 때 쉽게 잊지 않는다. 어떤 글을 소리 내어 읽을 때도 이와 비슷한 효과를 낸다. 자신이 직접 생산했다는 착각이 들기 때문이다." 워털루대학 노아 포르린 심리학 교수의 말이다. 동화 구연이나 내 이야기를 누군가에게 말로 표현하면 기억에 오래 남는다. 똑같은 기사도 신문으로 읽는 것보다 뉴스로 보고 듣는 것의 이해도가 높은 것도 같은 효과이다.

"인생은 한 권의 책과 같다. 어리석은 자는 마구 넘겨버리지만, 현명한 자는 열심히 읽는다. 인생은 단 한 번만 읽을 수 있다는 것을 알기 때문이다." 독일의 작가 장 파울(Jean Paul)의 말이다. 좋은 글을 소리 내어 글자 하나하나를 되새기며 읽어보자. 눈으로만 읽어서 느끼지 못했던 작가의 깊은 감정을 느낄 수 있다. 시, 문학, 고전, 회의 자료, 면접 등 어떤 자료도 좋다. 눈으로 보고 귀로 들은 내용이 내 마음으로 전달될 것이다. 오늘부터 낭독으로 감정을 살려 읽어보자.

# 삶을 바꾸는 낭독의 힘

27

우리가 먹는 음식에 따라 몸은 그대로 반응한다. 음식에 따라 체질이 바뀌기도 한다. 언어도 마찬가지다. 매일 사용하는 언어가 그 사람의 미래를 결정한다고 해도 과언이 아니다. 좋은 습관이 좋은 결과를 만들어 내듯이 긍정적인 말은 자신의 삶을 바꾼다. 잔소리나 부정적인 말을 듣고 싶어 하는 사람은 없다. 칭찬이나 긍정적인 말은 기분을 좋게 하고 의욕이 넘치게 한다. 그래서 낭독할 때도 밝고 긍정적인 글을 읽으면 좋다. 매일 밝고 긍정적인 글을 낭독하는 소리가 우리의 삶을 바꿀 수 있기 때문이다. 우리의 삶을 바꾸는 낭독의 힘이 무엇인지 알아보자.

# 각인력

대부분의 사람들은 눈으로만 조용히 책을 읽는다. 그러다 보면 자꾸 다른 생각이 떠오른다. 회사에서 끝내지 못한 업무가 생각나고 낮에 있었던 대화가 생각나기도 한다. 하지만 낭독은 스스로 그 내용에 빠져들게 하는 효과가 있어 잡념이 끼어들 틈을 막아준다. 우리 머릿속에 각인되어 있는 것들 중 하나는 조선시대 왕 순서가 아닐까. '태정태세문단세'로 시작하는 것 말이다. 과학에 흥미 있었던 사람들은 '칼카나마알아철'로 시작하는 원소기호를 기억할 것이다. 이처럼 낭독은 무의식중에 낭독하는 내용들이 내 머릿속에 각인되는 효과도 있다. 단점은 너무 오래 기억나는 정도일까.

"같은 말을 1만 번 반복하면 그것이 이루어진다"는 인디언 격언이 있다. 반복의 위대함을 표현하는 말이다. 같은 말을 반복한다는 것은 그것을 간절히 원하는 것과 같다. 스스로 신념화가 이루어진다는 의미이다. 우리 속담에는 "말이 씨가 된다", "말 한마디로 천 냥 빚 갚는다" 등이 있다. 어떤 말을 통해 생겨나는 일들이 '나비효과(butterfly effect)처럼 커다란 변화를 유발한다. 사람은 분명 언어의 지배를 받는다.

특히 어린아이에게 평소 부모나 교사의 말이 끼치는 영향력은 정말 대단하다. "너는 커서 훌륭한 사람이 될 거야", "너는 무엇이든지 잘할 수 있어"라는 말 한마디가 아이를 성장시킨다. 아이는 그 말대로 더 잘하려고 노력할 것이다. 반대로 "너는 하는 것마다 왜 그 모양이니?" "네가 뭘 하겠어?"라는 부정적인 말을 자주 듣는 아이는 정말 아무것도 할 수 없게 된다. 그 말에 스스로 갇혀 버리기 때문이다. 심리학에서는 이를 상대에게 라벨을 붙인다고 해서 라벨 효과(Label effect)라고 한다. 자녀나 동료, 친구들에게 어떻게 말하느냐에 따라 상대의 인생이 달라진다. 특히 영향력을 지닌 리더의 말은 더욱 중요하다.

데일 카네기는 이렇게 말했다. "성공한 사람들은 세 가지 말을 절대 하지 않았다. '없다.' '잃었다.' '한계가 있다'는 말이다." 이처럼 부정적인 말은 생각조차 하지 말고 입 밖으로 내보내서도 안 된다. 성공한 사람들은 적극적, 긍정적, 미래지향적인 말을 많이 한다. 나의 부정적인 표현은 상대와 나 모두를 힘들게 만들 수 있다. 다음과 같은 말은 절대 사용하지 말자. "너는 왜 그것도 못해?" "보나마나 안 될 거야." "너에게 기회는 없어." "괜히 시간 낭비하지 마." 이런 말은 상대에게 다시는 그런 일을 할 수 없게 각인하는 것이다.

## 견인력

성장하는 말, 확신의 말을 지속적으로 사용해보자. 내가 사용하는 말이 곧 신념이 되고 신념은 행동으로 나타난다. 스스로 자신감이 넘치고 긍정적인 에너지를 불어넣고 싶다면 매일 아침 다음 문장을 큰소리로 외치라. 하루의 시작은 아침에 결정된다 해도 과언이 아니다. 기분 좋은 아침의 시작은 하루를 즐겁게 만든다. 나로 인해 주위 사람들도 기분이 좋아진다. 매일 아침 설레는 마음으로 자신에게 기분 좋은 주문을 걸어보자.

"나는 정말 기분이 좋다!"
"나는 정말 건강하다!"
"나는 정말 멋있다!"
"오늘 하루 멋진 날이 될 것이다!"
"오늘은 모든 일이 술술 잘 풀릴 것이다!"
"오늘도 좋은 성과를 이룰 것이다!"

세계적인 뇌 과학자 카와시마 류타 교수는 아이들을 대상으로 무엇을 할 때 뇌가 가장 활성화되는지 실험했다. 게임할 때, 단순 계산할 때, 조용히 묵독할 때, 소리 내어 낭독할 때로 구분했다. 그 결과 '낭독할 때'의 뇌가 20%나 활성화되었다. 이에 대해 가천대학교 뇌 과학 연구원장 서유현 교수는 "일정한 소리를 내면서 책을 읽으면 뇌의 더 많은 영역이 움직이면서 뇌 발달에 유익하다"고 말했다. 머리를 쓰면서 게임을 하거나 계산을 할 때보다 낭독할 때 뇌가 더 활성화되는 것이다.

무언가를 외울 때 눈으로 가만히 보는 것보다 소리내어 중얼거리면 더 잘 외워진다. 우리가 몸을 통해 기억한 것이기 때문이다. 기억은 운동과도 비슷한 부분이 있다. 학창 시절 체육시간에 배웠던 농구나 탁구 실력은 평생을 간다. 기억도 마찬가지다. 의식하지 않지만 낭독할 때 우리는 많은 미세 근육을 사용한다. 눈으로 보고 자신의 말로 귀로 듣고, 또 혀와 입을 움직인다. 이렇게 소리를 내서 말하는 내용을 몸이 기억하는 것이다. 마치 몸으로 익힌 것처럼 오래 기억할 수 있다.

유대인들은 소리를 내고, 수시로 일어나 걸어 다니면서 외운다. 다들 그렇게 하기 때문에 다른 사람의 눈치를 볼 필요도 없다. 눈으로 읽고, 듣고 움직임을 동시에 하니 두뇌가 활발히 움직인다. 뇌가 활발하게 움직이니 효과도 높아진다. 하브루타는 자유롭게 움직이며 토론하는 학습법이다. 예부터 유대인들은 몸을 움직이며 공부해야 한다고 생각했다.《탈무드》에는 "몸의 움직임은 두뇌의 움직임을 돕는다."라는 말이 나온다.

● 소리 내어 읽을수록 뇌가 즐거워한다 | 작성자 Mr Hwang

# 성취력

말에는 각인력과 견인력을 넘어 성취력이 있다. 어느 대뇌 학자는 뇌세포의 98%가 말의 지배를 받는다고 발표했다. 말이 행동을 유발하고 그것이 다시 뇌에 남게 되고 그 뇌가 신경을 지배한다. 신경은 행동을 지배하기 때문에 곧 나의 말이 행동을 이끈다고 할 수 있다. "할 수 있다"라고 말하면 할 수 있게 되고 "할 수 없다"라고 말하면 할 수 없게 된다. 적극적이고 긍정적인 말만 해야 한다. "할 수 있다"라고 말하고 행동하면 이루어지는 것이 성취력이다.

세계적인 베스트셀러 《적극적인 사고의 힘》의 저자 노만 빈센트 필(Norman Vincent Peale) 박사에게 한 청년이 물었다. "박사님, 어떻게 하면 세일즈를 잘할 수 있을까요?" 필 박사는 조그만 카드를 꺼내 청년에게 주면서 적으라고 했다. "나는 훌륭한 세일즈맨이다. 나는 세일즈 전문가다. 나는 모든 준비가 되어 있다. 나는 프로다. 나는 내가 만나는 고객을 친구로 만든다. 나는 즉시 행동한다." 필 박사는 그 청년에게 카드를 가지고 다니면서 주문 외우듯이 반복해서 외우라고 했다. 청년은 카드를 늘 간직하고 다니면서 읽고 자신에게 다짐했다. 그는 결국 유능한 세일즈맨이 되었다.

가수들은 노래 한 곡을 녹음하기 위해 수십 수백 번을 연습한다. 그래서 대부분의 가수들은 자기 노래처럼 인생을 살게 된다는 말도 있다. '해뜰 날'을 부른 가수 송대관은 쟁쟁했던 가수들이 많았던 시절 그 노래로 "정말 쨍하고 빛을 보게 되었다"라고 했다. 한 시대를 풍미한 복싱 선수 무하마드 알리(Muhammad Ali)는 경기를 할 때마다 명언을 남겼다. "나비처럼 날아서 벌처럼 쏜다", "소련 전차처럼 쳐들어갔다가 프랑스 미꾸라지처럼 빠져나오겠다"라고 했다. 그는 수많은 승리를 거두고 위대한 복서가 되어 "내 승리의 반은 주먹에, 반은 말에 있었다"라고 말했다.

낭독의 힘으로 삶을 바꿀 수 있다. 매일 먹는 음식보다 훨씬 더 중요하다. 낭독으로 각인력과 견인력, 성취력을 내 삶에서 직접 느껴보자. 무한한 힘과 에너지를 가진 말은 누가 내게 해주는 것이 아니다. 그 힘과 에너지가 생기는 말은 내가 나에게 스스로 해줘야 한다. 이 글을 읽는 지금 이 순간 외쳐보자. "나는 자신 있다! 발표도 자신 있다! 모든 일에 자신 있다!" 말하고 듣기만 했는데도 혁명적으로 바뀌는 삶은 멀리 있지 않다. 당신도 경험할 수 있다!

# 시와 격언을 낭독하면
# 얻을 수 있는 것들

28

낭독(朗讀)이 우리에게 미치는 영향은 실로 대단하다. 삶을 풍요롭게 만들고 때로는 위로를 주기도 한다. 낭독의 힘을 몰랐던 상황에서도 이를 취미활동으로 삼는 사람들이 있다. 대신하기도 한다. 특히 시와 격언을 낭독하면 얻을 수 있는 것이 많다. 시 낭송(朗誦)은 표현력이 풍부해지고 언어 순화에도 효과적이다. 감정을 충분히 살려 낭송하면 아름다운 정서가 생겨난다. 인생 격언이나 명언도 마찬가지다. 시와 격언은 가장 짧은 시간에 쉽게 사람의 마음을 변화시키는 표현예술이다.

## 삶이 풍요로워지는 낭독법

시 낭송을 통해 감수성과 상상력, 창의력을 기를 수 있다. 시에는 '은

유'가 있기 때문이다. '내 마음은 호수요', '시간은 금이다'와 같은 표현이 은유에 속한다. 보이지 않는 '마음'과 '시간'을 '호수'와 '금'으로 알기 쉽게 표현한다. 은유는 보이지 않는 것을 이미지로 그려지게 한다. 이미지화되면 쉽고 오랫동안 기억에 남는다. 창의력을 기르고 싶다면 은유적 표현이 많은 시 낭송을 듣고, 직접 낭송하자. 낭송으로 스트레스를 해소하고 마음의 위안을 받는다. 정서 순화에도 큰 도움이 된다. 세상을 바라보는 시야가 달라지고 마음이 풍요로워지는 경험을 할 수 있을 것이다.

낭독의 종류는 여러 가지이지만 시 낭송의 역사는 매우 유구하며 창의력을 길러준다. 필자는 유난히 추운 눈 내리는 겨울날에 이근배 시인의 '겨울행'이라는 시 낭송을 들은 적이 있다. "대낮의 풍설은 나를 취하게 한다"는 구절에서 강한 바람과 함께 눈이 내리는 풍경이 그려졌다. "연기 속에 눈 못 뜨고 때시던 생솔의 … 저녁 나절의 모습이 자꾸 떠올려지는"이라는 구절에서는 왠지 모를 그리움도 느껴졌다. 특히 시구의 내용과 내가 겪은 경험이 겹쳐지면 오래 기억에 남는다. 실제 경험하지 않았더라도 뇌에서는 눈으로 보고 손으로 만진 것처럼 느낀다고 한다. 이근배 시인의 '겨울행'을 소개한다.

### 겨울행 / 이근배

대낮의 풍설은 나를 취하게 한다.

나는 정처 없다.

산이거나 들이거나 나는

비틀걸음으로 떠다닌다.

쏟아지는 눈발이 앞을 가린다.

눈발 속에서 초가집 한 채가 떠오른다.

아궁이 앞에서 생솔을 때시는 어머니


어머니

눈이 많이 내린 이 겨울

나는 고향엘 가고 싶습니다.

그곳에 가서 다시 보고 싶은 것이 있습니다.

여름날 당신의 적삼에 배이던 땀과

등잔불을 끈 어둠 속에서 당신의

얼굴을 타고 내리던 그 눈물을 보고 싶습니다.


나는 술 취한 듯 눈길을 갑니다.

설해목(雪害木) 쓰러진 자리

생솔 가지를 꺾던 눈밭의

당신의 언 발이 짚어가던 발자국이 남은

그 땅을 찾아서 갑니다.

헌 누더기 옷으로도 추위를 못 가리시던 어머니

연기 속에 눈 못 뜨고 때시던

생솔의, 타는 불꽃의, 저녁나절의

모습이 자꾸 떠올려지는

눈이 많이 내린 이 겨울

나는 자꾸 취해서 비틀거립니다.

최근 코로나19로 인해 아이들의 교육격차가 매우 심해졌다. 초등학교 저학년인데 한글을 제대로 읽거나 쓰지 못하는 학생도 많다. 문제의식을 느낀 어머니들이 아카데미에 상담을 온다. 아이가 한글을 모르기 때문에 학교생활이 재미없고 학교에 가기 싫다고 했다. 엄마는 근심이 가득한 얼굴이다. 이런 학생들은 아카데미에서 한글을 큰소리로 따라 읽기를 반복시킨다. 읽으면서 쓰기도 함께 한다. 평균적으로 3개월 정도 집중적으로 트레이닝하면 한글을 쉽게 깨우친다. 언어를 잘할 수 있는 방법은 듣고 따라 하는 것을 반복하는 것이다. 단순한 듯하지만 가장 확실한 학습법이다. 아이들의 학교생활도 풍요로워질 것이다.

## 삶의 위로를 받는 낭독법

삶이 지치고 힘들 때 한 줄의 글귀로 인해 생각하지 못한 위로를 받기도 한다. 이채 시인의 "당신과 나의 한 해가 행복했으면 좋겠습니다"는 연말연시에 가장 많이 낭송하는 시다. 물론 평상시에도 낭독하면 마음이 평안해지고 위로를 받게 된다. 아름다운 시어들이 주는 울림은 마음을 덥혀주는 따스한 격려이다. 이 밖에도 삶의 위로가 되는 시는 너무나 많다. 아무리 바쁜 일상이라도 하루 5분씩은 시를 낭송하자. 분명 마음에 위로를 받고 힘이 솟을 것이다.

### 당신과 나의 한 해가 행복했으면 좋겠습니다 / 이채

신이 강을 이룰 때
이 쪽과 저 쪽을 가르지 아니하였고
신이 사람을 만들 때
높고 낮음을 정하지 아니하였거늘


우리는 어찌하여
강의 이 쪽과 저 쪽을 갈라서
있고 없음을 따지며
사람의 높고 낮음을 정하여
위치와 거리를 두는지요.


스스로 그늘을 만들지 않는 한

어디에도 햇살은 다녀가고
스스로 가치를 낮추지 않는 한
우리는 누구나 만물의 영장입니다.

강 저쪽에서 바라봐도
찬란한 노을은 언제나 아름답고
출렁이는 은빛 물결에
오늘도 더없이 행복한 마음

살다가 살다가
어느 날 천국의 문이 열리는 날
우리는 주머니 없는 하얀 옷을 입고
누구나 빈손으로 그곳으로 가지요.

알지 못하는 것도 아니고
깨닫지 못하는 것도 아니건만
늘 망각의 동물이 되어
욕심만 쌓이고 쌓여 갑니다.

가졌다 하여
여섯 끼를 먹을 수 없으며

높다고 하여

한 평 넘게 누울 수 있을까요.


비록 가진 것 없어도

비록 높은 곳 아니어도

오늘도 맑고 고요한 하루, 또 하루에

당신과 나의 한 해가 늘 행복했으면 좋겠습니다.


처음에는 시의 내용을 완벽하게 이해하지 못해도 괜찮다. 반복해서 낭송하다 보면 시에 몰입하게 되고 그 깊이를 느낄 수 있을 것이다. 나만의 해석으로 시를 느끼는 것도 좋다. 그것이 바로 삶에 힘이 되는 것이다. 시를 낭송하면서 위로를 받기도 하고 스스로 다짐도 한다. 요즘은 시를 몇 편은 고사하고 한 구절 정도 제대로 암송하고 낭독할 줄 아는 사람이 없다. 어느 자리에서 분위기에 맞게 시 낭송을 할 줄 아는 것은 정말 대단한 일이다. 노래 한 곡은 누구나 쉽게 할 수 있다. 반면 시 낭송은 자신을 어필하는 새로운 무기가 될 수 있다. 요즘은 결혼식장이나 행사장에서도 축가 대신 축시를 낭송하기도 한다.

낭독은 '자신의 목소리를 내고 듣는 것'이다. 단순히 글자만 읽는 것은 낭독의 본질이 아니다. 자신의 목소리를 들으며 제대로 표현하는 것이다. 그래서 낭독은 스스로 치유하고 성장하는 행위라고 할 수 있다. 무엇이든 한 구절씩 되새기며 소리 내어 읽어보자. 쉼 없이 앞만 보고 달려가는 자신에게 분명 내면의 깊은 곳에서 말할 것이다. '나의 존재는 소중하다', '내가 무엇을 위해 사는 것인가'라고 다시 생각하게 될 것이다. 하루의 시작을 알리는 아침 시간, 하루를 정리하는 저녁 시간에 낭독을 해보자. 좋은 글은 힘들고 지친 마음을 다독여줄 것이다. 행복한 날에는 그 행복이 배가 될 것이다.

스마트폰과 SNS가 주가 된 디지털 시대에 사람들은 소리 내어 읽는 것에 약하다. 낭독은 그 자체로 힘이 있다. 리듬을 넣어 소리 내서 읽으면 목소리에도 힘이 생긴다. 큰 소리를 내서 말하면 단전에 힘이 들어가서 건강에도 좋고 자신감도 향상된다. 미국의 심리학자 겸 의사인 잭 리디(Jack J. Leedy)와 시인 엘리 그라이퍼(Eli Greifer)는 시 낭송 치료(poetry therapy)를 시도했다. 낭송을 포함한 낭독은 내가 직접 하는 것과 남이 하는 것을 듣는 것도 해당된다. 천천히 소리 내어 읽다 보면 마음의 여유가 생기고 내면 깊은 곳의 소리도 들린다. 마음속에 불순물들을 낭독을 통해 정화시키자.

## 삶의 지혜를 주는 낭독법

좋은 글은 삶의 지혜와 방향을 제시해 주는 역할을 한다. 무심코 던진 말 한마디가 상대방에게 상처를 준다. 사랑의 말, 긍정의 말 한마디가 사람을 살리기도 한다. 좋은 글귀나 명언은 삶을 올바른 방향으로 인도하기도 한다. 사람뿐만 아니라 동물이나 식물도 소리에 반응한다. 집에서 키우는 반려동물도 자기를 예뻐하는지 아닌지 금세 알아차린다. 식물도 마찬가지다. 낱알은 주인의 발소리를 듣고 자란다고 한다. 아래의 글도 소리 내서 읽어보자. 우리의 삶과 밀접한 관계가 있다.

### 말의 힘

말에는 창조하는 능력이 있습니다.
사랑하는 말을 하게 되면
말을 하는 사람도 말을 듣는 사람도 사랑을 창조해 냅니다.


미워하는 말을 하게 되면
말을 하는 사람도 말을 듣는 사람도
미움을 창조해 내는 신기한 힘이 있답니다.


집에서 키우는 화초를 보고
날마다 욕하고 너를 미워한다고 말하고
죽는 것이 낫다고 말하면
아무것도 모르는 것 같은 화초도 말라 죽는답니다.

반대로 화초를 보고 너는 정말 예쁘다고 말하고

너를 사랑한다고 말하면 화초는 싱싱하게 자라서

예쁜 꽃을 피우고 향기로운 꽃향기를 집안 가득 선물한답니다.


말에는 이처럼 힘이 있습니다.

내가 사랑하는 모든 사람에게 사랑이 있는 말

예쁘고 착한 말을 사용해 봅시다.

우리 모두의 마음이 아름다워질 것입니다.


말에는 힘이 있다. 부정적인 말에는 부정의 힘, 긍정적인 말에는 긍정의 힘이 있다. "행복한 사람은 모든 것을 가지고 있는 사람이 아니다. 자신이 가진 것을 최고로 만드는 사람"이라는 명언도 있다. 이 글처럼 자신의 부족함을 보기보다는 자신이 가지고 있는 것을 더욱 발전시켜 최고로 만들어야 한다. "밉게 보면 잡초 아닌 풀 없고 곱게 보면 꽃 아닌 사람 없다"는 구절이 있다. 세상을 긍정적으로 보면 모두 꽃으로 보이고, 부정적으로 보면 모두 잡초로 보인다는 뜻이다. 짧은 글귀에서도 삶의 지혜와 교훈을 얻을 수 있다. 당신의 말 그릇에 긍정의 소리를 담자.

서울의 한 초등학교에서는 감사 일기를 작성해서 매일 발표한다. 자신에 대한 감사, 부모님에 대한 감사, 선생님에 대한 감사, 학교에 대한 감사 등이다. 감사할 내용을 생각하고 그것을 글로 써서 발표하면서 아이들의 바른 인성이 형성된다. 어릴 때부터 올바른 사고를 하는 습관은 삶의 지혜를 가져다준다. 이러한 작은 실천들이 모여 한 사람의 인격을 만든다. 삶의 지혜는 내가 직접 경험한 것뿐만이 아니라 다른 사람의 경험과 이야기를 들으면서도 생긴다. 명언이나 좋은 글을 낭독하면서도 지혜를 얻을 수 있다.

"좋은 일을 생각하면 좋은 일이 생긴다. 나쁜 일을 생각하면 나쁜 일이 생긴다. 당신은 당신이 하루종일 생각하고 있는 것, 바로 그것의 조합이다." 아일랜드의 철학자이자 법학자 조셉 머피(Joseph Murphy)의 말이다. 워런 버핏은 "읽고 읽고 또 읽고, 또 읽는다"라고 말했다. 소원을 물었더니 읽을 시간이 더 충분했으면 좋겠다고 했단다. 글이 생각을 만드는 뿌리라면 낭독은 나무를 풍성하게 만드는 가지와 같다. 시 낭송과 짧은 인생 격언 낭독을 통해 우리의 삶을 아름답게 변화시키자.

# 낭독은 말하기 능력을 향상시킨다

**29**

말하기 능력 향상을 위해 가장 중요한 것은 말하기 준비다. 발표가 두렵거나 대인관계를 어려워하는 사람들도 충분히 가능하다. 막연하게 발표와 대화를 피하기만 한다면 발전하기 어렵다. 자신이 부족한 부분을 알고 차근차근히 준비하면 된다. 낭독은 말하기 능력을 향상시킬 수 있는 좋은 연습 방법이다. 한 줄이라도 자기소개를 작성해서 낭독해보라. 스스로 부족함을 느끼고 잘하고 싶다는 갈증이 생길 것이다. 부끄러워할 필요도 없다. 영어회화보다 훨씬 쉽다. 지금부터 낭독으로 말해보자.

## 낭독으로 다양하게 표현하기

각자 주어진 상황에서 1분 말하기를 준비해보자. 먼저 무엇을 말할지 생각한 다음 키워드를 작성한다. 키워드를 바탕으로 서론, 본론, 결론 구조로 글을 작성한다. 편집 방식이 모두 다르겠지만 5줄에서 7줄 정도의 한 문단이 1분 말하기에 적당하다. 문단의 구조에서 3개의 큰 의미 덩어리를 정한다. 이것이 대부분 서론, 본론, 결론의 핵심 키워드이다. 정해진 핵심 키워드를 가지고 낭독해보자. 주제를 크게 벗어나지 않는 범위에서 자유롭게 표현한다. 앞서 2장에서도 자세하게 설명했으니 다시 봐도 좋다.

〈자기소개 예문〉

안녕하십니까. 항상 성실하고 열정이 넘치는 지원자입니다. 저는 자동화 솔루션 회사에서 솔루션 개발과 유지 보수 업무를 담당했습니다. 2년간 최선을 다해 시스템 완성도를 높이는 업무를 수행했고 직접 기술 지원을 통해 현장에서 적응력과 원활한 의사소통 능력을 키웠습니다. 또한 계속 성장하고자 하는 마음으로 시스템 관리에 필요한 자격증도 취득했습니다. 이러한 저의 역량과 전산 직무에 대한 사명감을 바탕으로 우리 연구원 전산시스템 정보자산을 안정적으로 운영하는 직원이 되겠습니다.

〈다르게 표현하기〉

안녕하십니까. 항상 최선을 다하는 지원자입니다. 저는 자동화 솔루션 회사에서 근무한 경력이 있습니다. 주로 솔루션 개발과 유지 보수를 담당했습니다. 개발 업무에서 시스템 완성도를 높이기 위해 2년 간 최선을 다하며 직접 기술지원으로 적응력과 의사소통 능력을 키웠습니다. 또한 전문적으로 시스템 관리에 필요한 자격증도 취득했습니다. 제가 가진 역량과 의사소통 능력으로 연구원에 꼭 필요한 인재가 되겠습니다. 감사합니다.

핵심 키워드를 바탕으로 서론, 본론, 결론의 표현을 자유롭게 만들어 낼 수 있다. 먼저 기본이 되는 예문을 작성하고 이를 바탕으로 계속 다르게 표현해본다. 큰 틀에서 주제가 변하지 않으면 된다. 말할 때는 조금씩 다른 표현이 나오는 것이 정상이다. 이렇게 말할 수 있으면 다양하게 표현할 수 있는 능력이 자연스럽게 생긴다. 예문 하나에 한정되지 않고 표현하는 방식이 무의식중에 자리 잡는다. 다른 글을 낭독해도 훨씬 다양하고 자연스럽게 할 수 있다. 이 과정을 반복하면 훨씬 간결하고 세련된 표현도 가능하다.


## 낭독으로 차분하게 표현하기

말을 잘하기 위해서 처음에는 예문이 필요하다. 물론 예문이 없이도 생각을 정리해서 말할 수 있으면 좋겠지만 처음부터 그러기는 어렵다. 그래서 스스로 예문을 작성하고 작성된 내용을 낭독훈련으로 계속 연습하는 것이다. 평소 낭독을 통해 훈련하면 자연스럽게 내용이 머릿속에 정리되고 정보가 쌓인다. 그리고 필요한 상황이 되면 차분하게 정리된 내용들이 하나하나 나오게 된다. 가끔 말하다 보면 "내가 어떻게 이런 말을 했지?"라고 말하는 사람도 있다. 자신도 모르는 사이에 낭독을 통해 여유롭게 말할 수 있는 능력이 생긴 것이다.

"칠순이 넘었는데 스피치를 배울 수 있을까요?" 한 여성이 갑자기 문을 열고 들어오며 말했다. 교회에서 대표기도를 해야 하는데 너무 떨려서 못하겠다고 했다. 집에서 열심히 작성한 기도문을 읽지만 말고 자연스럽게 표현하고 싶어 했다. 일대일 대면으로는 몇 시간이라도 하나님의 말씀을 전할 수 있을 것 같았다. 하지만 대중 앞에 서면 문제였다. 먼저 기도문에 해당하는 핵심 키워드를 선정, 그것을 가지고 직접 기도하는 연습을 반복했다. 아카데미에서는 소규모 그룹에서 실전 연습으로 꾸준히 자신감을 얻었다. 그 결과 정말 편안하게 기도를 마칠 수 있었고 주변 사람들도 매우 놀랐다고 했다.

배우는 데는 남녀노소가 없다. 위의 여성분은 백발이 성성한 할머니였다. 핵심 키워드로 낭독하는 방법을 알려드렸더니 소녀처럼 재미있어하셨다. 어려워할 수도 있었지만 대표기도를 해낼 수 있다는 생각에 매일 즐겁게 연습했다. 나중에는 생각보다 어렵지 않다고도 했다. 이제는 머릿속이 하얘지지도 않고 하고 싶은 말이 차분하게 나온다고 기뻐했다. 필자가 스피치에서 가장 중요하다고 강조하는 것은 발성훈련이다. 딱 한 가지만 더하자면 바로 낭독이다. 발성훈런으로 목소리를 만들고 낭독으로 연습하자. '말하기의 달인'에 이르는 가장 확실한 방법이다.

## 낭독으로 나를 표현하기

낭독은 억지로 외우려고 애쓰지 않아도 된다. 낭독훈련은 저절로 암기될 정도로 반복하는 훈련이다. 학창 시절 깜지를 쓰면서 공부했던 경험이 있을 것이다. 아무리 써서 외워도 말이 입에서 쉽게 나오지 않았다. 말하기는 혀와 입술을 많이 움직여 부드러워질 때 비로소 말이 나온다. 연습량이 부족하면 입 밖으로 쉽게 나오지 않는다. 그래서 연습의 범위와 시간을 정해서 꾸준히 반복해야 한다. 발표나 면접을 앞두고 무조건 외워야 한다는 고정관념에서 벗어나자. 연습량을 늘리는 데 시간과 노력을 집중하는 것이 효과적이다.

"하루라도 글을 읽지 않으면 입안에 가시가 돋는다." 안중근 의사의 말이다. 과거에는 동서양을 막론하고 글은 소리 내서 읽었다. 다산(茶山) 정약용도 "이 세상에서 무슨 소리가 가장 맑을고, 눈 쌓인 깊은 산속 글 읽는 소리로세"라고 말했다. 오히려 옛사람들이 낭독의 중요성을 잘 알았던 듯하다. 지금 우리는 늘 바쁜 일상과 경쟁 속에 살다 보니 무엇이든 '빨리빨리'이다. 그래서 소리 내서 책을 읽기보다는 눈으로 읽는 묵독에 익숙하다. 내가 발표할 내용을 소리 내서 낭독해보면 어떨까.

"우리 애는 집에서는 목소리도 크고 말도 잘하는데 밖에만 나가면 목소리도 작아지고 말을 못해요"라고 하소연하는 부모가 많다. 실제 상담을 오는 학생들에게 낭독 테스트를 해보면 글을 읽을 때 오독이 많다. 간단한 자기소개를 시켜도 시원스럽게 말하는 학생들이 별로 없다. 학교에 입학하고 학년이 올라가고 사회에 나오기까지 자기소개를 수없이 반복하지만 늘 어렵다. 단어를 빼먹고 읽는다거나 추가해서 읽는 경우도 많다. 결국 성인이 되어 아카데미에서 면접 수업을 듣는다. 낭독훈련을 하면 아이에서 어른까지 자신을 확실하게 표현할 수 있는 능력이 생긴다. 자연스럽게 말하기 능력이 향상되는 것이다.

낭독훈련의 효과를 극대화할 수 있는 연습 방법을 소개한다. 내가 낭독한 소리를 녹음해 듣는 것이다. 스마트폰은 훌륭한 녹음기다. 낭독 자체가 내 목소리를 내가 듣는 행위이지만, 낭독한 것을 5분 단위로 녹음해서 들어보자. 평소 내 몸의 울림을 통해 들리는 목소리와 기계에서 들리는 내 목소리는 확실히 다르다. 충격을 받는 사람도 있다. 다소 생소함을 극복하고 녹음된 목소리가 들리면 발표 내용을 생각하며 따라 한다. 귀에 들리는 녹음된 내용은 지금 내 입으로 말하는 것과 분명 다를 것이다. 자연스럽게 새로운 발표 연습이 된다. 말이 잘 나오지 않는 부분은 전과 후의 논리적 연결 상태를 점검해서 기억하면 된다.

낭독을 모르는 사람은 없지만, 말하기를 위해 낭독을 하는 사람도 별로 없을 것이다. 그러나 낭독을 하면 분명 말하기 능력이 향상된다. 수많은 수강생들을 코칭하며 얻은 경험이다. '정말 그럴까?'라는 의심이 들지만 가장 확실한 방법이다. 처음 사용해본 불편한 표현은 나에게 다양한 표현을 학습하게 만든다. 머릿속에 이야기할 것이 분명해지면 차분하고 여유로워진다. 여기에 내가 낭독한 것을 직접 따라 해보면 머릿속에 논리적인 구조가 확실히 자리 잡는다. 분명 달라진 자신을 발견하게 될 것이다.

## 낭독의 기술

30

발표의 완성도를 높이려면 낭독은 필수이다. 말할 내용이나 발표 자료를 직접 낭독해보자. 그냥 소리 내어 읽기만 해서는 안 된다. 발표 전달력을 높이고 청중에게 감동을 주기 위해서는 낭독에도 기술이 필요하다. 가볍게 읽어보고 한 음절씩 읽어도 본다. 강조법을 익히면 나의 표현에 생동감이 더해진다. 이런 낭독의 기술을 익힌다면 훨씬 더 성공적인 발표를 할 수 있다. 발표 준비의 핵심은 좋은 목소리를 가지고 제대로 연습하는 것이다.

〈예문〉

오늘 낮 동안에는 가벼운 옷차림으로 활동하셔도 좋겠습니다.

내일 아침부터 서해안을 시작으로 점차 흐려져 전국적으로 비가 많이 내리겠습니다.

## ① 천천히 읽어보기

말하려는 내용을 눈에 익히기 위해 천천히 읽어본다. 이때도 소리 내서 읽으면 좋다. 처음에는 작은 소리로 읽어도 된다. 3회 반복해서 읽는다.

## ② 모음만 한 음절 읽기

모음만 떼서 발음하는 이유는 정확한 입 모양을 구사하기 위해서다. 평소 말할 때 입을 많이 움직이지 않기 때문에 말끝이 흐려지고 불분명하게 들린다. 정확한 모음 발음을 위해 한 음절씩 정확하고 천천히 5회를 반복해서 읽어본다.

> 오으 아 오아에으 아여우 오아이으으 와오아여오 오에으이아.
> 애이 아이우어 어애아으 이아으으 어아 으여여 어우어으으 이아 아이 애이에으이아.

## ③ 모음과 자음 한 음절 읽기

모음과 자음을 결합해서 스타카토로 짧게 한 음절씩 읽는다. 이때 복식호흡을 이용해 힘 있게 큰 소리로 5회 반복해서 읽는다.

> 오늘 낮 동 안 에 는 가 벼 운 옷 차 림 으 로 활 동 하 셔 도 좋 겠 습 니 다.
> 내 일 아 침 부 터 서 해 안 을 시 작 으 로 점 차 흐 려 져 전 국 적 으 로 비 가 많 이 내 리 겠 습 니 다.

## ④ 높임 & 낮춤 강조법

높임 강조는 강조하고 싶은 단어에 톤을 높여 강하게 말하는 것이다. 낮춤 강조는 강조하고 싶은 단어 톤을 낮춰서 약하게 말하는 것이다.

> 저의 장점은 추진력입니다.
> 저의 장점은 / **추진력**입니다.

> 여러분! 말을 잘하고 싶다면 지금 시작하세요.
> 여러분! 말을 잘하고 싶다면 / **지금** 시작하세요.

> 고객님, 정말 죄송합니다만 조금만 더 기다려 주시겠습니까?
> 고객님, / 정말 죄송합니다만 조금만 더 기다려 주시겠습니까?

> 오늘이 오기까지 정말 오랜 시간을 기다려왔습니다.
> 오늘이 오기까지 / 정말 오랜 시간을 기다려왔습니다.

## ⑤ 포즈 강조법

강조하고 싶은 단어, 중요한 단어 앞에서 살짝 멈추는 포즈는 긴장감을 극대화하고 뒷말을 강조하는 효과가 있다. 포즈 다음에 나오는 뒷말 첫음절에는 강세를 준다. 다음 문장을 5회 반복해본다.

오늘의 대상을 발표하겠습니다. 대상은! OOO입니다.

오늘의 대상을 발표하겠습니다. / **대상**은! // OOO입니다.


대인관계에서 가장 중요한 것이 무엇인지 아십니까? 바로, 신뢰입니다.

대인관계에서 가장 중요한 것이 무엇인지 아십니까? / **바로,** // **신뢰**입니다.


## 면접 스피치 낭독 실습


### ◉ 완성된 예문

네, 주요 추진 업무에 대해 답변드리겠습니다.

○○대학교 산학협력단에 근무하면서 지역전략산업과 연계한 R&D 사업 발굴을 위해 정책 기획 사업을 운영하며 에너지 밸리 연구센터 설립, IPP형 일과 학습병행제 사업유치에 기여하였습니다. 단과대학에 근무하면서는 수요자 중심의 행정업무를 수행하는 데 역점을 두었습니다. ㄱ 사례로, 시설 및 네트워크 관련 업무를 처리하는 데 담당자간 SNS를 활용하여 즉각 처리할 수 있도록 One-Stop Service 체제를 구축하였습니다. 또한 단과대학 취업률 향상을 위해 취업환경을 조성하였습니다. 학생 동 1층 로비에 취업 카페를 조성하여 인터넷, 취업 정보지를 비치하고 학생들이 취업 정보에 쉽게 접근할 수 있도록 개선하였습니다.

**❶ 낭독 연습 예시**

네, 주요 추진 업무에 대해 답변드리겠습니다. /
　　　추진 엄무　　　　　답뼌

OO대학교 **산학협력단**에 근무하면서 /
　OO대:학꾜　　산:학혐녁　　근:무

**지역전략산업**과 연계한 **R&D 사업 발굴**을 위해 /
　지역쩔:략싸:넙　　　　　　사:업

정책기획 사업을 운영하여 에너지벨리 연구센터 설립, /
　　　　　사:업　우:녕　　　　　　　　연:구센터

**IPP형 일과 학습병행제** 사업유치에 기여하였습니다. /
　　　일:　　학씁뼝:행제　사:업유치

**단과대학**에 근무하면서는 /
　단꽈대:학　근:무

**수요자** 중심의 행정업무를 수행하는 데 역점을 두었습니다. /
　　　　　　행정엄무　　　　　　　　역쩜

그 사례로, / 시설 및 네트워크 관련 업무를 처리하는 데 /
　사:례　　시:설　　　　　　엄무　처:리

담당자 간 SNS를 활용하여 V 즉각 처리할 수 있도록 /
　　　　　　　　　　　　　즉깍 처:리

**One-Stop Service** 체제를 구축하였습니다. /

**또한,** 단과대학 취업률 향상을 위하여 / **취업환경**을 **조성**하였습니다. /
　　　단꽈대:학 취:엄뉼　향:상　　　　취:업　　조:성

학생 동 1층 로비에 취업 카페를 조성하여 /
　학쌩　　　　　　　취:업　　" 조:성

**인터넷, 취업 정보지**를 비치하고 /

학생들이 취업 정보에 **쉽게** 접근할 수 있도록 개선하였습니다. /
　　　　　　　　　　　　　접끈　　　　　　개:선

## ◑ 완성된 예문

안녕하십니까. 오늘 발표를 하게 된 전략기획팀 ㅇㅇㅇ입니다.

지금부터 8월 월간 전략을 말씀드리겠습니다.

발표는 8월 전반부와 후반부로 나눠서 설명드리겠습니다.

전반부에는 바캉스 테마로 진행되며, 패션위크로 진행될 예정입니다.

특히 바캉스 시기에는 집객이 매우 중요하므로 다양한 이벤트를 집중적으로 진행하겠습니다. 또한 VIP APP 발송을 통해 상위 고객을 확실하게 유도할 예정입니다.

브랜드 VIP의 경우 장르별로 선정, 초대 행사를 진행하여 브랜드 우수고객에 대한 집중 케어를 하겠습니다.

다음은 후반부입니다. 후반에는 대중적으로 추석에 대한 수요가 있습니다. 식품 전 장르에 대해 리얼타임 트리거를 운영하여 타 장르로 구매를 연계할 예정입니다.

마지막으로 가을 웨딩 수요를 겨냥한 웨딩페어가 진행될 예정인데요, 온라인과 오프라인을 통해 제휴카드 및 특가 상품을 중심으로 진행하겠습니다.

부단한 노력으로 목표금액 400억을 달성하는 8월이 되도록 최선을 다하겠습니다.

이상입니다.

## ● 완성된 예문낭독 연습 예시

안녕하십니까. / 오늘 발표를 맡게 된/ 전략기획팀 OOO입니다. /
<br>절:략기획팀

지금부터 **8월 월간 전략**을 말씀드리겠습니다. /
<br>절:략    말:씀

발표는 / 8월 전반부와 후반부로 나눠서 설명드리겠습니다. /
<br>후:반부

전반부에는 / 바캉스 테마로 진행되며, /
<br>진:행

패션위크로 진행될 예정입니다. /
<br>예:정

특히 / **바캉스 시기에는** 집객이 매우 중요하므로 /
<br>집깩    매~우 중:요

**다양한 이벤트**를 집중적으로 진행하겠습니다.
<br>집쭝적

또한 / VIP APP 발송을 통해 /
<br>발쏭

상위 고객을 확실하게 유도할 예정입니다. /
<br>예:정

**브랜드 VIP의** 경우 / 장르별로 선정, 초대 행사를 진행하여 /
<br>선:정        진:행

브랜드 우수고객에 대한 집중케어를 하겠습니다.
<br>집쭝케어

다음은 후반부입니다. / 후반에는 대중적으로 /
<br>후:반부    후:반    대:중적

**추석에 대한 수요**가 있습니다. /

식품 전 장르에 대해 리얼타임 트리거를 운영하여 /
<br>우녕

**타 장르로** 구매를 연계할 예정입니다. /

마지막으로 / **가을 웨딩 수요**를 겨냥한 웨딩페어가 진행될 예정인데요, /
겨:냥                    진:행      예:정

온라인과 오프라인을 통해 /

제휴카드 및 특가상품을 중심으로 진행하겠습니다. /
특까                    진:행

부단한 노력으로 / **목표금액 400억을 달성**하는 8월이 되도록 /
사:백억        달썽

최선을 다하겠습니다. / 이상입니다. /
최:선

필자가 스피치에서 가장 중요하다고 생각하는 두 가지가 발성과 낭독이다. 오랫동안 수많은 수강생들을 만나며 깨달은 것이다. 말은 잘하는데 목소리에 힘이 부족한 경우, 목소리는 좋은데 연습이 부족한 경우도 있었다. 정말 스피치를 잘하고 싶다면 요행을 바라지 말고 발성과 낭독을 꾸준히 훈련해야 한다. "말을 잘하는 방법을 배우고 싶어요"라고 이야기하지만 이는 쉽게 얻을 수 있는 것이 아니다. 그러나 발성과 낭독이 뒷받침된다면 당신도 충분히 발표의 달인이 될 수 있다. 아니, 분명히 된다!

# 준비된 말하기를
# 잘하는 법

# 시각디자인을 충분히 활용하라

31

성공적인 발표를 위해서는 시각디자인을 활용하는 것이 중요하다. 청중에게 말로만 메시지를 전달하는 것보다 훨씬 효율적이기 때문이다. 영상이나 이미지, 슬라이드, 기타 도식을 발표 자료에 사용하는 것이다. 학교에서 과제를 제출할 때, 직장에서 프레젠테이션을 할 때 시각디자인을 활용한 경험이 있을 것이다. 시각디자인을 제대로 활용하면 발표의 격을 높일 수 있다. 발표자와 발표 내용에 대한 신뢰도도 상승한다.

## 시각디자인 자료의 중요성

발표를 할 때 말만 하기보다 글자를 보여주면 전달이 용이하다. 사진이나 그림까지 있다면 더욱 좋다. 이렇게 비주얼(visual) 요소들이 포함된 것을 시각디자인 자료라고 한다. 고사성어에도 '백문불여일 견(百聞不如一見)'이라고 했다. 백 번 듣는 것보다 한 번 보는 것이 낫다는 말이다. 발표할 때도 시각디자인 자료인 글자, 그림, 사진, 영상, 도식, 도표를 적재적소에서 활용해야 한다. 말로 설명하는 것보다 시간을 단축할 수 있고 청중의 동의를 얻는 데도 유리하다.

서울시에서 추진하는 사업에 입찰을 준비하는 중소기업 대표가 아카데미에 찾아왔다. 대표가 직접 프레젠테이션을 진행해야 하는데 막막하다는 것이었다. 직원들과 입찰 프레젠테이션 내용을 준비하고 디자인 업체에 의뢰하여 발표 자료를 제작했다. 먼저 준비 상태를 확인하기 위해 발표를 들어보기로 했다. 얼마 지나지 않아 화면에 가득 글씨가 나타났고, 답답함에 대표의 설명이 귀에 제대로 들어오지 않았다. 비용을 들여 발표 자료를 제작했지만 너무 많은 내용을 디자인 업체에 전달한 것이었다. 잘하려고만 하다 보면 이렇게 실수하는 경우도 있다.

위스콘신대학의 연구에 따르면 교사가 시각 보조물을 효과적으로 활용할 때 학습 효과를 200% 향상시킬 수 있다고 한다. 펜실베이니아 대학의 연구에 따르면 시각 보조물을 적절하게 활용하면 프레젠테이션 시간을 단축할 확률이 200%이고, 제안을 받아들일 확률은 무려 5배로 높아진다고 한다.

신문에서 한 장의 사진이 주는 충격은 유능한 기자의 섬세한 기사 백 마디보다 더 많은 것을 설명한다. 영상과 소리를 함께 보여주는 방송은 더 말할 것도 없다.*

　최근에는 발표할 때 오피스 프로그램(Office Program)을 활용한다. 종류는 약간씩 다르지만 슬라이드 형태를 활용해 자기가 준비한 이미지를 표현한다. 이제 구름 관중을 몰고 다니며 언변과 재치를 보여줬던 과거의 정치인들은 사라졌다. 대신 누구나 매체와 소셜미디어를 통해 자신의 가치관과 신념을 시각디자인으로 표현한다. 시각디자인의 중요성은 다들 잘 알고 있지만 어떻게 사용할지 고민이다. 화면 가득한 글자이거나 사진 한 장만 놓고 발표하면 안 된다.

## 시각디자인 자료의 사용 원칙

### 가독성 높은 글꼴과 글씨 크기 사용

발표할 때 궁서체나 명조체를 사용하는 것은 좋지 않다. 가독성이 높고 간결한 글씨체인 고딕류 글꼴을 사용한다. 글자 크기는 발표할 때 보이는 화면과 작성할 때가 다르기 때문에 장소에 맞춰 사용해야 한다.

● 《프레젠테이션 1막 5장》(이용갑 저)

## 도형과 도식, 차트와 그래프 사용

도형과 도식, 차트와 그래프는 단순하게 사용하는 것이 좋다. 또한 전체적으로 균형이 맞고 논리적으로 연결되어야 한다. 시간 경과에 따른 변화의 추이를 비교할 때는 차트나 그래프가 효과적이다. 순차적인 흐름이나 순서 또는 구성항목을 표시할 때는 도형이나 도식을 사용하면 좋다. 이때는 시선의 흐름과 논리적인 순서를 고려해서 배치해야 한다.

## 색상 사용

눈을 쉽게 피로하게 만드는 원색의 사용을 피한다. 다소 지저분하고 정돈되지 않은 난삽한 색 설정도 지양한다.

## 이미지 사용

사진이나 그림 같은 이미지를 사용할 때는 내용에 적합한지 확인해야 한다. 해상도가 높은 이미지를 선택하고 시선의 흐름을 고려해서 이미지를 배치한다.

# 시각디자인 작성 시 고려 사항

## 핵심 주제와 메시지 선정

한 개의 슬라이드나 화면에서 전체의 내용을 한눈에 파악할 수 있는 제목이 중요하다. 추상적인 제목보다는 내용을 단번에 알 수 있게 작성하고 구체적이어야 한다. 어려운 말을 사용하지 말고 쉬운 말을 사용해야 하며 길거나 짧지 않게 작성한다. 여러 개의 화면과 슬라이드가 있더라도 그 속에서 핵심 단어가 중심이 되어야 한다. 또한 핵심 주제나 메시지는 한 개씩 배치되어야 한다. 논리적으로 연결이 되지 않거나 두세 가지의 메시지가 있다면 혼란스러울 수 있다.

## 글자의 크기와 양

한 개의 슬라이드나 화면에 들어가는 글자의 크기와 양도 중요하다. 발표하는 장소를 고려해서 글자의 크기를 선택했다면 글자의 개수도 생각해야 한다. 즉 발표 시간과 설명 속도에 맞춰 글자의 양을 조절해야 한다. 너무 많은 양의 글자를 넣으면 가독성이 떨어지고 지루해진다. 청중이 글자를 눈으로 읽는 속도는 발표자의 말보다 빠르다. 핵심적이고 적당한 개수의 글자를 작성하고 나머지는 발표자가 직접 설명해야 발표에 집중하게 만들 수 있다.

## 구성 요소들의 레이아웃

프레젠테이션의 화면과 슬라이드는 미술작품이 아니다. 멋지고 화려한 화면은 그저 눈을 피로하게 만들 뿐이다. 편안하고 통일된 색상 선택, 적당한 글자의 크기와 양, 도식과 이미지의 위치가 제대로 배분되어야 한눈에 들어오는 시각디자인을 완성할 수 있다. 사람은 눈에 보인 이미지를 뇌에서 순간적으로 처리하여 정보로 인식한다. 청중은 한 개의 화면을 보는 순간 어떤 느낌을 받는데, 이때 받은 긍정적인 느낌은 발표의 목적을 달성하는 데 중요한 역할을 한다. 반대의 경우 발표의 설득력을 잃어버릴 수 있다.

## 단순하고 간결하게 작성하기

시각디자인 자료 작성에 가장 중요한 고려 사항, 작성 원칙을 일일이 생각하기 어려울 때 기본이 되는 내용은 바로 단순하고 간결하게이다. 무엇을 선택할지 고민하면 할수록 오히려 나쁜 선택을 할 때가 있다. 발표에서도 마찬가지다. 좋은 자료를 작성하기 위해 고민하다 보면 오히려 지루하고 복잡한 자료를 작성하고 만다. 복잡한 것보다는 단순하게 작성하고 적당한 여백을 사용하자. 많은 글보다 이미지나 도표를 사용하고 과감하게 글자를 줄이는 편이 도움이 된다.

스티브 잡스는 지겨운 슬라이드 쇼밖에 없었던 프레젠테이션을 한 편의 드라마로 만들었다. 교육적인 정보와 재미를 통해 청중을 열광

하게 만든 것이다. 이제 그는 세상에 없지만 우리는 그의 발표를 기억하고 있다. 한 편의 드라마까지는 아니지만 우리도 각자 치열하게 발표의 현장에서 살고 있다. 발표의 품격을 높이는 시각디자인은 대단한 것이 아니다. 나의 말과 생각 속에 있는 이미지를 간결하게 표현하는 것부터 시작이다. 시각디자인을 통해 분명한 메시지와 감동을 전달하자.

# 분위기를 부드럽게 만드는 유머 사용법

32

유머 있는 사람은 어디에서나 환영받는다. 자신의 능력으로 다른 사람들을 즐겁게 만들기 때문이다. 누군가를 즐겁고 웃기게 만드는 말과 행동은 발표의 목적을 달성하기 위해서도 필요하다. 하지만 발표 준비만으로도 어려운데 어떻게 유머를 사용하란 말인가? 사실 유머도 발표처럼 준비하고 연습한 만큼 사용할 수 있다. 청중과 소통하려고 노력하는 과정이라고 생각하면 좋다.

## 유머의 중요성과 특징

유머(Humor)의 사전적 의미는 남을 웃기는 말이나 행동, 익살스러운 농담이다. '유머'라는 단어의 기원은 고대 생리학에서 인간의 체질과 기질을 이루는 네 가지 체액(體液, humor)을 의미했다. 네 종류의 체액이 균형을 이루는 안정적인 상태를 '유머'라고 여긴 것이다. 진화생물학자 데이비드 슬론 윌슨(David Sloan Wilson)은 배부르고 따뜻하며 안전한 상황을 구성원들에게 널리 알리는 신호로 웃음이 탄생했다고 주장했다. 현대에 이르러서는 즐겁고 유쾌한 분위기를 만드는, 유머 있는 사람이 인기를 얻는다.

광고에서도 유머를 많이 사용한다. 유머로 광고효과를 극대화하기 위해 재치 있는 콘셉트의 광고를 제작한다. 유머의 사용이 주의와 집중에 긍정적인 효과가 있다는 여러 연구결과도 있다. TV에서 햄버거 프랜차이즈의 '사딸라' 광고를 본 적이 있다. '사딸라'는 김영철 배우가 열연한 2,000년대 인기 드라마의 유행어다. 친근한 유행어 '사딸라(4 dollar)'를 햄버거 세트메뉴의 가격과 유쾌하게 접목시켰다. 자신의 의견을 관철하기 위해 "사딸라"를 반복하는 배우의 카리스마 넘치는 표현도 한몫했다. 레트로(Retro)와 밈(Meme) 같은 대중적 흥미요소를 유머러스(humorous)하게 활용한 사례다.

인위적이고 억지 웃음을 자아내는 것은 오히려 역효과가 난다. 간결하지만 의미를 부여하고 이해할수록 웃음을 자아낼 수 있는 기획이 더욱 효과적이다. 요즘 기업에서 유머를 활용하는 사례는 엄청나게 많다. 복잡하고 정보 전달 방식의 광고보다 확실한 장점을 부각해서 주의를 끈다. 위 광고의 경우 프랜차이즈 전체 매출이 대폭 상승하는 효과도 얻었다고 한다. 유머가 기업의 이미지를 재고하고 매출향상에도 직접 기여한 것이다. 이제는 유머가 한 기업의 성장에도 중요한 역할을 하는 시대가 되었다.

유머는 각 개인에게도 매우 중요하다. 영국의 심리학자 로버트 홀든(Robert Holden)은 1분 동안 크게 웃으면 우리 몸속의 650여 개 근육 중 230개의 근육을 동시에 움직이게 하는 자연적인 운동이라고 했다. 실컷 웃고 나면 몸이 가뿐하다. 이렇게 좋은 웃음을 유발하는 유머의 힘이 크기 때문에 유머러스한 사람은 늘 환영받는다. 발표에서도 유머는 청중을 편안하게 만들고 무거운 발표 분위기를 바꾸는 능력이 있다. 대단하거나 거창한 말을 해서가 아니다. 조금 더 준비했고, 조금 더 관찰하고 사고(思考)에 집중한 것이다.

## 발표에 필요한 유머 사용방법

### 반어적 유머

발표할 때도 유머 사용은 필요하다. 프레젠테이션, 인터뷰, 자기소개, 인사말 등 여러 종류의 발표가 있다. 준비만으로도 부담스러운데 어떻게 유머를 사용할 수 있을까? 발표 준비를 위해 열심히 노력했거나 갑작스러운 발표 때문에 부담스러울 수 있다. 이런 상황에 대한 자신의 생각과 느낌을 반어적으로 만들면 유머로 활용할 수 있다. "제가 이런 자리에서 제 소개를 할 줄 모르고 아무 준비도 없이 나왔지만, 그래도 여러분께 인사드리겠습니다." 이렇게 먼저 말한다면 적어도 발표자 때문에 청중이 불안해하지는 않을 것이다. 발표의 순간이 다소 부드러워질 것이다.

## 비유적 유머

발표할 때는 다른 것에 빗대어 설명하는 방법으로 유머를 사용할 수도 있다. 어떤 상황이나 인물, 사물을 비유(比喩)하는 것이다. 비유를 하려면 순발력과 어휘력이 좋아야 한다. 발표의 순간에 어떤 비유 대상과 연관성을 찾기란 쉬운 일이 아니기 때문이다. 반대로 순발력과 어휘력이 좋은 사람은 유머를 사용하기 쉽다. 그래서 평소에 꾸준히 글을 읽고 연상(聯想) 해서 생각하는 연습이 필요하다. 자연스럽게 어휘력도 향상된다. "발표의 중반쯤 되었는데요. 제가 지금 마법사가 된 기분입니다. 몇몇 분들을 잠들게 했거든요. 조금 더 힘차게 해보겠습니다."

## 공감적 유머

발표를 할 때 많은 유머를 사용하기는 어렵다. 잘못하면 발표 자체의 흐름이 깨지기 때문이다. 유머에 집중하면 주제에 대한 몰입도가 떨어지고 결국 발표의 목적을 달성하기 어려워진다. 말로 하는 공감적 유머를 사용하면 한결 편안하게 유머를 이끌어낼 수 있다. 다들 알고는 있는데 미처 객관적으로 바라보지 못한 현재 상황을 일깨워주는 것이다. "여러분, 요리를 배운다는 것이 얼마나 어렵고 힘든 일인 줄 압니다. 저도 처음에 그랬어요. 그러니까 그런 무서운 표정 짓지 마세요. 제발 저를 부드럽게 좀 봐주세요."

### 언어유희

언어유희는 어떤 자리에서도 사용할 수 있다. 단어의 발음이 비슷하거나 동음이의어를 활용해서 재미있게 표현하는 방법이다. 말장난처럼 사용하면 아저씨들이 즐긴다는 '아재개그'처럼 들릴 수 있다. 하지만 단순한 말장난이 아니라 단어에 대한 진지한 관심이 있다면 풍부한 기지로 활용할 수 있다. 날카로운 어조를 가지고 풍자의 형식이 되기도 한다. "전주비빔밥의 반대말은? 이번 주 비빔밥", "차를 발로 차면? 카놀라유." 이런 것은 단순한 아재개그 형태이지만, 발표에서 사용하는 단어를 활용하면 고차원의 언어유희로 사용할 수 있다.

## 유머 사용의 원칙

### 유통기한

유머는 내용이 신선하고 예측이 어려우면 성공하기 쉽다. 하지만 유머에도 유통기한이 있다. 한참 지난 유머나 남들이 다 아는 유머는 식상하다. 한참 유행이 지난 '참새 시리즈'라는 유머를 한다고 해보자. 이게 무엇인지 모르는 사람도 있을 것이다. 설령 듣고 나니 재미

있더라도 공감은 되지 않아 유머로서 역할은 어렵다. 그래서 가능한 최신 내용으로 남들이 잘 모르는 유머를 사용하는 것이 좋다. "피할 수 없다면 즐겨라. 즐길 수 없다면 피하라." 이런 유머는 청중에게 잠깐 생각할 시간을 주고 관심을 모을 수 있는 수준으로 활용하면 된다.

## 노트 만들기

유머 감각을 키우려면 다른 사람에게 들은 이야기나 책에서 본 내용을 메모해 보자. 다른 사람에게 들은 유머는 웃고 금방 잊어버린다. 유머를 사용할 때 메모 내용을 보고 읽으면 전혀 효과가 없다. 유머는 발표 주제나 청중과 연관된 내용일수록 효과적이다. 작성된 유머 노트를 활용하여 청중의 수준에 따라 내용을 조정한다. 유머 노트를 만들어서 중요한 것은 외우고 언제든지 활용할 수 있어야 한다. 필요하다면 유머의 내용을 점검하고 감정이나 표현 방법도 적어보자. 생동감 있는 유머를 사용할 수 있다.

## 유머 사용에 도전

노량진에서 공부하는 학생들의 이야기를 들어보면 유명 강사의 유머에 대한 이야기도 있다. 같은 진도의 수업을 다른 반에서 진행하는 경우다. 여담으로 학생들의 웃음을 유발하는 부분이 거의 비슷했는데, 먼저 들어서 두 번은 웃지 못했다고 했다. 이처럼 유머는 완전히 익힐 때까지 연습하고 어떻게 전달해야 할지 화법을 고민해야 한다. 아무리 재미있는 내용의 유머를 가지고 있더라도 발표자가 머뭇거리거나 자신 없어 하면 안 된다. 먼저 유머를 하기 전에 분위기를 조성해야 한다. 자기의 유머에 먼저 웃으면 안 된다. 핵심만 간결하고 선명하게 전달한다.

### 주의사항

억지로 청중을 웃기려고 상대방을 무시하는 것은 금물이다. 누구에게 상처를 주거나 청중을 웃음거리로 만드는 표현을 사용해서도 안 된다. 단 한 사람의 청중도 불쾌하게 만들면 안 되는 것이다. 주제와 청중의 수준에 맞게 유머를 사용하는 것도 능력이다. 서로 다른 계층이나 집단이 있는 경우 연관 없는 내용을 선정한다. 엄숙한 분위기를 반전시키겠다고 억지로 하는 유머는 오히려 역효과를 낼 수 있다. 너무 무리하지 않고 자연스럽게 분위기를 이끌어가야 한다. 청중이 몰입할 수 있다면 유머가 반드시 필요한 것은 아니다.

무게 있고 점잖은 사람이 높은 평가를 받은 시절도 있었다. 하지만 요즘은 어디에서나 유머 감각이 있는 사람을 원한다. 유머는 모든 관계에서 윤활유 역할을 한다. 발표에서도 적절하게 사용하면 큰 효과를 얻을 수 있다. 분위기를 부드럽게 하고 청중의 마음을 열게 만드는 효과도 있다. 좌중을 압도하고 주의를 집중시킬 수도 있다. 유머감각은 타고나는 것이 아니다. 연습과 노력을 하면 누구나 충분히 잘할 수 있다. 어떻게 말하고 표현할지 고민하다 보면 말하기 능력도 좋아진다. 재치 있고 여유 넘치는 유머를 사용하는 당신이 되기를 기대한다.

# 성공적인 발표를 보장하는 슬라이드와 큐카드 활용법

33

발표를 하려면 누구나 준비가 필요하다. 먼저 핵심 논리를 개발하고 자료수집을 통해 발표를 단단하게 만든다. 그다음 발성훈련과 낭독으로 발표를 가다듬고 완성한다. 준비를 위한 시간이 충분하면 좋지만 그렇지 않은 경우도 많다. 그럴 때 슬라이드와 큐카드를 활용하면 준비가 다소 부족하더라도 안정적인 진행이 가능하다. 우리에게 큐카드는 조금 어색하지만 슬라이드는 많이 활용한다. 성공적인 발표를 보장하는 슬라이드와 큐카드의 활용법을 알아보자.

## 발표의 방법

슬라이드는 오피스 프로그램(Office program)에서 제공하는 일련의 이미지 형태이다. 큐카드(Cue-card)는 발표의 진행에 필요한 내용을 키워드 형태로 정리한 카드이다. 행사의 사회자나 방송의 출연자들이 큐카드를 들고 진행하는 모습을 쉽게 볼 수 있다. 슬라이드와 큐카드를 사용해 자연스럽고 여유롭게 발표할 수 있다. 두 가지를 제대로 활용할 수 있다면 발표자가 안정감을 얻게 된다. 이것이 발표에 대한 자신감으로 바뀌어 성공적인 발표를 뒷받침한다.

발표하는데 한 시간 동안 슬라이드만 보면서 읽는 사람이 있다. 대본이나 큐카드만 보면서 발표하는 사람도 있다. 청중과 시선을 맞추지 않으니 청중의 반응을 살필 겨를도 없다. 조금 더 집중해야 하거나 빨리 넘어가야 하는 부분도 알 수가 없다. 발표자와 청중이 교감하지 못하는 대표적인 경우다. 발표자의 말과 보이는 슬라이드의 내용이 맞지 않는 경우도 있다. 발표자의 이런 불안한 모습은 청중도 불안하게 만들고 발표에 집중하지 못하게 한다. 청중과 소통하지 못하는 발표는 이미 그 목적을 잃어버린 것이다.

외워서 발표하는 데는 한계가 있다. 토시 하나 틀리지 않고 말하기는 힘들다. 면접을 준비하는 수강생들이 말할 내용을 작성해서 외우는 경우가 종종 있다. 그러나 예상 질문이 많아서 답변도 많아지고 그걸 다 외우기는 불가능에 가까워진다. 시간이 지나 잘 안 외워지면 점점 불안해진다. 슬라이드와 큐카드를 사용할 수 있는 발표를 해도 마찬가지다. 틀리면 안 된다는 생각 때문에 슬라이드나 큐카드에 더욱 의존하게 된다. 대본이 있는 경우도 그렇다. 자료에 의존하지 말고 발표에 어떻게 활용해야 할지 충분히 고민해야 한다.

# 슬라이드와 큐카드 활용방법

## 돌다리를 건너듯 슬라이드 읽기

발표자가 슬라이드 내용을 읽는 것보다 청중이 눈으로 보는 속도가 훨씬 빠르다. 슬라이드 이미지가 나오면 누구나 본능적으로 슬라이드 전체를 훑어본다. 잠시 발표자에게 집중도가 떨어질 수 있고 자신이 원하는 부분을 찾아 읽게 된다. 발표자는 핵심내용 위주로 말

---

### 1. 現 대한정보시스템의 현황 및 문제점

**핵심 메시지** 노후화된 정보시스템으로 인해 업무의 효율성 저하

| 대한정보시스템 개발 이력 | 정보화 측면 | 업무 측면 |
|---|---|---|
| 대한정보시스템 개발<br>(2009)<br>⇩ | ① 장비 노후화<br>– 자연 성능 저하 | ① 업무처리수준 한계치<br>– 처리 데이터 급증 |
| 정보포털 구축 및<br>대한정보시스템 개선사업<br>(2013)<br>⇩ | ② 표준 부재<br>– 프레임워크 혼재<br><br>③ DB관리체계 노후<br>– DB 테이블 및 규칙<br>통합처리 미흡 | ② 인터페이스 부재<br>– 사용자 중심 UI필요<br><br>③ 통합분석툴 노후<br>– 분석규칙 노후 |
| 보안강화 및<br>LDAP 고도화 사업<br>(2015) | ⇩<br>유지보수 및 기능개선 한계 | ⇩<br>업무 효율성 저하 |

〈슬라이드 자료 예시〉

---

하면서 청중의 속도에 맞춰야 한다. 본인의 속도에 맞게 청중의 관심을 이끌어가도 좋다. 대신 발표자가 핵심 내용을 말하지 못하면 집중도가 떨어진다. 발표의 진도에 있어 청중과 괴리가 생기는 것이다. 청중이 이미 눈으로 읽은 부분을 계속 말하고 있으면 안 된다. 청중이 관심 있는 부분을 예측하고 발표가 그 부분에 신속히 도달해야 한다.

● 불필요한 내용을 발표

"현재 대한정보시스템의 현황 및 문제점입니다. 핵심 메시지로 노후화된 정보시스템으로 인해 업무의 효율성이 저하되고 있는 것이 제일 큰 문제입니다. 먼저 대한정보시스템 개발 이력에 대해 말씀드리겠습니다. 대한정보시스템은 2009년에 개발되었고 정보 포털 구축 및 대한정보시스템 개선사업을 2013년에 추진했습니다. 보안 강화 및 LDAP 고도화 사업은 2015년에 추진했습니다. (중략) 업무 측면에서는 업무처리수준이 한계치에 도달했고 인터페이스가 미흡하며 통합 분석툴이 노후화되어 업무의 효율성이 저하되었습니다."

● 핵심 내용만 발표

"현재 대한정보시스템의 현황 및 문제점은 노후화된 시스템으로 인해 업무의 효율성이 저하된 것입니다. 정보화 측면으로는 장비의 노후화, 표준 부재, DB관리체계 노후로 유지 보수와 기능 개선이 어렵습니다. 업무측면에서는 업무처리수준이 한계에 다다랐으며 인터 페이스 부재, 통합분석툴 노후로 업무 효율성이 저하되었습니다."

텍스트를 과감히 생략했다고 핵심 내용만 말한 것은 아니다. 텍스트가 적고 그림이나 도표가 많은 슬라이드도 있다. 슬라이드로 발표할 때는 무엇이 중요한지 발표자가 먼저 정한 다음, 그 핵심 내용을 청중에게 어떻게 전달할지 연습해야 한다. 핵심 내용은 핵심 키워드와 직접적으로 연관된 것이다. 이렇게 연습을 하면 발표 시간을 아낄 수 있다. 청중이 발표에 몰입하게 되어 반응을 살펴볼 수도 있다. 당장 발표에 더욱 힘을 실어야 할지 다음으로 넘어갈지 말이다.

### 순발력을 높이는 큐카드

방송에서 큐카드를 사용하는 모습을 보았을 것이다. 카메라에 잡히지 않았을 때 적극적으로 활용한다. 보통 A5 정도의 사이즈가 적당하며 두께가 있고 단단한 재질의 종이를 사용한다. 큐카드는 키워드를 중심으로 작성한다. 키워드에 약간의 살을 붙여 개조식으로 작성하면 된다. 내가 알기 쉬운 표현을 사용해도 좋다. 비언어 요소에 대한 부분도 점검할 수 있다. 발표하다가 내용을 잊어버렸거나 혼란스러울 때 큐카드를 보면 된다. 큐카드를 잡으면 어색한 손을 처리하기 쉽고 발표 자세에서도 안정감이 느껴진다.

한 문단이나 한 장의 슬라이드에서 핵심 키워드는 서로 연결되어 머릿속에 남는다. 발표의 모든 내용도 결국 핵심 키워드의 연결이다. 연결된 핵심 키워드를 일부러 외울 필요는 없다. 차분하게 하나씩 말하면 된다. 이것을 '연결 스피치'라고 표현하고 싶다. 큐카드는 핵심 키워드 중심으로 작성되었다. 키워드를 가지고 말하면 그때마다 표현이 조금씩 달라지는데 이는 자연스러운 현상이다. 그래서 큐카드를 가지고 연습을 반복하면 말할 때 필요한 순발력을 키울 수 있다. 키워드 중심의 핵심 메시지가 전달되었다면 표현 방법이나 어휘가 바뀌어도 상관없다.

## 큐카드 작성 예시

**서론 (미소 지으며 청중을 바라본다)**

 1. 도전, 그리고 집중 (한 손가락 올리며)

 2. 미래의 가치에 투자 (두 손가락 올리며)

 3. 포기하지 않는 꾸준함 (세 손가락 올리며)

**본론 1. 도전, 그리고 집중**

 1) 대학원, 박사 진학

 2) 책 쓰기 시작

 **2. 미래의 가치에 투자**

 1) 회사를 그만두고 새로운 분야에 투자

 2) 지방에서 서울로 이동

 **3. 포기하지 않는 꾸준함**

1) 지성이면 감천(표정 밝게)

2) 목표 달성

**결론 (무대 중앙으로 와서 청중을 바라본다)**

1. 여러분! 벼랑 끝에 서보셨나요? (한 손 올리며)

2. 성공을 꿈꾸는 여러분! 지금 도전하라! (한걸음 앞으로 이동)

3. 저만의 방법으로 여러분께 마법을 걸겠다. (양손을 앞으로 편다)


## 슬라이드와 큐카드 활용 원칙

첫째, 표현이 간결해야 한다. 슬라이드에 텍스트와 이미지가 충분히 있다고 해서 굳이 모두 설명하지 않아도 된다. 청중도 눈으로 보고 귀로 듣고 있다. 슬라이드는 발표할 때 나의 말과 표현을 거들어주는 보조수단이다. 발표자를 위해 준비된 자료이다. 슬라이드 자체가 발표가 되는 오류에 빠지면 안 된다. 슬라이드에 의존한다는 것은 발표 준비가 덜 되었다는 것이다. 핵심 내용을 표현하는 것도 발표자의 능력이다. 핵심 내용을 구어체로 간결하게 표현해야 한다.

둘째, 내용의 일관성이 있어야 한다. 슬라이드와 큐카드의 내용은 하나의 문단부터 전체 글에 이르기까지 일맥상통해야 한다. "구슬이서 말이라도 꿰어야 보배"라는 속담이 있다. 좋은 내용이 핵심 논리를 벗어나면 안 된다. 발표자가 청중의 생각과 반응을 유도하는 어떤 부분을 작은 장치라고 해보자. 비록 작은 장치라도 발표 전체에 영향을 미치도록 세심하게 고려해야 한다. '아까 그렇게 말한 이유가 있었구나'라는 생각이 들게끔 말이다. 이런 작은 부분들이 모여서 큰 흐름의 일관성이 생긴다. 내용의 일관성은 발표의 목적을 달성하는 데 매우 중요하다.

셋째, 내용이 정확해야 한다. 슬라이드를 작성할 때는 추상적인 표현을 사용해서는 안 된다. 청중에게는 분명하고 손에 잡히는 메시지를 전달해야 한다. 큐카드를 작성할 때도 자신의 생각을 명확하게 작성해야 한다. 그렇지 않으면 발표할 때 기억이 나지 않아 당황할 수 있다. 중요한 동작이나 행동에 대한 아이디어가 갑자기 떠오를 수도 있다. 그러면 큐카드의 내용에 맞춰 내가 이해할 수 있도록 자세하게 적는다. 급하게 메모했더라도 나중에 다시 깨끗하게 정리하면 된다.

누구나 발표를 잘하기 위해서 열심히 준비한다. 내용의 완성도를 더하고 발표자로서 발표 연습을 한다. 내용의 완성도와 발표 연습은 따로 생각할 문제가 아니다. 발표자가 청중에게 어떻게 보이는지 궁금증을 가지고 같이 고려해야 한다. 내용의 완성도와 발표 연습이 다소 부족하더라도 슬라이드와 큐카드를 충분히 활용하면, 발표자가 가진 내용에 대한 신념과 역량으로 성공적인 발표를 이끌어낼 수 있다. 성공적인 발표를 위해 슬라이드와 큐카드를 적절히 활용하자.

# 나를 돋보이게 만드는 질문하기

34

대화하다가 상대의 표현을 제대로 이해하지 못할 때가 있다. 그러면 궁금증이 생겨서 질문하게 된다. 가장 기본적으로 질문이 생기는 경우다. 발표하거나 경청할 때도 마찬가지다. 청중의 주의를 환기하기 위해 먼저 질문을 던지기도 한다. 발표를 들을 때는 궁금증을 해소하기 위해 질문한다. 반대로 생각하면 질문을 잘해야 대화와 소통을 잘할 수 있다는 사실을 알 수 있다. 내가 발표할 때도, 남의 발표를 들을 때도, 질문으로 나를 돋보이게 할 수 있다. 그러면 어떻게 질문해야 할까?

## 질문의 중요성

질문(質問)의 사전적 의미는 "알고자 하는 바를 얻기 위해 묻는다"이다. 비슷한 표현으로 의심나거나 모르는 것을 묻는 '질의(質疑)'가 있다. 질문은 상대방의 동의를 구하거나 화두(話頭)를 던질 때 사용한다. 어떤 것이 궁금하거나 내가 제대로 알고 있는지 확인하기 위해 묻기도 한다. 질문은 원활한 커뮤니케이션에 매우 중요한 역할을 하지만, 정작 우리 사회는 질문에 대단히 인색하다. 지나치게 남을 의식하거나 자기 의견을 표현하기를 어려워하기 때문이다. 이런 성향은 발표를 할 때도 영향을 끼친다.

2010년 한국에서 G20 정상 회의가 개최되었을 때 일이다. 당시 버락 오바마 미국 대통령이 폐막 연설 직후 "이번에는 한국 기자들에게 질문권을 드리고 싶습니다. 정말 훌륭한 개최국 역할을 해주셨으니까요. 누구 없나요?"라고 물었다. 한국 기자들의 반응은 없었다. 중국의 기자가 "제가 아시아를 대표해서 질문을 던져도 될까요?"라고 말했다. 오바마는 "그것은 한국 기자가 질문하고 싶은지에 따라서 결정되겠네요. 아무도 없나요?"라고 한 번 더 말했다. 결국 중국 기자가 질문 기회를 얻었다.

중소기업 CEO가 모인 조찬 세미나에서 한 지방자치단체장이 강연을 했다. 재임 기간에 추진한 업무 내용과 우리나라 경제 전반의 흐름에 관한 내용이었다. 길지 않은 시간에 편안한 분위기로 강연을 이어갔다. 강연의 마지막 즈음 질문을 받는 시간이 있었다. 한 중소기업 CEO가 질문의 기회를 얻었다. "여태껏 추진했던 정책 중에 가장 기억에 남고 잘했다고 생각하는 것이 무엇입니까?" 그러자 지자체장은 농담 섞인 어조로 "아까 앞에서 다 나왔잖아요. 그리고 홈페이지도 좀 보고 오세요"라고 말했다. 순간 청중의 웃음소리가 들렸지만 질문자는 씁쓸해했다.

어떻게 질문을 하느냐는 중요하다. 오바마 대통령은 한국 기자들에게 질문권을 주었지만 한국 기자들은 질문하지 못했다. 오히려 중국 기자가 아시아를 대표해서 질문하겠다고 나섰다. 발표에 대해 질문이 없는 이유는 발표에 관심이 없어서인 경우가 있다. 남을 의식해서 말하기 어려운 일도 있다. 질문하더라도 뒤의 사례처럼 추상적이거나 내용에 집중하지 못한 질문을 하면 안 된다. 자칫 해당 장소에 모인 집단에 대한 잘못된 인식을 줄 수도 있기 때문이다. 발표자가 질문하는 것도, 청중이 질문하는 것도 모두 중요하다.


## 질문의 방법

질문의 형태는 크게 두 가지가 있다. 개방형(開放型) 질문과 폐쇄형(閉鎖型) 질문이다. 개방형 질문은 선택지가 준비되지 않고 자유롭게 자신의 의견을 표현하도록 구성된 질문이다. 폐쇄형 질문은 준비된 선택지들 또는 항목들 가운데서 제한된 답을 하도록 구성된 질문이다. 흔히 폐쇄형 질문은 단답형으로 끝나기 때문에 좋지 않다는 편견이 있지만 이는 잘못된 생각이다. 발표자와 청중은 각자의 목적에 맞게 개방형 질문과 폐쇄형 질문을 적절하게 사용해야 한다(발표자와 청중은 스피치를 주도하는 사람과 듣는 사람이라고 생각해도 된다).

## 개방형 질문

개방형 질문은 발표자가 화두를 던질 때 사용할 수 있다. 청중의 호기심을 자극하고 생각과 반응을 이끌어내는 것이다. 대신 답을 기다리거나 들으면서 진행할 필요는 없다. 교육의 일환으로 목표를 달성하는 데 활용할 수도 있다. 청중도 개방형 질문을 할 수 있다. 발표자의 설명이 조금 부족한 경우나 생각과 의견을 조금 더 이끌어낼 때 필요하다. 발표의 핵심 내용과 논리를 이해하는 청중의 질문을 받으면 발표자는 자신감을 갖게 된다. 조금 더 깊이 있는 지식을 얻거나 발표자를 설득하는 데 유용하다.

"생각해 봅시다. 상대방의 권리를 보장한다면 이 문제를 실질적으로 해결할 수 있을까요?"

"지금 가장 아픈 곳이 어디입니까? 어떻게 아픈가요?"

"목표 매출을 달성하는 데 있어 가장 중요한 원동력은 무엇입니까?"

"수학 공부를 체계적으로 진행하기 위한 방법이 있습니까?"

## 폐쇄형 질문

'폐쇄'라는 어감이 다소 부정적인 느낌이지만 폐쇄형 질문은 나의 발표를 더욱 단단하게 만든다. 또 청중이 딴 생각하지 않고 발표에 몰입하게 만들어주는 힘이 있다. 청중의 의견을 모으고 강연을 계속 이어나가는 데 필요한 답변을 얻게 해준다. 청중에게도 폐쇄형 질문이 필요하다. 발표자가 불분명하게 전달한 내용을 정확히 확인해야 할 때다. 개방형 질문을 하기 위한 준비로도 활용할 수 있다. 발표자의 답변이 발표의 논점에서 벗어나지 않게 하도록 확인하는 것이다.

"여름에 드러나는 팔뚝살 때문에 고민이신가요?"

"지금 딸기가 제일 좋아요. 오늘은 두 팩을 사면 한 팩을 더 드려요. 드릴까요?"

"고객의 니즈를 파악하기 위해 가장 필요한 방법에 대해서 말씀하셨죠?"

"오늘 발표에서 전체 특허출원 건수 중에 올해 출원 건수가 총 10건이라고 말씀하셨죠?"

## 질문의 원칙

### 정확한 의도의 표현

질문의 목적은 원하는 지식이나 정보를 얻는 것이다. 그런데 질문을 받는 상황에서 질문의 목적과 다른 의도가 있다고 느껴지면 혼란이 생긴다. 모호한 질문을 해서도 안 된다. 주제와 내용에 맞는 질문을 해야 한다. 그러기 위해서는 발표자에 대한 사전 분석이 필요하다. 그다음 오늘의 발표 내용에 접목시킨다. 알버트 아인슈타인은 "나는 특별한 재능을 가지고 있지 않다. 다만 열정적으로 궁금해할 뿐"이라고 말했다. 발표자와 발표 내용에다가 자신의 궁금증을 대입해서 질문을 만들어 내는 것이다. 충분한 연습이 필요하다.

### 적절한 타이밍

질문을 하려면 상대방을 생각해야 한다. 상대방이 질문에 대한 지식을 충분히 보유했는지 확인해야 한다. 바쁘거나 기분이 좋지 않을 때 질문하는 것은 좋지 않다. 상대방의 말을 다 듣고 난 뒤에 질문해야 한다. 또는 대화의 흐름 상 상대의 이야기가 어느 정도 진행되었다고 생각되면 질문한다. 기본적으로 상대방을 배려하면서 적절한 시점에 던지는 질문이 유효한 질문이다. 잘 듣는 것도 좋은 질문을 위한 방법이다.

## 간결하고 세련된 표현

사전에 질문할 내용을 충분히 고민하고 준비했다면 이를 간결하게 표현해야 한다. 자신의 언어가 아닌 상대방과 모두가 공감하는 언어를 사용하면 좋다. 질문할 때 말의 속도도 중요하다. 설득을 해야 하는 경우 말이 빠르면 조급하고 침착하지 못한 인상을 심어줄 수 있다. 너무 천천히 말하면 상대를 답답하게 하고 질문의 효과가 줄어든다. 그렇다고 함축적인 내용을 사용하라는 뜻은 아니다. 누구나 이해하기 쉽고 많이 사용하는 단어로 간단명료하게 적절한 속도로 질문하면 된다.

## 상대에 대한 배려

독일의 대문호 괴테는 말했다. "현명한 대답을 원한다면 합리적인 질문을 하라." 좋은 대답을 원한다면 좋은 질문을 해야 한다. 이는 상대방에 대한 기본적인 배려에서 시작한다. 질문할 때는 한 번에 하나씩 한다. 질문과 다음 질문 사이에는 충분한 시간을 주어 답변할 시간과 여유를 준다. 지나치게 많이 질문하면 상대방은 취조당하는 기분일 수 있다. 상대가 정확한 답변을 피할 때는 압박해서 억지로 답을 얻어내려 해서도 안 된다. 완곡한 표현의 질문을 하거나, 다른 대화가 이어졌을 때 다시 질문해본다.

학교나 사회에서 강연을 들으면 강사가 마지막 즈음에 질문이 있는지 물어본다. 이때 질문하면 주변 사람들은 "튀려고 저런다", "왜 시간을 지체하나" 등 곱지 않은 시선을 보낸다. 또 질문하고 싶어도 '이런 것도 모른다고 창피를 당하면 어쩌지'라고 생각한다. 유대인 부모들은 아이가 학교에 다녀오면 "오늘 선생님께 무슨 질문을 했니?"라고 물어본다고 한다. 발표자도 청중도 상황과 내용에 맞게 질문하는 연습을 평소에 꾸준히 해야 한다. 한 마디의 질문이 강연의 분위기를 바꾸며 나를 여유롭고 세련된 사람으로 만들어준다. 이제 올바른 질문을 시작해보자.

# 발표 시간을 미리 분배하라

35

발표나 강연을 들을 기회는 많다. 온오프라인으로 학교나 직장은 물론, 요즘은 찾아서 들을 수 있는 기회도 많다. 반면 발표나 강연을 할 기회는 들을 기회보다 적다. 그래서 청중 앞에 설 때 발표불안이라는 증상이 생기기도 한다. 발표를 들을 때 불안해서 생기는 증상은 없다. 발표를 하다 보면 갑자기 누구나 불안을 느낄 수 있다. 지금 내가 제대로 발표하고 있는지, 청중은 무슨 생각을 하고 있는지 등이 궁금해서다. 분위기에 따라서 할 말이 많아지기도 하고 적어지기도 한다. 정해진 발표 시간을 넘기는 경우는 많이 접했을 것이다. 발표 시간을 제대로 지키려면 미리 시간을 분배해야 한다.

## 발표 시간 분배의 중요성

입찰 프레젠테이션을 준비하는 PM(Project manager)이 아카데미에 찾아왔다. 규모가 큰 사업을 추진하는데 직접 프레젠테이션을 맡게 되었다고 했다. 발표 자료는 제작 중이고 거의 완성단계에 있었다. 이미 내부에서 내용을 검수했고 외부 업체에 디자인 의뢰를 맡겼으니 발표 준비만 하면 되었다. 자료가 완성되고 연습 삼아 처음으로 발표를 들어보았다. 설마 했었는데 자료의 양이 엄청나게 많았다. 제한 시간 내에 발표는커녕 자료를 읽기만 해도 시간이 모자랄 정도였다. 결국 마지막에는 허겁지겁 발표를 끝내버리고 말았다.

모 협회의 회장 선거에 출마하는 기업의 CEO가 아카데미를 찾아왔다. 평소 생각을 정리하고 의견을 공유하며 함께 출마 연설문을 작성했다. 연설의 중요한 포인트마다 강조를 하고 시선을 처리하는 방법도 배웠다. 연설시간은 10분 내외로 정해졌는데 최종 준비를 마쳤을 때 정확히 8분이 걸렸다. 연설 준비를 마무리하고 연설회 전까지 계속 리허설을 반복했다. 놀랍게도 수십 차례 연습할 때마다 모두 정확히 8분이 소요되었다. 1초의 차이도 없었다. 틈날 때마다 연습을 꾸준히 했으리라는 생각이 들었다. 오차가 없는 연설의 효과였는지 이 CEO는 당당하게 회장에 당선됐다.

발표 연습을 하다 보면 새로운 아이디어가 많이 떠오른다. 처음에는 발표가 두려웠지만 연습을 통해 자신감을 얻게 되면 점점 할 말이 많아진다. 실제로 발표할 때 청중의 반응을 보면 열정이 넘치기도 하고 싸늘하기도 하다. 내 발표에 눈을 반짝이며 고개를 끄덕이는 청중을 보면 이 말 저 말을 더하게 된다. 자신감이 생기고 무언가 더욱 만족시켜야겠다는 생각이 샘솟는다. 반면 이 부분에서는 웃어야 하는데 아무 표정이 없는 청중을 만나면 자신감을 잃고 만다. 이런 것들이 발표자가 시간을 제대로 사용하지 못하게 만드는 원인이다.

애플의 전설적인 마케터이자 에반젤리스트(evangelist)인 가이 가와사키(Guy Kawasaki)는 자신이 프레젠테이션에서 사용하는 파워포인트 10/20/30 법칙을 공개했다. 슬라이드를 10장 이상 사용하지 않는다, 프레젠테이션은 20분을 넘기지 않는다, 글자의 크기는 30포인트보다 작아서는 안 된다는 것이다. 발표마다 정해진 시간이 있기 때문에 두 번째 법칙이 모든 발표에 해당하지는 않지만, 청중의 집중력에 대한 관점을 알 수 있는 대목이다. 발표의 시간은 반드시 나의 통제 범위에 있어야 한다.

## 발표 시간의 분배 방법

발표 시간을 분배하는 방법은 간단하다. 서론 본론 결론의 3단 구성으로 보면 서론을 20%, 본론을 60%, 결론을 20%로 나누면 된다. 발표 내용도 마찬가지로 시간에 맞게끔 양을 더하거나 줄인다. 연습할 때는 발표 시간과 내용 모두 적절한지 동시에 고려해야 한다. 시간이 많은데 내용이 부족하거나, 시간은 부족한데 내용이 많은 경우도 있다. 발표를 도와주는 사람이 이를 객관적으로 평가해 주면 좋다. 두부 자르듯이 정확하게 시간을 나누라는 뜻은 아니다. 상황에 따라 서론과 결론이 늘거나 줄 수도 있다.

### 1분 스피치 예시

**(서론)**

안녕하세요. 저는 준비된 발표의 달인입니다. 발표의 기술을 익히기 위해 노력하고 있습니다.

**(본론)**

발표의 기술은 무엇일까요? 바로 상대와 커뮤니케이션을 하는 데 필요한 수단과 방법입니다.

발표의 달인이 되는 것은 어려운 일이 아닙니다. 할 수 있다는 자신감을 가지고 꾸준한 연습과 노력이 뒷받침된다면 누구나 충분히 이뤄낼 수 있습니다. 우리 모두 발표의 달인이 되는 날을 기대하며 다 함께 열심히 노력합시다.

**(결론)**

발표의 기술을 터득하기 위해 연습하고 노력하는 여러분은 이미 준비된 발표의 달인입니다.

감사합니다.

내용에 집중하다 보면 발표의 시작과 끝맺음을 놓치기도 한다. 그래서 먼저 시간을 분배해야 한다. 서론과 결론에서는 본론에 집중하고 여운을 주기 위한 장치를 마련한다. 1분 스피치라면 서론은 10초 정도, 본론은 40초 정도, 결론은 10초 정도가 적당하다. 청중이 내용에 호기심을 가지고 집중하도록 만들기 위해 서론을 구성한다. 좋은 내용을 정리하고 한 번 더 강조하는 마무리를 할 수 있는 결론을 구성한다. 10초라고 얕봐서는 안 된다. "이상으로 지금까지 무엇에 대해 발표를 했습니다. 감사합니다." 이렇게 갑자기 발표를 끝내면 청중 입장에서는 본론이 정리되지 않는다.

발표를 잘하려면 기획을 잘해야 한다. 먼저 키워드를 바탕으로 핵심 키워드를 도출하고 이것을 연결해서 내용을 완성하는 것이다. 발성훈련과 낭독을 통해 발표력을 키우는 것도 중요하다. 여기에다 발표를 기획할 때 시간 개념을 집어넣는 것은 필수이다. 좋은 내용이라고 한도 끝도 없이 그것만 얘기할 수는 없기 때문이다. 발표의 목적을 달성하고 효과를 극대화하려면 분명한 기승전결이 필요하다. 핵심 주제를 청중에게 전달하는 순간까지 기는 과정 말이다.

## 발표 시간 분배의 원칙

첫째, 직접 시간을 점검해야 한다. 청중이 관심을 보이고 반응이 좋다고 해서 신이 나서 이야기하면 안 된다. 갑자기 생각난 이야기를 하느라 삼천포로 빠져서도 안 된다. 꾸준한 연습을 통해 발표 시간의 오차가 발생하지 않게 하는 것이 가장 좋다. 대본이나 큐카드가 있다면 특정 지점까지 걸리는 시간을 미리 적어놓는 것도 방법이다. 걸리는 시간과 실제 시각을 점검하는 것이다. 발표가 조금 늦거나 빠르더라도 발표자가 시간을 충분히 조절할 수 있다. 실제 시각을 알 수 있도록 자연스러운 시선 처리의 선상에 시계를 놔두면 좋다.

둘째, 과감하게 전환해야 한다. 발표할 때는 무슨 일이 생길지 모른다. 변수를 최소화해야 하겠지만 완전히 막을 수는 없다. 갑자기 질문을 받을 수도 있고 전자기기의 전원이 내려갈 수도 있다. 시간에 여유가 생겨서 30분 정도 발표를 더 요청받기도 한다. 이런 경우 최대한 빨리 발표 정도의 가감에 대한 생각을 정리해야 한다. 어느 부분을 더할지 말지 말이다. 만약 부족하다면 과감하게 넘어갈 수 있는 용기도 필요하다. 시간이 없는 걸 아는데도 그대로 발표를 끌고 나가는 것도 문제다.

셋째, 발표 내용의 구조를 정확하게 이해해야 한다. 긴장 등으로 갑자기 기억나지 않을 수 있다. 그래도 지금 내가 어디쯤 왔는지 계속 생각하며 발표를 진행해야 한다. 머릿속에서 장절 편성을 해야 한다는 말이다. '3장' 다음에 '3장의 1절'을 이야기하는 경우를 말한다. "제품의 장점 중에서 가장 중요한 내용입니다." 구조를 생각하면서 발표하면 생동감 있는 구어체로 표현할 수 있다. 발표를 들으며 메모하는 청중도 많다. '중요한 세 가지'라고 강조한 말을 들었는데 또 "마지막으로 중요한 한 가지!"라고 한다면 혼란스러워진다. 내용이 지루하게 느껴질 것이다.

발표 시간은 내게 정확히 주어져 있다. 하다 보면 더 많이 이야기하고 싶고 아쉬울 수도 있다. 그러나 청중에게 가장 중요하고 필요한 내용을 정해진 시간 내에 말하는 것은 능력이다. 시험에 나온 문제를 집에 가져가서 밤새 풀어 제출할 수는 없다. 말을 잘하는 것도 좋지만 청중의 집중력에는 한계가 있다. 발표자가 말을 너무 많이 하거나 길게 하면 강요한다는 느낌을 받을 수 있다. 발표는 잠들기 전까지 듣는 할머니의 옛날이야기가 아니다. 분명하고 단순한 방법이지만 미리 시간을 정해놓는 습관을 길러야 한다. 발표 능력까지 자연스럽게 향상될 것이다.

PART

7

# 즉흥적 말하기를
# 잘하는 법

# 발표 전 먼저 말하기를 설계하라

## 36

학창시절 친구랑 말다툼을 하고 집에 와서 분을 못 이겼던 경험이 한 번쯤 있을 것이다. 화나고 억울한데 더 열 받는 것은 '그때 왜 이렇게 말하지 못했지?'라는 아쉬움이다. 사회에서도 마찬가지다. 직장에서나 모임에서나 매 순간 말하기의 연속이다. 상대방의 현란한 말솜씨에 정신을 차리지 못하면 당하기도 한다. 중요한 미팅이나 발표를 할 때도 무슨 말을 해야 할지 먼저 생각해야 한다. 집에 와서 이불킥하지 않으려면 말하기를 설계해야 한다.

## 말하기 설계의 중요성

중소기업에서 영업사원으로 일하는 30대 직장인이 아카데미에 찾아왔다. 영업하려고 상대 회사의 직원과 말을 하는데 소통이 되지 않는다. 영업직의 특성상 거래조건을 서로 주고받는데 상대측의 이야기만 수용하고 만다는 것이었다. 정작 본인 회사의 입장을 제대로 전하지 못해 손해가 막심했다고 했다. 무슨 말을 해야 할지 충분히 생각하고 사전에 사내 회의도 했는데, 미팅 결과를 어떻게 보고해야 할지 걱정만 된다고 했다.

대기업에 다니는 30대 직장인 남성이 아카데미에 찾아왔다. 소개팅에 나가서 여성을 만나면 세 번을 못 만나고 거절당한다는 것이었다. 외모나 직업도 괜찮았고 큰아들이라고 집안에서 지원할 여력도 있었다. 대화를 어떻게 진행하는지 직접 들어보니 상대에게 정보를 캐내는 형태의 질문을 한다는 걸 알 수 있었다. 공감하지 못하고 정보를 알아보려는 대화를 이어나가다 보니 소재가 금방 고갈되었다. 무슨 말이든지 상대가 말을 걸어주면 잘하는데 반대의 경우에는 그렇지 못한 것이었다.

취업포털 잡코리아가 직장인 천여 명을 대상으로 '성공적인 직장 생활을 위해 꼭 필요한 능력'에 대해 설문 조사한 결과, 대인관계 능력과 스피치 능력 그리고 전문 자격증 보유가 각각 TOP 3에 올랐다. 특히 스피치, 발표 능력이 자격증이나 전공지식 같은 이른바 '취업 스펙'보다 중요하다고 생각하는 것으로 나타났다. 또 90% 이상이 발표에 대한 두려움을 느끼는 것으로 응답했다. 이 때문에 설문 참여자 중 절반가량이 발표능력을 높이기 위해 관련 책을 읽은 적이 있다고 답했다. 스피치와 발표능력 같은 말하기에 대한 직장인들의 어려움을 알 수 있다.

직장 또는 일상에서 말하기에 어려움을 겪는 이유는 무슨 말을 할지 고민이 되어서다. 무슨 말을 할지 고민이라는 것은 어떻게 말할지 아직 정하지 못했다는 뜻이기도 하다. 대화를 설계해서 말하면 이런 고민을 해결할 수 있다. '이 대화 주제는 이것을 이야기하고 다음에 저것을 이야기해야겠다' 이렇게 사전 준비하는 것이다. 한 가지 주제에 대해서 깊은 단계에 이르는 대화의 수준을 정해야 한다. 그리고 언제든 다음 주제로 자유롭게 전환할 수 있어야 한다. 그러기 위해서는 충분한 이해와 연습이 필요하다.


## 말하기 설계의 방법

### 말하기 설계의 과정

말하기를 설계하려면 먼저 이야기할 거리를 정해야 한다. 상대와 의견을 나눠야 할 주제와 내용을 적어본다. 그다음 한 가지 주제에 대한 이야기를 하기 위해 어떤 이야기를 꺼내야 할지 생각한다. 한 가지 주제에 도달하기 위해 몇 단계의 보조 이야기를 거쳐야 할 수도 있다. 요약하자면 상대와 무슨 이야기를 할 것인지 정한다. 그다음 그 이야기를 하기 위해 필요한 과정을 생각한다. 질문을 생각하고 예상되는 답변을 통해 내가 원하는 방향으로 대화를 이끌어 간다.

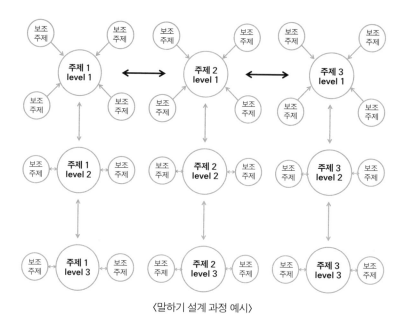

<말하기 설계 과정 예시>

이런 일련의 과정을 생각하고 만드는 것이다.

## 말하기 설계의 연습

말하기 설계 과정을 습득하기 위한 연습법이 있다. 3인이 함께 하는 대화형식의 말하기 게임이다. 3인은 각자 나와 상대, 심판의 역할을 한다. 심판은 두 명의 선수에게 말하기 주제를 각각 다섯 개씩 준다. 선수 두 명은 6분간의 대화를 통해 자신에게 주어진 카드의 주제를 말해야 하는 게임이다. 대화가 끝난 후 서로 상대가 말하려는 주제를 맞추는 것이다. 나의 대화 주제를 상대가 모르면 1점 획득, 상대

## 📢 <말하기 카드게임의 규칙>

1. 말하기 주제에 대한 범위를 설정한다.

   광범위하지 않고 서로 공감이 되는 분야의 주제

   (예 : 사회 현상, 이론, 정보기술 등)

2. 심판이 10장의 작은 메모지를 준비해서 해당 분야의 특정한 단어를 작성한다.

   (예 : IoT 기술, 스마트 팜, 센서, 데이터 프로세싱 등)

3. 10장의 종이를 A와 B가 5장씩 순서대로 나누어 갖는다.

4. 심판은 A와 B가 가지고 있는 카드를 확인하고 채점지에 해당 단어를 작성한다.

5. 심판은 주제에 대해 서로 대화를 할 수 있도록 시작 발언을 한다.

   (예 : 오늘은 밴드왜건 효과에 대해 이야기를 나누어보겠습니다.)

6. 심판은 A와 B가 3분에 한 번씩 먼저 대화를 시작할 수 있도록 시간을 체크한다.

7. A와 B는 가지고 있는 종이에 적힌 내용을 세 번 언급하면 점수를 1점 획득한다.

8. A와 B가 한 번씩 대화를 주도한 가운데 6분이 지나면 대화를 종료한다.

9. A와 B는 상대가 가지고 있는 종이의 내용을 말하며 맞히면 상대의 점수를 1점 감점한다.

10. 심판은 채점 결과를 발표한다. 공정한 채점을 위해 대화를 녹음해도 좋다.

11. 선수와 심판의 역할을 바꿔서 다시 게임을 진행해 본다.

12. '말할 내용을 어떻게 이야기할 것인가?'에 대해 생각하며 대화를 이끌어가는 과정이다. 세부 규칙에 대해서는 경우에 따라 조금씩 수정해서 적용이 가능하다.

    (예 : 특정 단어가 아니라 구와 절로 변경, 시간 변경, 주제 설정, 점수 획득 방법 등)

가 알면 1점 감점이다. 심판은 서로 대화의 규칙을 지키고 상호 비방 없이 공정하게 게임이 이루어지도록 감독해야 한다. 총점으로 승부를 가린다. 게임이 끝나면 서로 교대해서 진행한다.

## 말하기 설계의 원칙

첫째, 상대를 배려하고 존중해야 한다. 상대가 개인이든지 집단이든지 마찬가지다. 대화할 때 내 목적만 달성하려고 하면 배려와 존중에서 멀어질 수 있다. 그러면 대화 자체가 이루어지기 어렵다. 상대의 의견을 듣고 나와 다른 부분이 있더라도 수용하고 인정해야 한다. 그래야 상대도 나의 의견을 경청해준다. 대화를 설계할 때도 상대방의 의견 수용을 포함해야 한다. 나와 의견이 다르다고 상대를 무시해서는 안 된다. 상대의 말을 한 번 요약해서 되묻고 확인하는 것도 좋은 방법이다.

둘째, 자연스럽게 화제를 전환해야 한다. 거절하거나 비방으로 대화를 중단하거나 화제를 전환하면 안 된다. 이 또한 필요하다. 말하기의 목적을 달성하기 위해 티 나지 않게 몇 단계를 거쳐야 한다. 단계를 거치다가도 다른 방향으로 대화가 이어질 수도 있다. 상대도 자신의 말을 하기 위해 중간에 끼어들 여지도 있다. 이렇게 서로 자신의 말만 하려고 대화가 혼재되면 아무것도 얻을 수 없다. 자신이 말을 주도하는 상황에서 최대한 목적에 근접한 수준의 대화를 만들어야 한다. 축구에서 패스를 주고받고 센터링을 올리듯이 말이다.

셋째, 때로는 과감하게 화제에서 탈피해야 한다. 자연스럽게 화제를 전환하라고 해놓고 갑자기 무슨 말인지 궁금할 것이다. 한 가지 주제나 상대방이 주도하는 대화에서 필요하다면 과감하게 빠져나와야 한다는 의미다. 자연스럽게 화제를 전환하지 않아도 되는 상황에서도 가능하다. 예를 들면 대화의 소재가 고갈되어 어색함이 흐를 수도 있다. 혹은 재미있게 이야기하다가도 갑자기 더 이상 대화가 연결되지 않을 수 있다. 공허함이 느껴지는 이럴 때는 미리 준비한 다른 주제로 화제를 과감하게 전환하려고 노력해야 한다.

말이나 대화를 하는 이유는 어떠한 목적이 있어서다. 단지 커피한 잔을 마시고 싶어서 주문할 수도 있다. 그러나 중요한 목적이 있다면 이야기는 달라진다. 목적을 달성하기 위해 말해야 하고, 상대가 무슨 말을 할지도 미리 생각해야 한다. 유창하고 현란하게 말하는 사람은 말 잘하는 사람이다. 그리고 목적을 달성하는 데 필요한 말을 제대로 하는 사람도 말 잘하는 사람이다. 유창하고 현란한 말솜씨는 선천적인 영향이 크다. 목적을 달성하는 말하기는 후천적으로 학습이 가능하다. 무엇을 어떻게 말해야 할지 이제부터 말하기를 설계하자.

# 관계를 유지하면서 제대로
# 거절하는 법

37

대화하다 보면 상대에게 부탁을 받는 경우가 있다. 부탁을 위해 어느 정도 의도를 가지고 대화를 청한 경우다. 친분이 있어서 편한 마음으로 대화하다가 부탁을 받게 되면 부담이 생기고, 결국 어쩔 수 없이 들어주는 경우가 많다. 우리는 왜 잘 거절하지 못할까? 관계가 어색해지거나 틀어질까 봐, 또는 상대가 실망할까 두려워서이다. 이런 일들이 계속되면 몸과 마음이 모두 불편해진다.

## 거절을 해야 하는 이유

한 식품회사의 3년 차 영업사원이 상사나 동료의 부탁을 거절하지 못한다며 아카데미에 상담을 왔다. 살면서 다른 사람에게 "못하겠어", "안 된다"라는 말을 꺼내기가 가장 어렵다고 했다. 주변 사람들은 이런 그의 성격을 알기에 더 부탁하고 도움을 요청한다. 근무시간은 물론이고 퇴근 이후나 주말에도 부탁을 받으면 그 일을 꼭 해줘야 한다는 것이다. 이로 인해 휴식시간이 줄어들고 늘 스트레스를 받는다. 급기야 힘들어서 '직장을 그만둬야 하나'라는 생각까지 한다고 했다.

중소기업을 운영하는 한 대표는 성격이 좋기로 유명하다. 그는 누가 부탁을 하면 거절하지 못하고 웬만하면 'YES'를 한다. 누가 물건을 사달라고 하거나 어디를 같이 가자고 해도 흔쾌히 승낙한다. 특히 보험영업을 하는 사람들이 찾아오면 매번 거절하지 못하고 결국 가입해줬다. 본인 사망 시 '20억 원'이라는 거액의 보험금이 나온단다. 정말 필요하거나 좋아서 했다기보다 거절을 하지 못해서였다. 거절하지 못하고 속으로만 끙끙 앓으면서 힘들어하는 그의 모습을 보면 늘 안타깝다.

설문조사 플랫폼 '틸리언 프로(Tillion Pro)'에서 전국 성인남녀 1,036명을 대상으로 조사한 결과 72%가 일상에서 거절하는 데 어려움을 겪는 것으로 나타났다. "반드시 거절해야 할 땐 어떻게 하는가?"라는 질문에 36%만 '이유를 들어 거절한다'라고 답했다. 대부분 '핑곗거리를 만든다.'(31%), '말끝을 흐린다.'(17%), '상대가 부탁하기 전에 선수 친다.'(9%), '아무런 대답도 하지 않는다.'(7%) 등 애써 둘러대는 표현을 사용했다. 우리나라 사람들이 부탁을 거절하는 것은 이렇게 어려운 일이다.

누구나 살아가면서 수많은 부탁을 받는다. 그 순간 거절하지 못해서 받는 스트레스와 손해를 돈으로 환산하면 아마 상당한 금액이 될 것이다. "NO"라고 거절하기가 처음에는 엄청나게 힘들다. 거절하는 사람이 오히려 사과까지 하는 경우도 있다. 그 자리에서 안 된다고 하면 상대가 기분이 나쁘리라 생각하기 때문이다. 그래서 직접적인 화법보다 "죄송하지만 아마도 안 될 것 같다"는 식의 모호하게 표현한다. 이렇게 말하면 부탁하는 사람은 재차 부탁할 수도 있다. 결국은 더 거절하기 어려운 상황으로 치닫고 만다.

## 거절에도 용기와 연습이 필요하다

"안 그래도 힘들 텐데 이것 좀 해줄 수 있을까요?" "감사합니다." 미안한 마음에 순간 '금방 끝낼 수 있으니까' 여겨 승낙했던 적이 있을 것이다. 그런데 부탁해놓고선 오히려 나를 재촉하는 상황이 생긴다. 심지어 결과물이 마음에 들지 않는다며 불만을 토로하기도 한다. 거절하지 못한 사람 입장에서는 정말 어처구니 없는 일이다. 처음 부탁을 받았을 땐 '아, 내가 인정받고 있구나!'라고 착각하기도 한다. 하지만 일이 복잡하거나 시간에 쫓겨서 기한 안에 처리하지 못하면 오히려 내가 미안해해야 한다. 가만히 보면 부탁하는 사람은 부탁이 습관인 경우도 많다.

필자도 과거에는 유독 거절을 못하는 사람이었다. 강사로 생활할 때 힘들고 어려운 일은 늘 도맡아 했다. 하지만 이런 일이 반복되다 보니 부탁받은 일들은 자연스럽게 내가 해야 하는 일이 되어버렸다. 너무 힘들었고 '도저히 이러면 안 되겠다'라는 생각이 들었다. 이후 가능하면 바로 답변하지 않고 생각해 본다거나 안 된다고 거절했다. 처음에는 '나를 어떻게 생각할까?' '속으로 뭐라고 하겠지?' 등의 생각에 힘들었지만 점차 서로가 불편하지 않게 거절하는 방법을 알게 되었다. 거절에도 용기와 연습이 필요하다.

처음에는 상대방이 불편하지 않게 거절하기가 어렵다. 그저 용기를 내어 거절에 도전하는 것이 시작이다. "그건 제가 하기 어려운 일입니다"라고 처음 거절 표현을 했다. 가족이나 친척, 직장에서 상사나 동료의 부탁에 대한 거절이다. 찰나의 순간 심장이 쿵쾅거릴 것이다. 괜찮다. 짧게는 바로 길게는 몇 초의 시간이 지나면 "그래요? 알겠습니다"라는 대답이 들려올 것이다. 처음 거절에 성공한 순간이다. 이런 시간이 지나면 상대에게 정중하고 단호하게 거절하는 방법까지 점차 익숙해질 것이다. 거절도 스피치처럼 작은 성공 경험부터 시작이다.

## 관계를 지키는 거절의 방법

첫째, 밝은 표정으로 거절한다. 독일 하이델베르크대학 심리학과 귀도헤르텔(Guido Hertel) 교수는 "사람이 밝은 기운을 지니면 다른 사람들과 충돌하게 되더라도, 다른 대안을 금세 찾아낼 수 있다"라고 말했다. 어려운 부탁을 받더라도 정색하는 불쾌한 얼굴로 싫은 표정은 짓지 않는다.

둘째, 부탁받은 내용만 말한다. "며칠 전에도 이런 부탁을 받았는데요"라고 지난 일을 언급하면 안 된다. 지금 부탁받은 내용에 대해서만 이야기한다. 다른 이야기까지 꺼내면 오히려 상대방의 감정을 상하게 할 수 있다.

셋째, 여지를 남기지 않는다. "가족들과 한번 상의해볼게", "내가 한번 알아볼게" 이런 표현을 사용하면 안 된다. 관계가 나빠질까 봐 단호하게 거절하지 못하고 여지를 주는 말이다. 결국 나중에 거절하면 기대감 때문에 더 큰 실망감을 주게 된다. 거절에도 타이밍이 있다.

넷째, 부드러운 화법을 사용한다. "제안해 주신 내용은 정말 좋습니다. 하지만 지금은 여유가 없네요." 너무 단호하고 매몰차게 거절하는 것이 아니라 목소리 톤을 낮춰서 부드럽게 표현하는 것이 좋다. "다음에 꼭 도와드리겠습니다"라고 한마디 거드는 것도 필요하다.

다섯째, 직접 통화하거나 대면하여 거절한다. '(문자메시지)이번엔 어렵겠습니다.' 대면하고 말하기 어려워서 문자 등을 보내면 불필요한 오해가 발생할 수 있다. 통화나 얼굴을 보면서 이야기하는 것이 좋다.

여섯째. 솔직하게 거절한다. "도와드리고 싶은데 내일까지 제출해야 할 보고서가 있습니다." 혹시 미안한 마음에 거짓말한다거나 핑계를 대면 언젠가는 상대가 알게 된다.

일곱째, 거절 이유를 분명히 설명한다. "내일은 한 달 전에 잡힌 모임의 선약이 있어서 어렵습니다." 상대방이 이해하도록 이유를 구체적으로 말해주면 좋다. 모호한 표현은 상대방이 오해하기 쉽다.

여덟째, 정중하게 거절한다. "어렵게 부탁하셨는데 동행하지 못해 죄송합니다." 상대방에게 감정과 예의를 갖춰서 공손하게 거절해야 한다.

아홉째, 짧고 간결하게 거절한다. "사실, 이런 부탁을 많이 받아서 제가 너무 힘들어요", "그동안 거절하지 못한 일로 지금 너무 힘들어요." 미안한 마음에 과거의 이야기까지 꺼내서 길게 이야기하면 관계만 불편해진다. 가능한 짧고 간결하게 거절하는 것이 좋다.

열째, 거절의 자신감을 가져라. "죄송하지만 이번에는 어려울 것 같습니다" 스스로 거절의 원칙을 정하고 감정이나 상황에 치우치지 않는다. 그리고 거절의 판단이 서면 당당하고 자신 있게 말한다.

즉흥적으로 말을 하는 여러 상황이 있다. 이때 갑작스러운 부탁을 받으면 누구나 부담스럽다. 그렇다고 그 자리에서 거절하는 것도 예의는 아니다. 부탁을 받는다면 먼저 상대가 부담 갖지 않도록 편안하게 해줘야 한다. 그리고 질문을 통해 부탁 내용이 무엇인지 제대로 이해한다. 차분히 생각하고 충분히 고민해야 한다. 거절해야 한다면 관계를 지키기 위해 최선의 노력을 해야 한다. 남을 돕기만 하다 보면 나를 돌볼 수 없다. 상대가 불편하지 않게 거절하면 대인관계에서도 분명 멋진 사람으로 기억될 것이다.

# 내가 원하는 대로 설득하는 법

38

살면서 누구나 설득의 순간을 맞는다. 어린아이는 엄마를 설득해야 하고, 직장인은 상사를 설득해야 한다. 목적은 각자 다르지만 설득을 위한 절실함을 갖고 있다. 장난감이나 아이스크림을 얻고 싶고, 보고서를 검토 받아야 한다. 상대방을 설득하려면 준비가 필요하다. 설득에 필요한 논리와 조건에 문제가 없는지 꼼꼼히 따져본다. 대화할 때 설계가 필요하듯이 설득을 할 때도 마찬가지 준비를 해야 한다.

## 설득의 중요성

설득(說得)의 사전적 의미는 "상대편이 이쪽 편의 이야기를 따르도록 여러 가지로 깨우쳐 말한다"이다. 설득은 학교와 직장, 일상의 모든 상황에서 꼭 필요한 능력이다. 내가 원하는 것은 그냥 얻을 수 있는 것이 아니다. 목이 말라 마트에서 음료수를 구매해 마시려고 한다. 설득의 관점에서 보면 먼저 음료수를 얻기 위한 준비가 필요하다. 금액을 보고 원하는 제품이 있는지 확인해야 한다. 그런 다음 점원에게 금액을 확인하고 결제한다. 점원에게 금액을 확인하고 결제한다. 아무 말을 할 필요도 없이 고르고 카드만 내밀면 되지 않은가 생각하겠지만 논리와 조건이 부합해서 가능한 일이다. 설득의 난도가 생기면 그 논리와 조건도 복잡해진다.

생활용품을 가지고 방문판매 사업을 하는 60대의 남성이 아카데미에 찾아왔다. 어렸을 때부터 일만 하느라 학업을 제대로 마치지 못했고 안 해본 일이 없다고 했다. 나이가 들고 보니 사람들의 요구에 맞춰 물건을 판매하기가 너무 어렵다는 것이었다. 말의 순서가 맞지 않고 사람들이 들으려고도 하지 않는다고 했다. 상담할 때도 이런 이야기 저런 이야기에 논리나 순서가 없어 이해하기 어려웠다. 그래서 상대방을 설득하기 위한 논리를 찾기로 했다. 상대방이 무엇을 필요로 하는지도 생각한 다음, 순서에 맞춰 차근차근 설명하는 연습을 했다. 시간이 더 필요하겠지만 스스로 자신감을 얻었다고 만족했다.

설득은 우리의 삶에 많은 영향을 끼친다. 위의 사례처럼 설득이 자신의 수입에 직접적인 요인이 되는 경우도 많다. 설득은 상대방이 이해하고 공감하는 과정에서 생각이나 행동이 바뀌는 것이다. 이런 일련의 과정을 제대로 이해하지 못한다면 설득하기 어렵다. 상대방을 설득하려면 논리와 조건이 중요하다. 내가 이야기하고자 하는 내용의 순서를 조직해서 논리를 찾아야 한다. 상대방에게 필요한 조건을 어떻게 제시할지도 고민해야 한다. 이렇게 논리적인 구조를 바탕으로 설득하는 방법이 있다. 반면 단순함과 공감을 바탕으로 즉흥적으로 상대를 설득하는 방법도 있다.

## 설득의 방법

### 수사학의 원리

그리스 철학자 아리스토텔레스(Aristoteles)는 수사학(修辭學)에서 설득의 수단으로 에토스(Ethos), 파토스(Pathos), 로고스(Logos)를 제시했다. 이 세 가지가 조화를 이룰 때 설득의 효과가 극대화된다고 했다. 에토스는 화자의 인격과 신뢰성을 의미한다. 파토스는 청중을 설득하기 위해 사용하는 정서적 호소와 공감을 의미한다. 로고스는 청중을 설득하기 위한 객관적이고 논리적인 뒷받침을 의미한다. 주어진 상황에서 가장 적합한 설득 수단을 발견하는 예술을 수사학(Rhetoric)이라고 했다. 상황은 각기 다르지만 설득을 할 때는 화자의 인격과 설득을 위한 공감과 논리가 필요하다.

## OREO 법칙

하버드대학에서 글쓰기 비법으로 전수되는 '오레오(OREO)' 법칙을 사용하면 효과적인 글쓰기와 말하기를 할 수 있다. 주장(Opinion), 근거(Reason), 사례(Example), 제안(Offer)의 앞글자를 따서 만든 명칭이다. 먼저 자신의 주장과 근거를 제시한다. 관련 사례를 소개하고 주장이나 제안을 다시 강조한다. 이렇게 법칙의 순서대로 생각을 적거나 말하게 되면 자연스럽게 설득이 가능하다. 아카데미에서도 자주 활용하는 방법이다. 묘한 논리와 공감으로 상대를 확실하게 설득하는 대단한 법칙이다. 간단하고 실생활에서 쉽게 사용할 수 있는 중요한 법칙이니 충분히 연습하라.

## 반전 설득

영국의 심리학자 케빈 더튼(Kevin Dutton) 박사는 저서 《극한의 협상, 찰나의 설득》에서 이렇게 말했다. "사람은 말뿐만 아니라 몸짓과 손짓까지 포함해서 하루에 약 400번 설득을 당한다." 또한 설득에 중요한 다섯 가지를 정의했는데 '단순성', '상대이 유리함', '의외성', '자신감', '공감'이다. 더튼 박사는 이를 반전 설득(Flipnosis)이라 정의했다. 설득의 순간에 상대가 스스로 유리함을 알아야 한다. 단순하고 의외성을 지닌 제안으로 자신 있게 공감해야 한다. 논리적인 방식으로 접근하는 것도 좋지만 한순간 설득하는 방식에 초점을 맞추는 것이다.

## 숫자 3의 법칙

'3'은 우리나라 사람들이 가장 좋아하는 숫자라고 한다. '3'이라는 숫자를 잘 활용하면 설득력을 얻을 수 있다. EBS 〈다큐프라임〉에서 집단에 대한 실험을 했다. 횡단보도에서 한 남자가 하늘을 가리키고 서 있었는데 주변의 반응이 없었다. 둘이 해도 마찬가지였다. 그런데 셋이 같은 행동을 하는 순간 지나가던 사람의 80%가 하늘을 쳐다봤다. 세 명이 모이면 집단이 되는 것이다. '삼인성호(三人成虎)'라는 고사성어가 있다. "3명이 모이면 없는 호랑이도 만들어 낸다"는 뜻이다. 숫자 '3'에는 완성의 의미가 있다. 세 가지를 말하고 세 가지의 예를 들어보자. 링컨도 3번의 "국민"을 외쳤다. 2는 부족하고 4나 5는 많다. 3은 안정적이고 기억이 된다.


## 설득의 원칙


첫째, 상대를 인정해야 한다. 상대와 대립하면 아무리 좋은 가격이나 좋은 조건으로도 설득할 수 없다. 상대의 지식이나 경험을 인정하라. 제안에 대해 상대가 의견을 낼 수 있게 만들어줘야 한다. 제안을 했지만 자칫 강요한다는 느낌을 받을 수 있기 때문이다. 상대가 스스로 생각하고 결론을 내릴 수 있도록 숙고(熟考)의 과정을 존중해야 한다. 제안을 듣기도 전에 이미 거절하기로 결심한 최악의 상황을 반전시킬 조금의 여지라도 생긴다.

둘째, 상대와 같은 편에 서야 한다. 소크라테스는 대화할 때 "네, 네"라는 상대의 반응을 유도해야 한다고 했다. 상대와 내가 가진 생각과 목표가 거의 일치한다는 동조의 의미이다. 도입 부분의 사소한 이야기부터 동의를 구한다. 그리고 동의하는 내용들을 강조한다. 당신과 나는 같은 편이라는 의식을 심어주는 것이다. 상대와 다른 의견이 있다고 생각하는 문제에 대해서는 나중에 논의한다. 상대와 같은 목표를 가지고 있는 점을 상기시킨다. 단지 방법이 약간 다를 뿐이며 이는 충분히 협의 가능한 것임을 알린다.

셋째, 경청하고 끊임없이 공감해야 한다. 누구나 사물과 현상을 바라보는 각자의 관점과 생각이 있다. 그것을 어떻게 표현하느냐에 대한 차이가 있을 뿐이다. 표현에 거침이 없는 사람보다 소극적이고 의사 표현에 주저하는 사람일수록 경청과 공감이 필요하다. 설득의 방법은 상대가 원하는 것을 줄 수 있어야 한다. 먼저 끊임없이 듣고 상대의 의견에 공감한다. 하지만 경청하고 공감만 하다 보면 나의 제안이 모호해질 수 있다. 적절한 시점에는 확실한 표현으로 상대의 마음을 이끌어내야 한다.

상대가 이 자리에서는 거절해야겠다고 굳게 마음을 먹고 나올 수 있다. 이런 경우 설득 자체가 어렵다. 철저하게 준비했지만 설득에 실패했다고 낙심하면 안 된다. 반대로 생각지도 못했던 것으로 상대를 설득할 수도 있기 때문이다. 항상 겸손한 자세로 성실하게 준비해야 한다. 한 가지 더 중요한 것은 말하는 사람에 대한 상대의 신뢰다. 신뢰가 바탕이 되지 않으면 그 어떤 좋은 조건도 의미가 없다. 설령 설득에 실패하더라도 설득의 시도는 분명한 의미가 있다. 뜻이 있는 곳에 길이 있다. 끊임없이 상대의 마음 문을 두드리라.

# 상대방을 공감하고 칭찬하는 법

39

학창 시절 친구와 대화를 나누면 시간이 가는 줄 모르고 이야기꽃을 피운다. 사회에 나가서는 마음 맞는 사람들과 술 한 잔 기울이며 서로를 위로하기도 한다. 끊이지 않고 계속 이어지는 대화의 공통점은 바로 공감과 칭찬이다. "칭찬은 고래도 춤추게 한다." 사람은 누구나 인정받고 칭찬받고 싶어 한다. 하지만 잘못된 칭찬으로 인해 오히려 역효과가 발생하기도 한다. 공감과 칭찬의 기본은 진정성이다. 진심이 들어간 공감과 칭찬은 약이 된다. 내게 약이 되는 공감과 칭찬하는 방법을 살펴보자.


## 공감과 칭찬의 힘

부부 간의 소통 문제로 인한 갈등 때문에 40대 남성이 아카데미를 찾아왔다. 아내는 남편이 자신을 공감하지 못하고 집안일도 소홀히 여기는 것이 불만이었다. 한 번은 아내가 요리하다가 손을 다쳤는데 그는 "으이구, 조심 좀 하지"라고 했다가 아내와 대판 다퉜다. 아내가 애들을 챙겨달라고 했는데 직장 생활 때문에 힘들다며 거절한 적도 있다고 했다. 이런 일들이 반복되자 결국 아내는 이혼을 요구했고 그는 집에서 쫓겨나게 되었다. 상담을 하면서도 아내의 마음을 헤아리지 못한 것에 후회의 눈물을 흘렸다.

매년 승진에 실패하는 대기업 사원이 있었다. '올해는 어떤 일이 있어도 반드시 진급할 수 있겠지?'라고 생각했지만 결과는 그렇지 않았다. 주변 직장동료나 상사도 안타까워했다. 남들보다 능력도 출중하고 성과도 좋았지만 관운이 없다고들 했다. 결국 그는 직장을 그만둘 수밖에 없었다. 평소 그의 능력을 잘 아는 아내는 남편에게 말했다. "여보. 난 당신을 믿어요. 승진보다 더 중요하게 당신을 필요로 하는 곳이 있을 거예요." 남편은 대기업에서 얻은 지식과 경험을 바탕으로 새로운 교육사업을 시작했다. 얼마 지나지 않아 큰 사업가가 되었다.

일상에서 공감이나 칭찬이 부족할 때 생기는 문제가 많다. 반면 따뜻한 격려와 응원의 메시지는 상대방이 다시 일어설 수 있는 원동력이 된다. 사람은 누구나 잠재된 능력이 있다. "잘한다, 잘한다" 하면 더 잘하게 된다. "넌 안 돼, 틀렸어"라고 말하면 자존감이 떨어지고 의지를 잃어버린다. 아내가 다쳤을 때 "여보, 괜찮아? 어디 봐봐.

내가 약 가지고 올게"라고 말했다면 좋았을 것이다. 위의 남편은 이런 말을 몰랐을까? 그랬을 리 없다. 머리로는 알았지만 제대로 실천하지 못했던 것이다.

미국의 심리학자 헨리 고더드(Henry H. Goddard)는 '에르고그래프(ergograph)'라는 장치로 아이들의 에너지 레벨을 측정하는 연구를 했다. '에르고그래프'는 근육의 작업능력이나 피로도 등을 측정하는 장치다. 특정 상황에서 에너지 수치의 변화를 기록하는 기능도 있다. 연구결과 아이들이 칭찬과 찬사를 들으면 에르고그래프에 나타나는 신체 에너지 수치가 즉각적으로 급상승한다고 했다. 반대로 비난을 받거나 낙심하는 경우 신체 에너지 수치가 급격히 떨어졌다. 우리의 마음에 영향을 주는 칭찬과 비난이 몸에도 직접적인 영향을 준다는 결론을 얻을 수 있다.

공감과 칭찬은 우리의 삶을 풍요롭게 만든다. 그 중요성을 알면서도 공감과 칭찬을 하기란 쉽지 않다. 때로는 의식적으로 연습이나 훈련이 필요하다. 하버드대 심리학과 윌리엄 제임스(William James) 교수는 "기억하라. 인간 본성에서 가장 깊숙이 자리한 원칙은 인정받기를 갈구한다는 것이다"라고 말했다. 공감하고 칭찬해주면 대인관계가 좋아짐은 물론 몸에도 좋은 기운이 생겨난다. 비난을 들었을 때 기운이 쭉 빠지는 느낌을 겪어봤을 것이다. 누구라도 좋으니 하루에 칭찬 한 번을 실천해보자.

# 마음을 나누는 공감의 방법

## 마음까지 듣는 경청

상대의 상황과 기분을 느낄 수 있는 능력을 공감이라 말한다. 이는 상대의 말을 잘 듣는 것에서부터 시작한다. '이청득심(以聽得心)'은 '귀 기울여 경청하는 일이 사람의 마음을 얻는 최고의 지혜'라는 말이다. 경청은 매우 중요하다. 상대의 말을 자르거나 끼어들면 그 관계는 점점 닫히게 된다. 말을 잘하려면 먼저 잘 들어야 한다. 대화를 설계해서 하더라도 상대의 말을 제대로 듣지 않는다면 동문서답을 하게 된다. "내가 듣고 있으면 내가 이득을 얻고, 내가 말을 하고 있으면 남이 이득을 얻는다"라는 아라비아 속담이 있다. 말뿐만 아니라 내면의 정서에도 귀를 기울여야 한다.

## 함께 치는 맞장구

경청은 귀로만 듣지 말고 온몸으로 들어야 한다. 그리고 눈빛과 몸짓, 제스처를 통해 잘 듣고 있다고 표현해줘야 한다. 추임새를 넣으며 듣는 것이다. "아!" "맞습니다", "정말 대단하시네요"처럼 긍정적인 표현을 아끼지 말라. 말을 잘 들어주고 공감해 주면 상대방은 더 신이 나서 말할 것이다. 질문과 메모를 하는 것도 방법이다. "그다음은 어떻게 됐어요?" "이것이라는 말씀이시죠?"처럼 대화를 더 발전시켜 나가는 질문을 하면 좋다. "이렇게 좋은 말씀은 적지 않으면 안 되겠어요"라고 위트 있게 말해도 좋다.

### 'Yes But' 공감 대화법

상대의 마음을 먼저 알아줘야 한다. 먼저 'Yes', 그다음 'But'으로 말하는 것이다. "아니, 그게 아니지", "아니, 잠깐만"이라고 습관적으로 말하는 사람들이 많다. 맞는 말 반, 틀린 말이 반이라도 '아니'가 먼저 나오는데 그러면 안 된다. 상대의 생각이나 행동을 그대로 인정하는 것부터 시작해야 한다. "그렇구나", "좋은 생각이야", "맞는 말이야"라고 말이다. 그다음 나의 생각이나 의견을 전달한다. 이 대화법은 거절이나 다른 의견을 말할 때 사용하기도 한다. 'But'에 해당하는 부분에 발전과 응원의 내용을 넣으면 된다. 부정하지 않으면 이중 공감도 가능하다.

## 마음을 얻는 칭찬의 방법

### 그림자 칭찬

한 제자가 공자에게 "사람을 칭찬할 때 어떤 방법이 가장 효과적일까요?"라고 질문했다. 공자는 '그림자 칭찬'이라고 대답했다. 제자는 그림자 칭찬이 무엇인지 되물었고 공자는 말했다. "누가 그러더군. 자네는 꼭 크게 될 사람이라고." 이를 '3인칭 칭찬'이라고 한다. "원장님이 그러시던데 강사님은 앞으로 스타강사가 될 거래요", "팀장님이 말씀하셨는데 이번 입찰에 결정적인 역할을 해줘서 고맙다고 하셨어." 이처럼 다른 사람의 의견이 들어가면 말에 객관성과 근거가 확보되고 더욱 강력해진다. 특히 영향력 있는 사람일수록 그림자 칭찬이 효과적이다.

## 한결같은 칭찬

칭찬은 객관적이고 합리적이며 일관성이 있어야 한다. 상사가 부하 직원을 칭찬할 때는 한쪽 직원만 지나치게 칭찬해서는 안 된다. 감정에 치우치거나 일관성 없는 칭찬은 혼란만 줄 뿐이다. 지난달에는 목표 매출의 80% 달성해서 칭찬을 받았는데 이달에 85% 달성했다면 질책해서는 안 된다. 칭찬과 야단을 동시에 해도 안 된다. "이건 잘했어, 그런데 말이야, 이건 왜 이렇게 처리했지?"라고 하면 칭찬의 의미가 없다. 상대방은 칭찬을 받은 건지 지적을 받은 건지 혼란스럽고 오히려 반감을 살 수도 있다. 리더로서 일관성 있고 누구나 수용 가능한 칭찬을 해야 한다.

## 구체적인 칭찬

칭찬 효과를 높이려면 구체적으로 해야 한다. "김 과장, 참 잘했어", "이 부장, 정말 대단해"는 형식적으로 들릴 수 있다. "김 과장, 이번 달 프로젝트는 실행계획이 정말 획기적이야", "이번 신사업 프로젝트는 이 대리 아이디어 덕분에 기대가 되는군"처럼 구체적으로 칭찬해야 한다. 이는 다른 사람들에게 동기부여가 되며 '나도 다음에는 저렇게 해야지'라는 목표의식도 생긴다. 공개적인 칭찬은 효과적이다. 특히 당사자가 없을 때의 칭찬효과는 배가 된다. "충고는 남이 모르게, 칭찬은 여러 사람 앞에서 해야 한다." 로마의 시인 푸블릴리우스 시루스(Publilius Syrus)의 말이다.

## 적절한 칭찬

칭찬할 일이 생기면 즉시 칭찬해야 효과가 극대화된다. 사소한 일이라도 칭찬할 일이 생기면 바로 칭찬하는 것이 좋다. 몇 시간만 놓쳐도 칭찬 효과는 떨어진다. 또, 결과보다는 과정을 칭찬해야 한다. 결과가 비록 좋지 않더라도 열심히 노력한 과정을 칭찬하면 더 잘하려고 할 것이다. 단순히 결과의 좋은 부분만 칭찬하면 다음에 결과가 좋지 않을 때는 불안감을 느낄 수도 있다. "중간에 큰 위기도 있었지만 현명하게 잘 대처해 줘서 고마워", "다른 사람이었으면 도중에 포기했을 텐데 끝까지 해낸 자네가 정말 대단해"라고 해보자. 결과보다는 과정을, 재능보다는 노력을 칭찬해 줘야 한다.

대화가 잘 되는 사람과 그렇지 못한 사람이 있다. 그 차이는 크지 않다. 상대와 얼마나 소통하느냐의 차이다. 공감과 칭찬은 이 차이를 줄일 수 있다. 남들과 대화하는 게 두렵고 걱정인 사람들이 많다. 이야기의 순서를 정해 보고 유머를 연습하기도 한다. 그것보다 조금 더 쉬운 방법이 공감과 칭찬을 통한 대화다. 이런 대화는 화제가 줄 어들 걱정이 없다. 오히려 시간이 부족하다. '처음 만나는 사람', '직 위가 높은 사람', '부탁을 해야 하는 사람'이나 그 누구라도 상관없 다. 어려울수록 정도를 조절해서 대화의 물꼬를 트면 된다. 진심을 담아 마음껏 공감과 칭찬을 실천해보자. 놀라운 기적이 일어날 것 이다.

## 생활 속에 도움이 되는 말하기 방법

40

생활 속에서 우리는 늘 말을 해야 하는 상황에 직면한다. 가볍게 인사를 할 때도 공부를 하거나 출근을 해서도 말을 해야 한다. 살면서 말을 할 수 없다면 이루 말할 수 없이 불편할 것이다. 말이라는 것은 이렇게 중요한 소통 수단이다. 인터뷰, 인사말, 자기소개, 건배사 같은 말을 할 때 어려움을 겪은 적이 있는가? 그 외에도 공적이나 사적인 자리에서도 어떻게 말을 하는 것이 좋을지 고민한 적이 있는가? 간단한 준비를 통해 일상에서 쉽게 활용할 수 있는 말하기 방법을 살펴보자.

### 생활 속 말하기의 중요성

대기업에 다니는 30대의 대리가 아카데미에 찾아왔다. 전반적인 스피치 능력을 키우고 싶다고 했지만 상담하니 다른 어려움이 있었다. 회식 자리에서 건배사를 하기가 두렵다는 것이었다. 어렵게 들어간 직장에서 다행히 늦지 않게 승진했다. 덕분에 회식에 참석하면 한 번씩 건배사를 하는 기회를 얻게 되었다. 어느 날은 직접 '우리 모두'라고 선창하면, '치어 업(Cheer up)'이라고 후창을 부탁했는데 부장에게 "치워라. 마. 무슨 말인지 못 알아먹겠다"라고 면박을 들었다. 후배들 보기 부끄럽고 자신감이 바닥을 찍었다고 했다.

인테리어 공방을 운영하는 40대의 사장이 아카데미에 찾아왔다. 처음에는 취미로 시작했는데 손재주가 있고 잘 맞아서 직접 공방을 운영하게 되었다. 공방에 오는 사람들도 취미로 배우게 되고 물건을 사가는 사람들도 생기기 시작했다. 사람이 제법 모이다 보니 여러 명의 인원으로 수업을 진행하게 되었다. 그런데 갑자기 어떻게 수업을 시작해야 할지 난감해진 것이다. 공방에 온 사람들에게 감사 인사를 하고 자기소개도 해야 하는데 눈앞이 캄캄해졌다고 했다. 스타일이 좋고 세련된 표현을 사용하는 사장님이라 의외였다.

생활 속에서 말하기의 순간은 일일이 담을 수 없을 만큼 엄청나게 많다. 말하기는 성격에 따라서 조금 차이가 있지만 그것이 잘하고 못하고의 차이는 아니다. 하지만 무슨 말을 어떻게 해야 할지 모른다면 분명히 연습이 필요한 상황이다. 《목표 그 성취의 기술》이라는 책으로 유명한 브라이언 트레이시(Brian Tracy)는 "대화는 당신이 배울 수 있는 기술이다. 자전거 타는 법을 배우거나 타이핑을 배우는 것과 같다. 만약 당신이 그것을 연습하려는 의지가 있다면, 당신은 삶의 모든 부분의 질을 급격하게 향상시킬 수 있다"라고 했다. 말하기는 단지 우리가 배워야 할 기술이고 연습으로 충분히 해낼 수 있다.

생활 속에서 말을 잘하려면 기본적으로 갖춰야 할 것이 있다. 말을 하기 위해서는 먼저 자신감이 필요하다. 내성적인 사람이 말을 잘하지 못한다는 생각은 오산이다. 말하는 데 필요한 자신감을 가지고 방법을 알면 누구나 잘할 수 있다. 말할 수 있는 콘텐츠가 있고 자신감도 충분하지만 방법을 제대로 모르는 것은 문제가 된다. 말하기 방법이라고 해서 거창한 것은 아니다. 아래의 간단한 방법을 이해하면 누구나 응용해서 사용할 수 있다. 수많은 상황에서 당황하지 않고 침착하게 말할 수 있다.

## 생활 속에 말하기 방법

누구나 어떤 상황에서도 흔들림 없이 차분하게 자기 생각을 센스 있게 말하고 싶다. 복잡하고 어려울 때는 누구나 공식에 대입하고 싶은 마음이 생긴다. 공식처럼 완벽하게 떨어지지는 않지만, 부담을 덜 수 있는 방법을 소개한다. 2장의 말의 배열에서도 나온 내용이다. 배열은 내용 정리에도 도움이 되고 편하게 말하기에도 좋다. 시간적 순서, 공간적 순서, 논리적 순서에 따라 말하는 것이다. 이런 방법으로 말하는 연습을 꾸준히 한다면 어떤 자리에서도 대처가 가능할 것이다.

## 인터뷰

오랜 시간 준비해 온 천일코리아 성남사옥 이전을 축하해주셔서 감사합니다. 저희 천일코리아가 1996년 설립된 이후 오늘에 이르기까지 항상 치열한 경쟁 속에서 살았습니다. 끊임없는 기술개발을 위한 노력과 우리 회사를 위해 노력해주신 여러분이 있었기에 가능했습니다. 앞으로도 우리는 시장을 선도하는 기업이 될 것을 약속드리고 최선을 다하겠습니다. 감사합니다.

◐ 기업이 발전하는 역사를 바탕으로 시간적 순서를 통해 표현

## 인사말

여러분, 반갑습니다. 골프회를 사랑하는 OOO입니다. 올 한 해를 마무리하는 이 좋은 계절에 날씨도 청명하게 우리를 반기는 것 같습니다. 오늘 이 자리에는 서울지회의 회원님들이 참석하셨고 전북지회와 전남지회 그리고 경남지회도 참석하셨습니다. 경북지회와 부산지회는 아쉽게도 다음을 기약해야겠네요. 이렇게 귀중한 시간을 함께하는 우리가 더욱 화합하고 발전하는 계기가 되었으면 좋겠습니다. 정말 행복하고요. 서로 소통하는 멋진 시간이 되었으면 좋겠습

니다. 감사합니다.

◉ 모임에 참석한 지회를 언급하며 자신의 소회를 공간적 순서를 통해 표현

## 자기소개

여러분, 안녕하십니까. 음악을 사랑하는 OOO입니다. 반갑습니다. 저는 각종 유리병을 제조하여 전 세계로 수출하는 회사를 25년째 운영하고 있습니다. 평소 음악에 관심이 많았는데 사랑하고 아끼는 우리 후배를 통해서 이렇게 좋은 합창단 동호회에 가입하게 되어 영광입니다. 따뜻하게 맞아주신 여러분들께 진심으로 감사드립니다. 저도 회원의 한 사람으로서 합창단에 보탬이 되도록 노력하겠습니다. 우리 모두 합창단을 통해 하나가 되어 행복을 만들어 가는 여러분이 되기를 소망합니다. 감사합니다.

◉ 음악에 대한 관심과 후배를 통해 동호회에 가입하게 된 계기를 논리적 순서를 통해 표현

## 건배사

여러분, 대단히 감사합니다. 오늘 이 귀한 자리에 여러분들과 함께할 수 있어서 더욱 기쁩니다. 특히 바쁜 일정에도 자리를 마련해주신 회장님과 수석부회장님께도 감사드립니다. 여러분, 행복은 멀리 있는 것이 아니라 지금 이 순간에 있다고 합니다. 우리는 그동안 행복한 지금 이 순간을 만들기 위해 누구보다 노력했습니다. 또 앞으

로 누구보다 행복한 순간을 만들기 위해 노력할 것입니다. 저는 지금 정말 행복합니다. 앞으로도 우리 모두가 행복하길 바라면서 제가 건배를 제의하겠습니다. 제가 "행복이여"라고 하면 "영원하라!"로 답해주시기 바랍니다.

◐ 행복의 의미를 되새기고 모두의 행복을 바라는 건배 제의를 논리적 순서를 통해 표현

## 생활 속 말하기의 원칙

첫째, 사전에 준비해야 한다. 사람과의 관계에서 내가 말할 수 있는 기회가 있는지 먼저 생각해야 한다. 그다음 내가 어떻게 말을 해야 할지, 무엇을 말해야 하는지 생각한다. 아무 생각이나 준비가 없다면 현장과 상황에 닥쳐서 준비하는 것은 큰 부담이 된다. 준비하는 방법으로 작은 메모지에라도 적는 것이 좋다. 간략하게 몇 가지의 단어만 준비하고 순서에 맞게 적어놓는 것이다. 그러면 말하기의 구조가 한눈에 보이고 글의 배열도 정리가 가능하다. 말하기 아이디어 수첩을 만들어서 필요할 때마다 꺼내 쓰는 것도 좋다. 휴대폰의 메모 기능을 사용하는 것이 가장 편리하다.

둘째, 연습을 통해 순발력을 길러야 한다. 말할 기회가 생기면 당

연히 해야 하지만 그렇지 않은 경우도 있다. 스스로 나섰을 때 문제가 안 되는 분위기에서 한 번쯤 도전하는 것이다. 물론 어느 정도 준비가 되어 있을 때 가능하다. 생활 속에서 필요한 말하기는 상황에 따라서 자주 바뀌기 때문에 연습이 중요하다. 자리를 만드는 것뿐만 아니라 나중의 상황을 가정해서 미리 연습해보는 것도 좋다. 연습은 실제 말하기의 순간에서 순발력 있게 대응할 수 있는 힘을 길러준다.

셋째, 공감하고 알아듣기 쉬운 표현을 사용해야 한다. 말하기의 목적은 상대와 소통이다. 말을 알아들어 주길 바라는 것보다 먼저 알아듣게 표현하는 것이 중요하다. 상대가 사용하는 언어를 사용한다. 그들이 함께 공유하는 문화 속에서 사용하는 언어를 사용해야 한다. 알아듣기 쉬운 표현을 사용하는 것도 중요하다. 질문을 받았는데 또 다른 질문이 생기게 말하면 안 된다. 속도나 발음, 자세와 제스처 같은 기술적인 부분도 점검해야 한다.

넷째, 시작했다면 자신 있고 당당하게 말해야 한다. "청중은 발표자가 말을 잘했으면 좋겠다고 생각한다"는 여러 연구결과가 있다. 지나치게 겸손하거나 자신감 없는 표현은 삼가라. 불필요한 애드리브도 하면 안 된다. 말하기의 순발력이 부족하다면 애드리브를 한 다음을 쉽게 감당하기 어렵다. 그보다는 의미 있고 여운이 생기는 표현을 사용한다. 현재 상황에 어울리는 위트 있는 표현을 하면 매우 좋다. 물론 연습이 필요하지만 자신감과 여유를 가지고 말하기를 해야 한다.

"어떻게 하면 말을 잘할 수 있을까요?"라는 질문을 자주 듣는다. 쉽게 말을 잘할 수 있는 방법이 있다면 거짓말일 확률이 높다. 그렇다고 말을 잘하기가 엄청 어려운 것은 아니다. 한 번쯤 들어봤고 해본 적도 있는 것들이다. 그저 얼마만큼 어떻게 연습을 했느냐가 중요하다. 어떤 주제에 대해 말을 잘하는 사람이 있다면 그냥 잘하는 것이 아니다. 생각을 설계하고 정리하고 다듬는 과정을 거쳤기 때문에 잘할 수밖에 없는 것이다. 말하기의 모든 순간에서 최상의 결과를 만들어내기란 어렵다. 그러나 최선의 결과를 만들어내는 방법은 있다. 오늘도 내일도 늘 말하기에 노력하는 당신을 응원한다.

진정한 목소리로
정성을 다해 말하라

어떻게 말해야 할까

**1판 1쇄 발행** 2022년 02월 15일
**1판 15쇄 발행** 2025년 01월 02일

**지은이** 조성은
**펴낸이** 박현

**펴낸곳** 트러스트북스
**등록번호** 제2014-000225호
**등록일자** 2013년 12월 3일
**주소** 서울시 마포구 성미산로1길 5 백옥빌딩 202호
**전화** (02) 322-3409
**팩스** (02) 6933-6505
**이메일** trustbooks@naver.com

값 16,000원
ISBN 979-11-92218-01-4 03320

믿고 보는 책, 트러스트북스는 독자 여러분의 의견을 소중히 여기며,
출판에 뜻이 있는 분들의 원고를 기다리고 있습니다.